吴 光 主 编
汪逸芳 执行主编

浙江文史新论

中華文化研究集刊·九

浙江省文史研究馆 主办

上海古籍出版社

图书在版编目(CIP)数据

浙江文史新论/吴光主编.—上海：上海古籍出版社,2012.9
(中华文化研究集刊)
ISBN 978-7-5325-6408-8

Ⅰ.①浙… Ⅱ.①吴… Ⅲ.①文化史—浙江省 Ⅳ.①K295.5

中国版本图书馆CIP数据核字(2012)第050446号

中华文化研究集刊(第九辑)

浙江文史新论

吴 光 主编

汪逸芳 执行主编

上海世纪出版股份有限公司
上 海 古 籍 出 版 社 出版

(上海瑞金二路272号 邮政编码200020)

(1)网址：www.guji.com.cn

(2)E-mail:gujil@guji.com.cn

(3)易文网网址：www.ewen.cc

上海世纪出版股份有限公司发行中心发行经销 上海惠顿实业印务有限公司印刷

开本850×1168 1/32 印张11.5 插页4 字数268,000

2012年9月第1版 2012年9月第1次印刷

印数：1—1,300

ISBN 978-7-5325-6408-8

B·774 定价：38.00元

《中华文化研究集刊》(第九辑)
《浙江文史新论》编辑委员会

目　录

·文史散论·

·国学新论·

前　言

浙江素有“鱼米之乡，丝茶之府，文物之邦，人文渊薮”的盛誉。鱼、米、丝、茶是经济，“鱼米之乡，丝茶之府”说明浙江的经济历来比较发达。而文物、人文是文化、是精神，“文物之邦，人文渊薮”的称誉是对浙江历史上文化繁荣景象的肯定。在这样的历史人文背景下，浙江地区涌现出了一大批在中国历史上能占一席之地的历史文化名人与学派，其中比较著名的，思想家如王充、陈亮、叶适、吕祖谦、刘基、王阳明、刘宗周、黄宗羲、龚自珍、章太炎等，史学家如赵晔、王应麟、邵廷采、万斯同、邵晋涵、全祖望、章学诚、王国维等，经学家如虞翻、万斯大、毛奇龄、俞樾、马一浮等，文学家如、吴均、虞信、贺知章、陆游、宋濂、吕留良、鲁迅、郁达夫、徐志摩、茅盾等，教育家如胡瑗、张履祥、蔡元培、陶行知、马寅初、张其昀等，科学家如沈括、陈訏、黄炳垕、竺可桢等，宗教人物如魏伯阳、张伯瑞、贯休、寒山子、傅大士、司马承贞、杜道坚、弘一法师、太虚法师等，可谓名人辈出、群星灿烂。浙江历史上的学派，则有南宋浙东学派（永嘉学派、永康学派、金华学派、四明学派）、明代阳明学派、明末蕺山学派、清代浙东经史学派以及佛教天台宗、全真道教龙门派等，以及浙江诗派、浙西词派等等，也可谓学派林立。在经济层面，浙江历史上有著名的龙游商帮、宁波红帮、当代浙商群体,政治层面则有兴中会、光复会等政治社团。如此等等,都从不同的领域与角度反映了浙江历史文化的多姿多彩。

以往对于浙江绚丽灿烂的历史文化的研究探讨,已经硕果累累,成就卓著。但历史真相总是忽隐忽现,若晦若明,学术研究也就推陈出新、永无止境,何况还有许多未知领域尚待探索,存在不少文明遗珠值得拾取。我们这部《浙江文史新论》,即以浙江文史为重点,兼及于中国历史文化,收录了文史学者的40余篇文章。我们将这40余篇文章分为"思想文化史论"、"经济史论"、"文史散论"、"国学新论"四大块,前三块主要是研究浙江历史文化的文章,有研究"浙学"内涵、特色与基本精神的,有研究浙江古今人物的生平、著述与思想成就的,有研究浙江经济发展的历史、现状与特色的,有讨论浙江文化史上著名人物的具体成就与作品特色的,后一块是研究国学的内涵、特色、精神及其现代价值的。这些文章的作者,大多是浙江籍和长期在浙江从事学术工作的文史学者,或非浙籍但研究浙江历史文化的,而名之曰"新论"者,有命题之新,有见解之新,有资料之新,其中多数文章都有拾遗补阙、阐幽发微的作用,有的文章则提出了重要的学术创见。例如,吴光《论浙江文化的起源、演变、特色与基本精神》一文系统论述了浙江文化从起源、成型到发展、繁荣乃至转型的历史进程,并总结出浙江文化的六大精神,即:"天人合一,万物一体"的多元和谐精神;"以民为本、执政为民"的民本精神;"实事求是,经世致用"的求真务实精神;"自强不息,敢为人先"的开放创业精神;"工商为本,诚实守信"的商业精神;"教育优先、人才第一"的文教兴邦精神。其《黄宗羲的学术成就及其现代价值》一文则着重论述了黄宗羲"天下为主,君为客"思想的民主启蒙性质,指出中国现代民主建设的可能路径是“从民本走向民主”。其《中华和谐文化三论》则论述了作为中华优秀传统文化主体的儒、道、佛三家的“和谐”思想的基本特色，并创造性地提出了以“一元主导，多元辅补，会通古今，兼融中西”为宗旨的“多元和谐”文化观。邵鸿烈的《南宋时期浙学的辉煌》一文着重论述了南宋浙学的特色、精神及其对现代的启示意义，作者认为南宋浙学的基本特色是崇尚实事实功主张学以致用，反对重义轻利、主张义利双行，反对以农抑商，主张农商一事，主张以经通史、富有批判精神等等。在台湾的浙籍学者戴琏璋所撰《关于人文的省思》一文则精辟分析了人文思维与科学思维的不同特点，指出“人文思维与科学思维，其实都是人类理性的表现……前者为实践理性，后者为思辨理性。两者虽然面向不同，却关系密切，不可分割。重人文而轻科学，导致迂阔而不切实际；重科学而轻人文，则导致冷峻而不近人情”，并指出“个人生活人文化、人文教育生活化、人文学术生命化，是当今人文领域返本开新必须关注的三个层面，而一以贯之支撑着这三个层面的，则是活泼昭明的主体心之所感、所觉与所悟”。台湾学者龚鹏程的《马一浮章太炎的国学观之比较研究》则慧眼独具地论述和比较了国学大师章太炎与马一浮的国学观的内涵与特色。郑晓江的《“讲会”与儒学教育》一文从批判当今教育体制的弊端入手论述了恢复儒家传统“讲会”的重要意义，指出“儒家的‘讲会’具有悠久的历史及广泛的社会基础，有其独特之求道的内容和悠游山水之间的形式，在今日恢复儒家讲会的传统既是克服当前教育弊端之必须，对培育青年学子的道德人格与思想境界也是十分迫切的”。张弛《撷取道家教育的人文之花》则颇为中肯地比较了儒家人文教育思想与道家人文教育思想的不同特点，指出“儒家尚人为，道家尚自然；儒家尚理性，道家尚直觉；儒家尚实用，道家尚思辨；

儒家尚启发,道家尚辩证……这些明显的差异,恰恰构成了互补的条件,使这两大教育流派的人文传统互相影响、互相渗透,形成两条并行的文化巨流”、“道家教育思想中蕴含着丰富的人文精华,从道家教育宝库中吸取智慧,继承、弘扬其人文传统,进而作出新的诠释和发展,这对于我们转变教育观念和进行教育改革,将大有裨益”。……如此等等,都闪烁着作者的深刻洞见,体现了作者深厚的学养和理论思维的高度。读者倘能从这些文章中受到启发,进而推进某个领域或某人某事的研究走向深化或得以解决,则本书编者之愿足矣。

最后需要说明的是,本书收录的文章,大多是从近年发表于浙江文史研究馆主办的学术刊物《古今谈》文章选辑而来,由于编者视野与水平所限,未免有取材片面、挂一漏万之病,敬希读者不吝指教。

是为序。

编者

2012 年 4 月 15 日

·思想文化史论·

论浙江文化的起源、演变、特色与基本精神

吴　光

浙江是古代东夷族、古越族繁衍生息、兴邦立业的土地，现在则是5000余万浙江人生产生活、创业发展的物质基地与精神家园。浙江历史悠久，环境宜居，物阜民丰，人文荟萃。浙江文化既蕴涵了中华文化的共性，也承载着地域文化的个性。本文在论述浙江文化的起源、发展、演变、转型的基础上，力求总结浙江文化的特色及其基本精神，并阐明浙江文化在整个中华文化大系中的地位与作用。

一、浙江文化的起源演变与发展繁荣

1. 起源与演变——从史前到隋唐的浙江文化

浙江素有“鱼米之乡，丝茶之府，文物之邦，人文渊薮”的盛誉。鱼、米、丝、茶是经济，文物、人文是文化，经济与文化是一个辩证的互动的关系。我们可以从经济发展的水平看文化，从

文化繁荣的程度看经济。但本文关注的重点是在文化上。而我们所理解的文化,是指一个民族的生活方式、价值系统与制度习俗,包括民族精神活动的方式、精神活动成果及其在漫长历史中形成的精神文明传统。

为了清楚揭示浙江文化的脉络与特色,我们还得从源头说起。

浙江是有光辉灿烂的文明历史和悠久的文化传统的。考古发掘的材料已经确证:至少在十万年前,已有人类在今浙江建德一带居住(被称为"建德人")。而在浙江发掘的人类文化遗存,如浦江上山文化和萧山跨湖桥文化,则将浙江史前文化的历史推进到距今八、九千年的新石器时代。而最有代表性的史前文化是距今七千到六千年左右的余姚河姆渡文化、距今五千年左右的嘉兴马家浜文化和距今四千年左右的杭州良渚文化。河姆渡文化与马家浜文化的稻作文明遗存、干栏式建筑群表明浙江的先民已经从渔猎经济向农业经济过渡。良渚文化则反映浙江先民创建了一个玉器文明时代。这些史前文明遗存的发掘,以其在当时绝对先进的稻作技术与复杂的制陶、制玉工艺和打制、磨制、编制的石器、骨器、木器、竹器等生产工具、生活用具以及干栏式建筑模式,向全世界宣告了中华民族起源的多元性,宣告了长江三角洲地区的太湖流域与钱塘江流域文明历史的悠久与发达。而河姆渡文化遗址出土的"双鸟舁日"象牙雕刻和良渚文化遗址出土的"羽冠、人面、兽身"三位一体的玉琮,象征着浙江先民的太阳崇拜、朱鸟崇拜与向往人与自然和谐相处的朴素观念,也是"人化自然"的证据。

然而标志浙江先民进入文明社会的有力证据,则是由《国语·越语》、《越绝书》、《吴越春秋》等古籍记载的古越国的历史与文化,以及从地下发掘的反映古越文化的大量实物证据。

人们之所以把“浙江文化”称为“越文化”或“吴越文化”，是因为浙江的历史是与古越族、越国、吴国及吴越国的历史与文化传统密不可分、休戚与共的。“吴”、“越”的称谓始于殷、周之际。据《史记·吴太伯世家》、《越绝书》等书记载，大约三千一百多年前，周太王古公亶父的长子泰伯、次子仲雍，为了避让王位而东奔“荆蛮”，“自号句吴”，“荆蛮义之，从而好之者千余家，立为吴太伯”。后来，周武王伐纣胜利后，“追封太伯于吴”。到吴王阖庐时，国势强盛，乃筑大小二吴城。其子夫差，一度称霸于诸侯，国土及于今之江、浙、鲁、皖数省。至于“越”之缘起，据《越绝书》、《吴越春秋》等书所载，是因夏禹死后葬于会稽（今绍兴建有“大禹陵”），夏后帝少康封其庶子于此，传二十余世至允常、句践父子，自立为越王，号“於越”（“於”读作“乌”，“乌”同“鸟”，是古越族以“鸟”为族徽或图腾的证明）。春秋战国时吴越争霸，先是吴胜越败，越王句践被迫向吴王夫差称臣纳贡。后来，句践忍辱负重，积聚力量，经过“十年生聚，十年教训”，一举灭吴，称霸诸侯，留下了浙江历史上的辉煌篇章。古越文化的历史文化意义，不在于句践君臣兴越灭吴、称霸中原的具体史迹，而是“卧薪尝胆”故事所体现的忍辱负重、自强不息的奋斗精神，是“十年生聚，十年教训”故事所体现的以民为本、注重民生的爱民精神。而越国大夫范蠡为句践“兴越灭吴”事业出谋划策、胜利以后急流勇退经商成功的故事所体现的，则是审时度势、适时进取的创业精神，是预测市场变化、使农商都能获利的均衡发展思想，是事业成功、富而好德、回馈社会的崇高精神。这就是文化软实力，是历久弥新的人文精神。

汉唐之间，中国的政治经济中心在北方“中原”地区，文化上也以秦晋、齐鲁文化为主导。但浙江地区与中原文化关系密切，并涌现了像东汉王充（27—97，浙东上虞人）这样纵观大局、具有恢弘气度与深刻思想的通儒以及魏晋六朝世代传承的余姚虞氏这样的经学名家，也产生了以记载与总结地方历史文化为己任的袁康、吴平、赵晔这样的史学名家。

王充在《论衡》中所体现的“实事疾妄”[1]方法论，开创了浙江思想史上求真务实、批判虚妄、经世致用的优良学风。其学兼容儒、墨、道、法而又有批判创新的特色，为后起的“浙学”树立了多元兼容的优良传统，他在政治上提出的“文武张设，德力具足”的治国之道，对后世浙学崇义养利、追求事功的传统起了先导性作用，正是在这个意义上，我们视王充为“浙学”的“开山祖”，将滥觞于王充的浙学精神概括为“求实、批判、兼容、创新”八个字。[2]

在汉魏时期的会稽文化名人中，还有经学名家虞翻（164—233）、虞喜（281—356）、虞预（285—340）、韩说（汉顺帝、灵帝时山阴人），史学名家袁康、吴平、赵晔等人[3]。其成就表明，浙江从汉代开始，便形成了经史之学的优良传统，而以古越都城为中心的上虞—山阴—余姚一带，则形成了汉魏时期的浙江文化轴心，对浙江文化特色的形成影响极大。

魏晋南北朝隋唐时期，中国经历了从社会动荡、民族交战走向国家重新统一、民族融合共处、文化交融重建的历史时期。这个时期的玄学、道教、佛教与西域文化构成对儒家文化的严重挑战，形成了“三教”既互相批判排斥又互动互补的多元文化互动交融的局面。浙江地域文化以晋室南迁、“衣冠南渡”为契机，出现了一个多元文化互动交融而获得长足发展并形成显著特征的时期。

魏晋时期，以道安、支遁等为代表的佛教界著名人士，同时也是谈玄名家，他们以“名士”身份与士人相交往。或许可以说，佛教作为一种新思想形态的最初传入虽然不在浙江，但它与中国固有思想文化的交融形成思想的新形态,最终导致“中国化佛教”的出现,却在一定程度上是在浙江完成的。陈隋之际,由智者大师创立的天台宗,既成为魏晋南北朝以来佛教研究成果的宏观总结,又预示了中国佛教未来发展的基本方向。

佛教的传入及其在浙江的发展,对道教的传播与理论创造产生重要影响。在这一过程中,浙江学者的贡献颇巨。顾欢的《夷夏论》体现了一种对异质文化的认知,至陆修静整理道教科仪成为典范,司马承祯南下浙江,自号“天台白云子”,终于建立了浙江道教新宗派。

对于南渡的士人而言,浙江的自然山水成为其审美情趣与无尽玄思的对象。顾恺之从会稽还,人问山川之美,顾云“千岩竞秀,万壑争流,草木蒧茏其上,若云兴霞蔚”已成千古名句。(4)正是这种置身于美丽山水之中而触发的独特情怀,促成了中国诗歌、绘画、书法艺术的山水情怀,从而有了山水诗、山水画、山水文的硕果。而属于南渡士人的山水画家顾恺之(无锡人)、山水诗人谢灵运(上虞人)、以脍炙人口的《兰亭序》奠定书圣地位的王羲之(山阴人)、以建立“四声八病”著名的沈约(吴兴人)则成为杰出的代表。

隋、唐、五代时期的浙江文化,最大亮点是在佛、道二教的文化创新上。

唐代的中国是封建社会时期在宗教与文化方面开放度最高的时期,也是文化繁荣的时期。大唐时期佛教文化突飞猛进的发展,对以三纲五常为核心价值观的儒家文化是个强大挑战,对道教文化的发展也是莫大刺激,从而使中国文化呈现出以“三教鼎立”为特征的多元并进与互动交融的局面。这是当时浙江文化呈现佛道兴盛、三教交融态势的文化背景。

隋唐时期,佛教天台宗已经成为中国佛教诸宗派当中的主要形态之一,并对华严宗、禅宗等宗派的建立产生了深层影响。降及五代,吴越成为“佛国”,杭州成为“佛都”[(5)],浙江成为对外开展佛教文化交流的主要口岸。而永明延寿以心宗权衡诸家之说,标揭“禅教一致”之旨,开拓了佛教内部不同宗派相互融摄的新风气。

这个时期的道教也取得长足发展。由于司马承祯南下浙江而修道于天台山,创立了道教天台派,天台山遂成为佛道文化交融兼摄的文化名山。道教的理论建设,从早期符箓说向丹鼎说的转变,进而由外丹说向内丹说转向,浙江道士起了关键性作用。其中最有代表性的是司马承祯(647—735)和杜光庭(850—933)。[(6)]

应该指出的是,从汉末魏晋到六朝隋唐,尽管中央朝廷的主流意识形态仍然是儒家的纲常名教,但随着佛道二教兴起,出现了三教互补、多元兼融的文化多元格局。浙江更显突出。南朝梁武帝时代义乌双林寺的开山住持傅大士(497—569),就是一位头戴道冠、身穿僧服、足着儒履的高僧。无独有偶,生活在盛唐时期的浙江天台山隐士寒山子(约691—793)也是一位类似傅大士“亦儒亦道亦佛”的奇人。他传世的300余首“寒山诗”就反映了融儒佛道于一炉的“多元兼融”思想倾向[(7)]。

2. 发展与繁荣——宋元明清时期的浙江文化

隋唐以后,随着中国政治经济重心的逐步南移,浙江地区也日益显示出文化重镇的地位。由钱镠创建的吴越国,成了五代十国中立国时间最长、经济最发达、文化最兴盛的地区,并且是当时全国佛教传播的中心。进入宋代,尤其是南宋建都临安以后直到近代,两浙地区更成为全国经济、文化的中心,被誉为“人文渊薮”、“文献名邦”。如果说,先秦至汉唐时期是浙江文化的起源与发展期的话,那么可以说,宋元明清时期是浙江文化的繁荣鼎盛时期。

两宋时期,中国的政治、经济与文化经历了两次大变局。而这两次大变局的文化成果,便是出现了以理学为主流辅之以心学、经学、象数学、事功学的儒学革新运动,濂、洛、关、闽、浙、赣、蜀,可谓学统四起,多元繁荣。而浙学与浙江文化便在这两个变局中显然崛起,迎来了浙江文化发展史上的黄金时期。

两宋时期的第一个大变局是从唐末五代十国之乱局走向北宋重新统一、稳定发展的政局,经济上出现了走向繁荣昌盛的景象。与经济长足发展相呼应的是学术文化的重建,出现了书院林立、讲学成风、思想活跃、学派涌现的空前繁荣景象。由宋初三先生(安定先生胡瑗、泰山先生孙复、徂徕先生石介)开其端、周(敦颐)张(载)二程(程颢、程颐)奠基立说的北宋儒学一时风靡全国。最后由南宋的朱熹、陆九渊完成了以高谈心性为特色的理学形态。理学是继先秦子学、汉唐经学之后兴起的儒学新形态。它始于唐,兴于宋明,迄于清代,历经七、八百年,构成了中国儒学发展的黄金时代。其间人物辈出,学派林立,本文限于篇幅,不克详论。

处在北宋大变局中的浙江学术文化,也处于从六朝隋唐的佛道兴盛走向儒学复兴的转型时期。在这方面引领潮流的是安定先生胡瑗的"湖学",浙东明州(今宁波)"庆历五先生"的经世实学和浙东永嘉(今温州)王开祖、周行己的经世道学[8]。胡瑗虽是泰州(今江苏泰州)人,但他长期在地属浙西的苏州与湖州讲学,先后担任"苏州教授"、"湖州教授"凡二十余年,对当时的士风、学风影响极大,以至感动朝廷,"天子诏下苏、湖,取其法,著为令于太学。召为诸王宫教授"[9]。全祖望评论说:

庆历之际,学统四起,齐、鲁则有士建中、刘颜夹辅泰

山而兴;浙东则有明州杨、杜五子、永嘉之儒志、经行二子,浙西则有杭之吴存仁,皆与安定湖学相应。(10)

可见,胡瑗不仅是浙学之源,也是宋学之源。而其所立者,在于倡明正学、讲明六经、安定民生、讲武习数之类,即"明体达用之学",其教育思想,正体现了浙学经世致用的特点。

"庆历五先生"是指北宋庆历(1041—1049)年间明州的五位学者:杨适、杜醇、王致、王说、楼郁。他们或开办书院,或执县学、郡学讲席,长期从事教育,致力于儒学传播、民生教化,是当时宁波地区教育和学术的先行者。

永嘉之儒志、经行二子是指宋初庆历、皇祐时期的永嘉学者王开祖与永嘉九先生之首的周行己(1067—1123)。全祖望论儒志之学曰:"是时,伊、洛未出,安定、泰山、徂徕、古灵诸公甫起,而先生之言实遥与相应。永嘉后来问学之盛,盖始基之。"(11)

第二个大变局是北宋灭亡,南宋重建。这时皇室成员及大批贵族士大夫随同"南渡",最后定都临安(今杭州),开始了半壁江山的历史演变。这个"半壁江山"虽然在政治上、军事上"软弱偏安",但在经济上、文化上却出现了远比北方的金、辽、夏要繁荣得多的局面。其代表性的学术名家与流派有朱熹理学派,陆九渊心学派,张栻湖湘学派,吕祖谦兄弟的婺学、陈亮、叶适的事功之学。吕、陈、叶又被视为"浙学"代表。这里主要谈"浙学"。

所谓"浙学",是对发生发展于浙江、形成了浙江特色的学术文化传统的理论概括,它代表着一种富有地方特色的人文传统与理性精神。"浙学"之名,最早是朱熹在批评陈亮、叶适时提出的,称"浙学专言功利",显然有些贬义。其后,明代刘鳞长编《浙学宗传》,将宋明浙东、浙西儒家流派皆归入"浙学",至清代黄宗羲、全祖望编著《宋元学案》,则较为全面地论述了"浙学"之起源、中兴与全盛。于是"浙学"一词具有了正面意义,其内涵也不断扩展,与时俱进。

"浙学"的内涵有狭义、中义与广义的区分。狭义的"浙学"是指发端于北宋、形成于南宋永嘉、永康地区的以陈傅良、叶适、陈亮为代表的浙东事功之学;中义的"浙学"是指渊源于东汉、酝酿形成于两宋、转型于明代、发扬光大于清代的浙东经史之学;广义的"浙学"指的是渊源于古越、兴盛于宋元明清而绵延泽惠于当代的浙江人文精神传统与文化传统。但一般而言,学者采用的是狭义或中义的"浙学"概念。(12)

"浙学"并不是一个统一的学派,而是多个学派的总称。但"浙学"诸派有着共同的人文精神与文化特色。在南宋"浙学"中,有代表性的是吕祖谦与婺学、陈亮与永康之学、叶适与永嘉学派、杨简与四明心学。

吕祖谦(1137—1181)博通经史、兼摄诸家,当时与朱熹、张栻并称"东南三贤"。他主张经、史的结合,认为研究历史的目的,在于通古今之变以达当前之治,这不仅代表了吕氏学术特色,也体现了浙学的共同特征。

龙川先生陈亮(1143—1194)特别强调实功、实德的资治意义,而反对脱离现实的空谈。他连续三次上书孝宗皇帝,痛斥朝廷的偏安心态,力陈抗金方略,显示了浙东学人经世致用的基本精神。在学术上,他反复致书与朱熹进行"王霸"、"义利"之辨,反对将义利对立,认为义要体现在利上,有利才能有义。而所谓"王"、"霸",非指道德空谈,而是切合社会需要的功利。(13)

水心先生叶适(1150—1223)是永嘉学派集大成者,是以

“道不离器”为主导的永嘉事功之学。叶适主张义利的统一，称“古人以利合义，不以义抑利”、“古人以利与人，而不自居其功，故道义光明，后世儒者行（董）仲舒之论，既无功利，则道义乃无用之虚语耳”[14]。

南宋宁波地区的学者杨简（1141—1226）、袁燮（1144—1224）、舒璘（1136—1199）、沈焕（1139—1191）四人，学者称“甬上四先生”。他们都曾师事陆九渊，故代表了象山心学在浙江的流脉，并对明清浙学有重要影响。其学以“发明本心”为要，主张“反躬切己，忠信笃实”，强调“立大本明大义”，且与吕祖谦等友好，并具有“宗陆而不反朱”的兼融特色。

浙江学术文化中除心学、事功学传统外，还有朱子学传统。南宋浙江朱学的代表人物有叶味道、陈埴的温州朱子学、黄震的四明朱子学，以及北山四先生的金华朱子学。反映了浙江文化兼容并蓄、多元和谐的思想特色。

明代浙学，是以王阳明及其开创的姚江学派为主流的阳明心学。

阳明先生王守仁（1472—1529）是对中国思想文化史影响最大的浙江思想家。他针对程朱理学“格物穷理”说“分理气为二”、“求理于心外”的理论矛盾，以陆九渊的“心即理”思想为逻辑出发点，进一步提出“心外无理”、“良知即天理”的哲学命题，创立了以“良知”为本体，以“致良知”为修养方法，以“知行合一”为实践工夫的良知学，或称阳明心学。

阳明良知学的提出，对程朱理学颇有冲击教条、解放思想的作用。正如明末大儒刘宗周所评论的，阳明良知之学，“可谓震霆启寐、烈耀破迷，自孔孟以来，未有若此深切著明者也！”[15]因此，阳明之学一出，即风靡海内。《明儒学案》六十二卷，大半归属于王阳明、阳明后学或心学同调，说明以阳明学为代表的明代浙学，已经是明代中后期起主导作用的学术思想。

继王阳明之后出现的明末大儒刘宗周（1578—1645）及其蕺山学派，虽不属“浙中王门”，但也属于广义的阳明后学。当晚明之际，既能洞察阳明后学之流弊，又能在理论上对其进行批判性改造与转型，并由此而建构自己的独特理论体系的，当首推刘宗周。刘宗周曾于崇祯四年（1631）在山阴创办证人书院，聚徒讲学，形成了一个以诚意慎独为宗旨的蕺山学派。其中，以黄宗羲、陈确、张履祥最为著名。(16)

明末清初，中国社会处于又一个大动荡、大变局的时期。在这个变局中，汉族政权明王朝灭亡，代之以满洲贵族为主体的大清王朝。这对那些一向“严夷夏之辨”的亡国士大夫而言无疑是“天崩地裂”的黑暗局面，促使他们开始深刻反思明朝灭亡的教训乃至整个君主专制社会的弊端。于是在清初思想文化界，出现了一股社会批判与思想创新的思潮。在这场文化运动中，黄宗羲与他所创立的清代浙东经史学派是站在时代思潮前列的思想启蒙者。

梨洲先生黄宗羲（1610—1695）对浙江文化史乃至中国思想文化史的贡献有四大方面：一是社会批判精神，他在《明夷待访录》等著作中，从政治、经济、军事、教育、思想、文化等各个方面对绵延两千年的君主专制社会进行了全面的批判，痛心疾首地得出了“为天下之大害者君而已矣”的政治结论；二是思想创新，他提出了以“天下为主，君为客”命题为核心的具有民主启蒙性质的“新民本”思想，在批判理学、心学的教条、空疏学风的基础上提出了“必以力行为工夫”的“力行”实学，提倡“经世应务”的史学宗旨，为重建以“力行实学”为特色的儒学人文主义开辟了新思路；三是为后人留下了弥足珍贵的百余种学术著作，尤以《明夷待访录》、《明儒学案》、《宋元学案》、《南雷文定》

为珍贵；四是通过讲学论道，培养了大批治国人才和学术人才，开创了一个以“明经通史，经世致用”为特色的清代浙东经史学派。它在清末乃至近现代的政治改革与思想解放运动中大放异彩，确立了经世致用、启迪民主的学术风格。(17)

综上所述，可见从南宋到清初，是浙学崛起、浙江文化出现繁荣鼎盛气象的黄金时期。当然浙江文化的繁荣鼎盛不仅仅体现在“浙学”的崛起，还表现在学术文化的诸多方面。例如在科技成就方面，有北宋钱塘人沈括（1031—1096）撰著的《梦溪笔谈》三十卷，集天文、地理、人文、科技知识于一炉，堪称“中国科技史上的里程碑”，有清代浙东学派的黄宗羲、黄百家、陈訏、黄炳垕的历算学成就；在文学方面，有以周邦彦、陈亮、戴复古、吴文英为代表的宋代浙派词人，有堪与李清照媲美的钱塘女词人朱淑真，有北宋钱惟演、林逋、南宋陆游、永嘉四灵（徐玑、徐照、翁卷、赵师秀）、汪元量等人为代表的两宋浙地诗人；有明清之际的散文大家王思任、张岱等人，有被称为清代“浙西诗派的初祖”暨“浙西词派开创者”的朱彝尊；在戏曲、绘画、书法等艺术方面，浙江更是人才辈出。如元代瑞安剧作家高明（字则诚）编著的《琵琶记》脍炙人口，影响深远。在戏曲腔调方面，有温州腔、余姚腔、海盐腔、义乌腔、越调等南戏唱腔相继成名，婺剧、绍剧、越剧、睦剧等地方剧种百花齐放。在绘画方面，也是名家辈出，名作荟萃。南宋院体画派的李唐、萧照、赵孟坚，元代赵孟頫、黄公望、王蒙、王冕，明朝的戴进、徐渭、项元汴、陈洪绶等都是大师级画家。而赵孟頫、徐渭又是元明时代的书法名家。在藏书与刻书方面，浙江历史悠久，声名远播。尤其是在宋元明清四朝在全国名列前茅。(18)在史学方面，尽管发生了庄廷珑明史案、吕留良戮尸案等惨烈的文字狱案，但两浙修史之风未尝稍减。浙东史家如万斯同、邵廷采、邵晋涵、章学诚等各领风骚，浙西史家则有谈迁、查继佐，其《国榷》、《罪惟录》乃传世名作。

二、浙江文化的近代转型

清代中叶，浙江文化由于受到清廷文化高压政策与文字狱案的压制打击，一度处在沉寂低迷状态。尤其是思想的创新与社会的批判，几乎乏善可陈。唯一可以庆幸的是民间知识分子良知未泯，浙学的精神不绝如线。而在清代中叶以后，随着统治阶级由于内忧外患的冲击而造成控制力量的削弱，浙江文化也随着整体趋势的改变而酝酿着转型与变革。其标志就是龚自珍的疾呼改革、黄宗羲民主启蒙思想的勃兴、西学新思潮的传播、章太炎与王国维的学术成就以及“五四”新文化思潮的广泛影响。

清代乾嘉考据学的崛起，一方面固然有大一统国家需要全面总结整理以往学术成果的内在需要，另一方面也是高压政治中文人学士逃避政治打压的一种特殊形式。这个时期的古典整理业绩固然成就卓著，但中国学术传统中向来具有的“明道立德，经世致用”的精神几乎丧失殆尽。就在这种“万马齐喑”的时代危局之中，深受“经世致用”的浙学传统熏陶的杭州学者龚自珍（1792—1841）深切洞察到盛世景象背后隐伏的社会危机，于是拍案而起，大声疾呼思想创新与社会变革，提倡“经世致用”之学，以图挽救帝国的危机。他指出：“一祖之法无不敝，千夫之议无不靡，与其赠来者以劲改革，孰若自改革！”（《乙丙之际箸议》）他写下了脍炙人口的诗篇：“九州生气恃风雷，万马齐喑究可哀，我劝天公重抖擞，不拘一格降人才！”（《己亥杂诗》)具有振聋发聩的作用。而赖以支持龚自珍改革思想的哲学基础是其“心力”说。他强调“众人”的心力主宰作用,这就从群体出发去说明创造历史的动力。既然如此,那么重视人心向背和改造世俗人心对于国家的长治久安就具有十分重要的意义。他说:“人心是世俗之本,世俗是王运中易。王者欲自为计,盍为人心世俗计矣。”(《平均篇》)要维持王运长久,统治者就得考虑人心向背。而当下世道人心正在沉沦,因此改革就是变衰世为治世的必由之路。这类改革议论对于打破君主专制下“万马齐喑”的沉闷局面确实具有开风气的作用。

在清末民初,黄宗羲《明夷待访录》中的民主启蒙思想大受重视。戊戌变法运动的烈士谭嗣同所著思想名篇《仁学》,虽然称“三代下无可读之书”,但却认为《明夷待访录》是“万一有当于孔教者”(19)。梁启超在《中国近三百年学术史》中评论《明夷待访录》的影响时说:“我们当学生时,实为刺激青年最有力之兴奋剂。我自己的政治活动,可以说是受这部书的影响最早而最深。”(20)又在《清代学术概论》中说:“梁启超、谭嗣同辈倡民权共和之说,则将其书节抄,印数万本秘密散布,于明清思想之骤变,极有力焉。”(21)中国民主革命的伟大先行者孙中山也特地将翻印的《明夷待访录》赠送给日本友人(22)。可见,黄宗羲思想在清末变法运动与革命浪潮中的影响之巨。

当清末革命浪潮真正到来之际,又有一位杭州名士高举起社会批判的大旗,而充当了“有学问的革命家”(鲁迅语)的历史角色。他就是章太炎(名炳麟,1869—1936,余杭人)。章太炎一生著述宏富,但最有代表性、最富批判精神的著作当推《訄书》。(23)此外,章太炎还开办了“章氏国学讲习会”,在日本和北京、苏州、上海等地讲述国学知识。其“国学”概念,指的是以经学、史学为主体、包括《六经》、廿四史、诸子百家、音韵训诂在内但不包括宗教的中国"固有文化"。他说:"经者古史,史即新经……自汉以后秉国政者,无不参用经史,以致治平"、"不读经书,则不知自处之道;不读史书,则无从爱其国家"[24]。这一方面揭示了章太炎与浙学特重经史传统的学术联系,另一方面也反映了中国思想文化在清末近代超越乾嘉考据学而走向近代新学的学术转向。

但章太炎学术在骨子里还是中国固有文化即所谓"旧学"或"国学",还不是新学代表。这个从旧学转向新学的代表是浙西海宁学者王国维。王国维(1877 年—1927 年,字静安,号观堂)堪称"学贯古今,会通中西"的学术大师。他的政治态度虽因其以前清遗民自处而趋于"保守",但在学术上却相当超前,甚至被誉为"新史学的开山"(郭沫若语)。他也是最早将西方的哲学、美学、文学、艺术诸理论运用于中国学术研究并对后世产生重大影响的人物。如果说章太炎以其博洽的"国学"与"小学"成就而代表了乾嘉考据学传统的终结,那么王国维则是以尝试融合西学而使中国学术走向现代的开端。[25]

三、七千年浙江文化培育了内涵丰富的浙江人文精神

浙江是古老而伟大的中华文明发祥地之一。如果从河姆渡的史前文化算起,浙江的历史与文化至少绵延了七千年,可谓源远流长。在这历史长河中,浙江先民凭靠其聪明睿智与勤劳勇敢,把浙江建设成为一个美丽富饶、文明和谐的地域,创造了多个名闻遐迩的文化典型。在这里,有融自然美景与人文景观于一体的西湖胜景,有沟通京杭、流经六省、形成南北经济命

脉的京杭大运河浙江段，有享誉海内外至今仍然脍炙人口的浙江青瓷、浙江丝绸、绍兴黄酒、西湖龙井茶等融合了浙江文化特色的名特优产品，还有许多便利经济、造福人民、展示文化的名山胜水、书院精舍、寺庙道观、古桥驿道等等自然风光与人文遗址，可谓璀璨绚丽、不胜枚举。这种种光彩夺目、看得见摸得着的名胜景观与物质财富，是千百万浙江人聪明才智与伟大创造力的物质体现，也是数千年浙江优秀文化传统的具体见证，值得大书特书。

然而，历史文化遗产中最有价值且最有生命力的东西并不是物质财富，而是隐藏在物质财富背后、激励人们去奋斗、去开拓从而不断创造物质财富的精神因素，这种精神因素，最根本的就是浙江人民在数千年文明史上所总结和积累起来的人文精神传统。本文的论述，大致展示了浙江文化传统中多元一体、和谐发展、不断开拓、引领风尚的历史场景。在这些波澜壮阔的历史场景中，逐步形成了从河姆渡史前文化到现代浙江新文学所代表的富有地域特色的文化典型，培育了弥足珍贵的浙江人文精神。

富有人文精神，是浙江传统文化的一大特色。浙江的先民及其思想代表在七千年文明发展史上，为铸造中华民族之魂、培育中华人文精神作出了极大贡献。那么，应当如何去理解和论述植根于浙江文化传统的浙江人文精神呢？我们认为可从以下七个方面去把握：

第一，“天人合一，万物一体”的多元和谐精神。强调并追求“天人合一，万物一体”的多元和谐境界，是中华人文精神的重要精神传统。我们甚至可以从距今七千年的河姆渡文化及距今四、五千年的良渚文化遗迹中找到浙江先民具有多元和谐观念的证据。河姆渡文化遗址出土的刻有“双鸟异日”图案的象牙雕刻和良渚文化遗址出土的雕刻着“人面、羽冠、兽身三位一体”图案的玉琮,是浙江先民的图腾或族徽,前者象征着人(以鸟图腾为代表)与自然(以太阳为代表)的和谐统一,后者象征着人与万物的和谐统一。这种崇尚多元和谐的人文精神,也体现在浙江城市、乡镇、园林的建筑布局与人文景观中。例如以西湖人文景观为中心的旧杭州城,孔子庙、岳王庙、于谦祠、诂经精舍等建筑是儒家文化的象征,抱朴道院、黄龙洞以及玉皇山的登云阁、福星观等建筑是道教文化的象征,灵隐寺、净慈寺、六和塔、保俶塔则是佛教文化的象征,这些融宗教、民俗、历史于一体的古建筑群,生动地体现了杭州景观多元和谐的建设理念。

第二,“以民为本、为民服务”的民本精神。历代比较开明的统治者都十分重视“民”的力量与作用,故有“民惟邦本,本固邦宁”的千古箴言与“载舟覆舟”的生动比喻。在浙江政治文化史上,古越国君句践与大夫范蠡“十年生聚,十年教训”终至兴越灭吴的故事,就是一个典型事例。句践在挫败之后,痛定思痛,改弦更张,“葬死者,问伤者,养生者,吊有忧,贺有喜,送往者,迎来者,去民之所恶,补民之不足”(《国语·越语上》),于是得到民众拥护,自愿为其誓死效力,从而一举灭吴。这生动体现了“民本”精神的力量所在。但君主专制政体下“民本”思想的主体在君不在民,是“君以民为本”,而在民主政体下的“民本”思想则是“主权在民”。这种民主性的民本思想在明清之际浙江思想家黄宗羲、张岱那里已有明确表述。黄宗羲在《明夷待访录》提出的“天下为主,君为客”的思想,就标志着儒家思想从民本走向民主的进路,而张岱《四书遇》提出的“予夺之权,自民主之”则是明清之际民主启蒙思潮的最佳注解。这构成了浙江思想史上具有民主性质的“新民本”思想传统。这一传统在

近代浙江思想家如宋恕、蔡元培、鲁迅那里得到了鲜明体现。(26)

第三,"实事求是,破除迷信"的批判求实精神。东汉时代的王充,是中国思想史上的伟大唯物主义无神论思想家,他的论著,充满了批判求实精神。他自述写作《论衡》的宗旨,就在于"实事疾妄"四个字,意即坚持实事求是,批判虚妄迷信。王充之后,浙江最富求实、批判精神的思想家当属南宋的叶适、明清之际的黄宗羲和近现代的鲁迅。叶适的批判对象,上起孔子弟子,下至程朱理学诸家。他尤其深刻批判了汉儒董仲舒所谓"正谊(义)不谋利"、"明道不计功"的重义轻利价值观,而提出了他的"以义和利"价值观。黄宗羲的《明夷待访录》,严厉批判了君主专制制度,喊出了"为天下之大害者君而已矣"的反专制口号,并提出了以"天下为主,君为客"为中心的具有民主启蒙倾向的社会改革纲领。鲁迅堪称浙江人文传统中"批判求实"精神的集大成者。他以投枪、匕首式的杂文、小说无情地批判了国民党专制统治,并憧憬着无产者革命必胜的前景。

第四,"经世致用,崇尚气节"的实学精神。这种实学精神强调的是"学以致用",有学才有用,无学便无用。而"经世致用"的为学目的又是与为学者的独立人格、道德品质密不可分的。在浙江思想史上,学识渊博且具有刚正不阿独立人格的学者不乏其人,如王充、叶适、方孝孺、于谦、刘宗周、张煌言、吕留良、黄宗羲、全祖望、章太炎、鲁迅等是佼佼者。尤其值得讴歌的是,在清代文字狱盛行、浙江许多学者受到迫害、又有许多学者躲进小楼搞考据的时候,以黄宗羲、万斯同、全祖望、章学诚为代表的浙东学派却仍然敢冒风险去提倡"经世致用"之学,去批判那种为专制政治服务的御用学风或脱离实际的空虚学风,这确乎令人肃然起敬。

第五,“自强不息,敢为人先”的开放创业精神。越王句践“卧薪尝胆,十年生聚,十年教训,”最终兴越灭吴的故事典型地体现了浙江文化“自强不息”的精神,三国时期吴国开发台湾、宋明时期从宁波通往朝鲜、日本的海上贸易(又称“海上丝绸之路”)则体现了向外开拓的创业精神。这种“自强不息”的精神传统在近代民族危亡之际发展为孙诒让、张东荪等人“实业救国”的思潮与实践,而在当代市场经济条件下则涌现了以温州、义乌、宁波人为代表的“敢为人先”的浙商群体。

第六,“工商为本,诚实守信”的商业精神。在长达两千多年的中国封建社会,统治者一直奉行着“农本商末”、“重农抑商”的“国策”。但这一国策受到了浙学代表的批判。南宋的叶适即已明确提出“抑末厚本非正论”的思想,主张“以义和利”、“扶持商贾”,明清之际的黄宗羲更从理论上厘清了所谓“本末之道”,认为应该以是否“切于民用”为标准,工、商切于民用,自然是本业,因而明确提出了“工商皆本”的思想主张。[27]叶适与黄宗羲注重事功、以工商为本的思想,是一种有助于商品经济大发展、可能催生资本主义生产关系的人文思想。但重商传统必须与“诚实守信”的道德准则相辅相成,否则就可能发展为唯利是图的重商主义。在浙江商业史上,近代宁波红帮的“诚信重诺”、杭州胡庆余堂的“戒欺”信条,是诚信经商的典范。

第七,“教育优先、人才第一”的文教兴邦精神。浙江之所以获得“文献名邦”、“人文渊薮”的雅号盛誉,并不是由山水之美自然陶冶出来,而是由“人文化成”逐渐升华而成,即教化的结果。而教化之行,必先兴办教育,教育兴而人才出,这是千古不移之理。浙江自唐五代以迄近代,形成了文教兴邦、人才辈出的优良传统。在教育方面,不仅官学普及于各府、州、县,而且民间办学蔚然成风,如精舍、书院、义塾、书堂、社学、私塾、学校等等,形式多样。仅以书院为例,浙江所建书院数量在全国所占比例,唐、五代居第三位,宋、元、明均居第二位,清代则居全国第一。浙江的书院,不仅历史悠久、数量众多,而且学风活泼,人才辈出。如南宋吕祖谦、明代王阳明、刘宗周、清代黄宗羲、全祖望等,都是致力于书院教育的大儒。至于近现代,更涌现了一大批著名教育家,如章太炎、陶行知、鲁迅、蔡元培、孙诒让、马一浮、叶圣陶、马寅初等,不胜枚举。他们的教育实践与教育思想,是浙江人民的宝贵精神财富。

以上七个方面,应是浙江文化对中华民族文化传统及其人文精神的形成所作贡献最多、影响最著的方面。当然,体现浙江人文精神的远不止上述七点,但仅此数条,已足以反映出浙江文化底蕴的深厚。毫无疑问,具有深厚底蕴的浙江人文精神在浙江历史上发挥了巨大的作用,并正在成为推动现代浙江物质文明、精神文明建设的强大精神动力。正因如此,我们对于浙江文化传统、浙江人文精神及其在现代化进程中的作用,有必要从理论与实践的结合上作出更深刻的总结,并使之发扬光大。

注释:

(1) 参见吴光:《王充“效验论”浅析》,载四川《社会科学研究》1980年第3期;《王充学说的根本特点——实事疾妄》,载《学术月刊》1983年第6期。

(2) 参见吴光:《试论“浙学”的基本精神——兼谈“浙学”与“浙东学派”的研究现状》,载《陈亮研究论文集》,杭州大学出版社1994年5月版。

(3) 关于虞翻、赵晔等经史名家的事迹与著作,参见金普森、陈剩勇主编:《浙江通史》第3卷第5章《越汉文化的融合》,第156—164页、177—183页。

(4) 南朝宋·刘义庆:《世说新语·言语》。

(5) 据专家考证,两晋时期,浙江新建佛寺有60多所,南朝时期新建寺庙140座。吴越国时期,更有"东南佛国"之誉,尤其是吴越王钱弘俶,笃信佛教,大建佛寺,仅在杭州一地,就修建寺院200余座。参见陈荣富著:《浙江佛教史》,华夏出版社2001年版。

(6) 参见董平:《浙江思想学术史——从王充到王国维》,中国社会科学出版社2005年3月版,第112—116页。

(7) 关于寒山子的生平、著作及其"三教兼融"思想倾向,参见钱学烈著:《寒山诗校注》,广东高等教育出版社,1991年版。

(8) 参见姜广辉:《宋代道学定名缘起》,载《中国哲学》第15辑,岳麓书社1992年版,第240—246页。周梦江著:《叶适与永嘉学派》第三章,浙江古籍出版社1992年版,第35—46页。

(9) 黄宗羲、全祖望等编著:《宋元学案》卷一,《安定学案》胡瑗小传,载《黄宗羲全集》第三册,浙江古籍出版社2005年版,第56页。

(10)《宋元学案》卷六,《士刘诸儒学案》,同上册,第316页。

(11) 同上,第318页。

(12) 详见吴光:《试论"浙学"的基本精神——兼谈"浙学"与"浙东学派"的研究现状》(《浙江学刊》1994年第1期)、《简论"浙学"的内涵及其基本精神》(《浙江社会科学》2004年第6期)、《为"清代浙东经史学派"正名》(《光明日报》史学版,2008年10月19日)。

(13) 陈亮:《龙川文集·四弊》。

(14) 叶适:《习学记言序目》,第23、27卷。

(15) 黄宗羲:《明儒学案·师说》,载《黄宗羲全集》第七册,第14页。

(16) 参见何俊、尹晓宁著:《刘宗周与蕺山学派》第2、8章,中国人民大学出版社2009年10月版。

(17) 详见吴光:《黄宗羲著作汇考》,台湾学生书局,1990年6月版;《天下为主——黄宗羲传》,浙江人民出版社2008年11月版;《黄宗羲与清代浙东学派》,中国人民大学出版社2009年10月版。

(18) 详见顾志兴:《浙江藏书史》,杭州出版社2006年10月版;《浙江出版史研究——中唐五代两宋时期》,浙江人民出版社1991年5月版。

(19) 谭嗣同:《仁学·仁学二》,中华书局 1958 年版,第 50 页。

(20) 梁启超:《中国近三百年学术史》之五,《梁启超论清学史二种》,第 145、147 页。

(21) 梁启超:《清代学术概论》之五,《梁启超论清学史二种》,第 15 页。

(22) 日本学者小野和子教授即藏有"孙文"亲笔署名的"黄梨洲著《原君·原臣》"小册子的复印件,称系孙中山在 1905 年前后赠送日本友人熊本君的礼品。

(23) 章太炎的主要著作有《章氏丛书》及其《续编》、《三编》,另有《国学讲习会略说》、《国故论衡》、《国学概论》、《葑汉三言》等多种,1980 至 1994 年,上海人民出版社组织多名学者编辑《章太炎全集》,共出八集而未完。

(24) 章炳麟:《制言》第 52、55 期。转引自《先哲精神》,杭州出版社 1996 年版,第 211—212 页。

(25) 参见董平:《浙江思想学术史——从王充到王国维》,中国社科出版社 2005 年版,第 449 页。

(26) 参见:杨际开著:《清末变法与日本:以宋恕政治思想为中心》,上海古籍出版社,2010 年 6 月版;胡国枢著:《蔡元培评传》,郑州,河南教育出版社,1990 年 8 月版;项义华:《人之子——鲁迅传》,杭州,浙江人民出版社,2003 年 11 月版。

(27) 黄宗羲"工商皆本"的思想,见《明夷待访录·财计三》:"世儒不察,以工商为末,妄议抑之。夫工固圣王之所欲来,商又使其愿出于途者,盖皆本也。"载《黄宗羲全集》第 1 册第 41 页。

南宋时期"浙学"的辉煌

邵鸿烈

具有鲜明地域特点的"浙学",其渊源可以追溯到春秋时代的越国勾践时期;但它的辉煌发展却是在南宋高宗绍兴到宁宗嘉定的约80年间。正是在这一时期,浙学形成并发展到了它的顶峰。

"浙学"包括以浙江金华人吕祖谦(1137—1181)为中坚的"婺学"、以陈亮(1143—1195)为领袖的"永康学派"和以叶适(1150—1223)为集大成者和旗手的"永嘉学派"。其中尽管陈、叶对吕均极敬重并师事之,但最具特色和代表性的,是陈亮和叶适,尤其是叶适及其永嘉学派。

一、作为一个重要学派,必然有主导性的根本观点和基本一致的理论倾向,"浙学"自然也不例外

浙学具有代表性的核心观点有:第一,主张"通世务,见事功"(陈傅良),崇尚"实事实功"(叶适)。用今天的话说,即"学

以致用”;以实践效果验证理性、道德。这明显地表现出唯物主义理论倾向。“夫形于天地间者,物也。”道,是客观事物的运动变化规律,而非人的主观意志,“物之所在,道则在焉,物有止,道无止也”(叶适:《习学记言序目》卷16);“道虽广大,理备事足,而终归之于物”(同上,卷47)。具体事物有生命周期,有始有终;但万事万物生生不息,因此“道无止也”。陈亮也说过:“舍天地则无以为道矣。”(《陈亮集》卷28,273页)规律是物质运动的规律,思想认识也依从于物质。“君子不以须臾离物也,夫其若是,则知之至者,皆格物之验也。”《叶适集·水心别集》731页)“知”即人的认识,“知”乃是“格物之验”,即是接触事物、了解事物,变革客观世界所获得的认识。“致知”是为了“事功”,故陈亮说“盈宇宙者无非物,日用之间无非事”。人生在世,总要于世有补,要做事,要建功立业。这一唯物主义的认识论与同时代朱熹的唯心主义划清了界限,成为我们宝贵的哲学遗产。

第二,一反儒家千年传统的重义轻利、以义抑利、义主利从的观点,主张“以利和义,不以义抑利”,“义利并举”、“义利双行”,既重义,也重利。因为利是民生所依。与朱熹的讳言功利,专心“涵养心性”针锋相对,陈亮甚至提出“利之所在,何往而不可为哉!”(《陈亮集》卷11,111页)豪气冲天的陈亮提出“天下至公”的为学、为政、为人原则,但“世界皆是利欲”,“岂一人之智虑所能尽防哉?就能防之,亦非圣人所愿为也”(《陈亮集》卷28,《丙午复朱元晦秘书书》281页)。因而君子之道应该是能够“波流奔迸,利欲万端,婉转于其中而能察其真心之所在者”(《陈亮集》卷28,277页),从中有所作为。其实这才近乎孔子本意。所以,浙学人物都十分关注国计民生,关注兵、农、刑、财;主张抗金,反对投降。宋朝偏安江南,庞大的朝廷机构、达官贵人云集浙江,对浙江老百姓的盘剥挤压太严重了,北伐、收复故土便是反映民意民声。为民请命,是最大的事,最大的功。

第三,在经济观点上,反对汉以后重农抑商的传统国策,主张“农商一事”、“商藉农而立,农赖商而行,求以相补,而非求以相病”(《陈亮集》卷11,111页)。叶适认为:“夫四民交致其用,而后治化兴;抑末厚本,非正论也”;他提出了“通工惠商”、“以国家之力扶持商贾,流通货币”的政策主张(《习学记言序目》卷19,273页),反映了南宋时期江浙一带手工业、商业蓬勃发展条件下工商业的政策需求;不仅如此,叶适还提出应提高工商业者的社会地位的大胆意见。从理论见解到政策建议,陈亮、叶适等人成了新兴工商民众的政治代言人。

第四,面向现实,明经通史;以史论今,以史鉴今;经世为本,经史为用。从浙学的早期宗师吕祖谦,到永康学派陈亮和永嘉学派叶适等众多学者,均以大量精力学史、讲史、论史,无不倡导和遵循经世致用,学以致用。这成为他们自己治学的基本思想,也是他们收徒讲学的基本宗旨。

南宋朱熹“存天理,灭人欲”的客观唯心主义心学、陆九渊兄弟的“宇宙便是吾心,吾心即是宇宙”的主观唯心主义和陈亮、叶适的“功利之学”鼎足而立。而在宋代以后的七百多年中国封建社会中,这些学派的命运却很不相同。朱熹的理学成为官学,主要对中国,也对东南亚的政治、思想、文化、伦理道德、社会风俗都产生了重大影响。有学者(如国学大师钱穆,近人杜维明、陈荣捷)认为,朱熹可称为仅次于孔子的思想家,但这主要是明朝以后的事。朱熹也并非完全脱离或逃避现实,他也支持某种改革,但朱熹理学的重点在引导知识分子、官员做一个纯粹的儒生(他就这样劝导陈亮),引导官吏(包括将军)、民众各安本分,注意内心修炼,“正心诚意”,守义循理。这义、理便是儒家的“三纲”、“五常”。朱熹把它神圣化、绝对化为“天理”,也就把孔、孟(尤其是孟子)神化,变为一种桎梏。其意初为“修身齐家”,其旨则在“治国平天下”。他企图从伦理道德上,从思想规则上,彻底解决自东汉末年到北宋之间七百多年的战乱动荡、政权不稳的大问题。朱熹是在“整治人心”,人心一则道德一、义理一,则国家统一,可谓立意高远。明清两朝统治者正是看准了朱熹这一用心和立意,才把朱熹抬高到几乎与孔孟并驾的地位,而程朱理学也确实在明、清两朝五百多年大一统政权的稳固方面发挥了重要的思想保障和维系的作用。朱熹的理学其实是同赵匡胤的“杯酒释兵权”在不同领域做同样的事情。

但南宋当时,程朱理学尚在构建和完善阶段。由于它从解构孔孟出发,并非直接面对当时最急迫的现实课题,所以被时人视为“腐儒”、“伪学”,甚至一度被迫害,即史家所谓“庆元党禁”或“伪学党禁”。很正统、比较正直、甚至有些僵化的朱熹也在这场实质是政治斗争中被罢官,抑郁而死。

浙学则不同,它是从实际出发,直面现实,着力解决紧迫的实际问题。鲁迅有一句名言:“真的勇士,敢于直面惨淡的人生,敢于正视淋漓的鲜血。”当时的现实是什么?是国弱、兵弱、民贫、外强凌辱。自北宋建国,便开始积贫积弱。因此才有北宋李觏的“富国之学”和范仲淹的“庆历新政”,才有王安石的“新学”和变法。到了南宋,国弱、兵弱、民贫的国势不但没有扭转,反而更为严重。因此才有浙学学者,尤其是陈亮和叶适的大声疾呼,才有他们急功近利的“事功之学”及其一系列政策主张。浙学学者几乎都是坚定的抗金主战派,叶适还是开禧二年南宋北伐中建康(今南京)一线的最高指挥官,指挥所部取得了重大胜利。浙学的学者也大都是坚定的改革派,是陈亮、叶适改革主张的忠诚拥护者和积极实践者。

要改变现状就先须研究现状，研究现状必然引经据典作结论，这是汉以后中国知识分子廷对、属文的共性。而浙学学者重经史研究，更重学以致用，这就和朱熹重孔孟经典，却返回到伦理道德，重内省、做纯儒大相径庭。

二、作为一个地域性思想文化形态，浙学的昌盛创造了中国古代思想文化史的一个奇迹

首先，浙学固然主题集中、旗帜鲜明，但其内部支派繁盛、个性突出，互相师承借鉴，和谐统一。

浙学学派中的“婺学”是浙学中的温和派，婺学领袖、堪称浙学巨擘的吕祖谦人如其名，为人谦和包容，识才爱才，对浙学学子，多加指点奖掖，同时又互相学习。朱熹也看到，吕祖谦“其学，合陈君举（陈傅良）、陈同甫（陈亮）二人之学问而一之。永嘉（指陈傅良、叶适）理会制度，……同甫则谈古论今，说王说霸。伯恭（即吕祖谦）兼君举、同甫之所长”。因为吕祖谦为官宦世家，门第显贵，祖上五位宰相，他本人也位居高官，同陈亮、叶适是半师半友、亦师亦友的关系，这极大地促进了浙学内部支派的互相借鉴，也激励了各自的特色形成。

永嘉学派的先驱是北宋的太学博士、永嘉人周行己。周氏倡导实用之学，重视功利，关心国计民生的各种实务，尤其是货币思想，在广度和深度上都达到了北宋的最高水平。

永嘉学派的创始人薛季宣（1134—1173），永嘉人，刻苦读书，又独立思考。他“教人就事上理会，步步着实，言之必使可行，足以开物成务”（《宋元学案》卷52）。薛氏大弟子陈傅良

(1137—1203),瑞安人,专攻经制之学,精通中国古代典章制度,他曾入太学学习,一生虽曾官至中书舍人,宝谟阁待制,但立朝公正,为民请命,不畏权贵。多次谢绝地方官职、虚职,大部分时间设帐授徒。他虽仅小薛氏3岁,但"师事之",继承并发扬了薛季宣的事功学派,更注重探讨国计民生的实学。永嘉学派从薛季宣开始,有了自己的独特风格并被称为"事功之学"、"功利之学"。浙学学派主要是指永嘉学派和永康学派,浙学和功利之学是同义语。

小薛氏16岁、小陈氏19岁的叶适非常敬仰他的两位同乡长辈,深受他们的影响。薛、陈的学问成为叶适功利之学、事功之学和重商思想的重要渊源。

陈亮也是广泛学习吸纳,但始终不改自己的学术观点。他的启蒙人、恩师周葵(1098—1174),宜兴人,作为父母官,发现、肯定并指点了陈亮,也是后来奖掖提携陈亮最力的恩人之一。周葵是奸相秦桧引荐入朝为官的,但他在朝为公,不为秦桧一人所用,反而对其奸邪予以抨击;他上书言事,斥当朝宰相"务虚文而无实效"。这对陈亮的实功实效思想是极大的支持和鼓励。

除恩师周葵外,给陈亮以巨大影响的还有二人,一是吕祖谦,二是陈傅良。从学术思想上,陈傅良对陈亮的启迪和影响同对叶适的影响有些类似,二陈是太学同学,又是志同道合的朋友,是琢磨切磋、互相促进的关系。吕祖谦对陈亮的影响,在引领陈亮进入理学、熟悉经典上,自然功不可没,但更多的是在禀性、为人和行事方式方面。前面说过,吕氏为人谦和包容,较为内敛,这在讲规矩、重道德的宋代,尤其是南宋,是很受上下赏识的,加之吕氏家学渊源深厚,属名门望族,吕祖谦精于学术,勤于笔耕,著述甚丰,学而优则仕的他官运亨达,很快同小他 6 岁的陈亮拉开了越来越大的距离,但他一直对陈亮关怀有加。陈亮是个尚气任侠、不拘礼数、洒脱狂放、性烈如火之人,一生曾两次入狱。有吕氏的关照提醒,实是有幸!陈亮竟于 50 岁(死前一年)时高中状元,这对于精于谋国、谋事、谋利,却不善谋己的他,更是万幸了。

浙学内部不同支派之间相互学习借鉴,“转移多师”(杜甫诗句),有力地促进了浙学学术思想的丰富、深化和繁荣,更有利于其学术影响的扩大。

其次,浙学繁盛的重要表现是学者云集,群星璀璨,一时蔚为风气。吕祖谦与朱熹、张栻被称为“东南三贤”,是当时的学术宗师,其学术思想开阔,又曾在朝廷为官,因此门人众多。陈亮的思想风格是极富批判性和斗争性,可以说是在同朱熹多次针锋相对的辩论中杀出了威风和影响;叶适也一样,以自己独创的理论体系为学界高度关注。浙学学者云集的另一个重要原因是高度重视传承教学,婺学、永康和永嘉三派都长期设帐授徒,因而门人众多。永康学派的陈亮,其亲传弟子 36 人,再传三传弟子更多,其中在当时颇有名气的有十数人之多。永嘉学派更是代有传人,名家辈出。随着庆元党禁的解除,朱熹理学在南宋末年开始复出;而随着叶适的逝世,永嘉功利之学则开始消沉没落。但叶适不仅在学术上集永嘉学派的大成,在文学上也发扬光大了永嘉学派的优秀传统,是一位散文大家。因此,永嘉学派嬗变为永嘉文派,涌现出周南、陈耆卿、叶绍翁等文学名士。

值得指出的是,永嘉学派经世致用的事功之学、明经通史的学术思路、工商一事的经济思想到了明末清初,为浙东学派的创始人黄宗羲继承发扬;而到了晚清,则又为杭州人龚自珍等人、“三孙”(孙衣言、孙锵鸣、孙诒让)、“东南三杰”(陈虬、陈黻、宋恕)等人再度阐发,推向新阶段,永嘉学派流泽远播。至

20 世纪改革开放,际会历史风云,“温州模式”的发生明显渗透了永嘉学派的深刻影响。

最后,南宋的浙学表现出可贵的批判精神和战斗性。

浙学的批判锋芒主要针对它的学术思想对立面程朱理学。程朱理学主张一心只读孔孟经典,修身养性,存天理、灭人欲,守洁净之心;特别卖力地鼓吹孟子的性善论,讳言功利;主张以古圣贤为精神榜样,“粹然以醇儒之道自律”。陈亮、叶适等则针锋相对地指出:“才有人心,便有许多不净洁”,不存在所谓纯醇之儒。朱熹所谓“三代(夏商周及其之前)专以天理行”的圣贤,实际是经孔子删削洗洁了的,“经孔子一洗,故得如此净洁”。陈亮提出要做“成人”,即集仁、智、勇于一身,既有道德,又能急国家之急,护民之利,谋民之利,建功立业,有所作为,而不是做“一心只读圣贤书,两耳不闻窗外事”的所谓“醇儒”。显然,这是世界观、人生观方面的对立,是处世为人原则的对立。朱熹将道义和功利、王道和霸道看成是对立的东西,陈亮、叶适等则针锋相对,试图从理论上和实践上把两者统一起来。

朱熹对浙江民风大不以为然,也深感恐惧和忧虑。他说,浙江人不浑厚。浑厚是“不计利害”,以道德为重;而“今浙中人却是计利害太甚,……其弊至于可以得利者无不为”(《朱子语类》卷 122,2958 页)。因此他惊叹“此意甚可忧”,“可畏,可畏!”而叶适则针锋相对:“人心,众人之同心也,所以就利远害能成养生送死之事也。”叶适考虑的不是几个读书做官的儒生,而是“众人”的生产、生活、生老病死,这中间明显的有生活环境严峻的温州士民的影子。立足点大不一样。

尤为可贵的是,浙学由针锋相对地批判程朱理学进而直指朱熹所鼓吹的“道统”说,重返孔子的原旨,甚至也抹去了强加在孔子身上的光环,为儒家学说正本清源。朱熹把唐代韩愈捏造构建的尧、舜、禹、商汤、周文王、周武王、周公,再到孔子、孟子一脉相承的儒家统绪,增加延伸到曾参(孔子弟子)、子思(孔子孙子)、宋朝的二程兄弟、朱熹自己。这样朱熹就成了儒家正统传人,道学也就成为时下的儒家经典。叶适指出,朱熹夸大曾子、孟子的内省已经偏离了孔子本意,到朱熹的“心性”,更是差之千里;而且孔子弟子三千,贤人七十二,不能说曾参独得孔子真传,也非孔子原意;同时,对夏商周的文化成果,朱熹“尽掩前闻,一归孔氏”,也是不正确的。这种对宋以前整个儒家学说的清理和反思,反映出极为可贵的批判精神、理论勇气和很高的理论境界。在儒学主宰天下的环境下,理性批判的精神,就是革命精神。对儒家学说有如此系统深刻的批判精神,在汉以后的历朝历代,有如浙学之锋芒凌厉者,鲜矣!

三、关于浙学的几点思考

1. 南宋之浙学崛起于浙南一隅,却敢于剑指当时的主流学术,其大无畏的理论勇气令人钦佩。但也应看到其中有事出必然之理。一是逼出来的,换句话说也就是当时社会经济的客观需要。南宋时,浙江已接受了中国古代第三次北方人口大规模南迁。这次南迁,不同于唐末战乱和东晋南迁(东晋的统治中心至南京而止),而是整个朝廷这一庞大的统治机器迁至浙江。再加上北方富豪士绅、普通避难民众,本来就地少人多、生存空间狭窄的温州地区,一方面因此得以加速开发、深度开发;另一方面,民众的生活压力可想而知!当民众和中小地主士绅的利益被挤压得朝不保夕时,便会大声疾呼,便会另寻生路。于是时势呼唤代言人,形势逼迫浙南民众亦农亦商(包括外贸),这就是“逼上梁山”的大背景。小农、小知识分子去经商是“上梁山”，陈亮、叶适鼓吹“农商一事”、“义利并举”也是“上梁山”！“梁山”是“逼”上的。二是有了较长时间的理论积累。远的且不说，近者如北宋杰出的经济学家李觏（1009—1059，江西南城人），其利欲论指出，利欲是物质经济生活的动力，是礼义的前提和纲常的基础，具有合理性；言利是正常的。李觏的王霸论、工商必要论也为陈亮、叶适的王霸论和重商理论开了先声。李觏有强烈的改革意识，提出了系统的富国思想，为王安石的变法提供了强有力的理论支持。

北宋的另一位政治家范仲淹（789—1052）和文坛领袖欧阳修（1007—1072）重视工商业、否定重本抑末并积极进行改革无疑也对南宋的浙学产生了重要的影响。

2. 浙学的兴盛也得益于南宋皇帝孝宗的文化政策的宽松。南宋政权面临巨大的生存危机，这是政治形势，也是大局。要支撑危局，必须有危机意识，必须有居安思危、居危思危之人。靠空谈“心性”是救不了国家的，必须靠实实在在的事功。这也是形势所逼。主和以保全自家权利的宋高宗死后，尚有恢复之志的宋孝宗也认识到不务实是解决不了问题的。他批评“近世士大夫多耻言农事”，批评士大夫讳言理财（这是儒生自命清高的通病，有的儒生甚至连“钱”字都不上口，称为“阿堵物”），指出：“孔子未尝不以理财为务。且不独此，士大夫讳言恢复；儒者尚清谈，以理财为俗务，可谓不知本矣。”（《续资治通鉴》卷149）批评的正包括朱熹之流，而叶适恰恰认为“古之人未有不善理财而为圣君贤臣者也”（《水心别集·财计·上》）。叶适有许多精辟深刻的理财论述。皇帝倡言务实，对事功学派无疑是极大的鼓励。由于南宋乾、淳年间皇帝尚较开明，文化管制比较宽松，以至形成了短暂的学术争鸣繁荣景象。这对浙学的兴盛及其理论的系统化,对于同朱熹一派的公开论战都是极有利的环境。当然,这只是历史的昙花一现。

3. 20 世纪 80 年代我国改革开放初期就开始酝酿并很快为中外瞩目的“温州模式”,却主要不是“逼”出来,而是激发出来的。

历史地理的、经济的特殊环境逼出了温州人民的特质:勇于创新,敢为人先;敏于商机,善于创业;竞争意识和利益机制在这里发挥得淋漓尽致。这在新的历史时期便成为一种基因、种子,一个基础。一旦风云际会、机遇来临,它就勃然萌发,迅速成长。一代伟人邓小平发动和领导了改革开放,建设社会主义市场经济的深刻革命。这就是历史的机遇,就是东风化雨。温州得风气之先,走在全国前列,成为发展民营经济的典型,甚至成为一种模式,这不是哪一个温州人能在短时间办成的,温州经济发端于草根经济,唯其发端于“草根经济”,才能如此遍地开花并深刻地改变了温州的面貌。

“草根经济”如今已成“老板经济”,但老板经济依然带有浓厚的草根特点。无论是草根经济还是老板经济,它们的大背景如今已是知识经济,已是经济全球化,已是可持续发展、科学发展。这一大背景,对所有企业,对所有经济形态都是挑战和机遇。对于仍以草根一族为主体的温州经济,挑战就更加严峻,可以毫不夸张地说,改革开放 30 年后的今天,新的“逼上梁山”已摆在“温州模式”眼前。什么在“逼”?“梁山”是什么?就是生态环境,就是现代国民素质和和谐发展,更是科技创新和自主知识产权。温州集中了全国 70% 以上的低压电器和汽摩配件生产,但拥有自主知识产权的企业不到 1%。温州经济面临新的“四渡赤水”,面临根本性的新跨越。

而今,我们的时代是新时代,我国的人民是新时代的人民;

我们的社会主义经济体制已经创新，我们政府的政策和机制在鼓励创新、服务创新。邓小平理论、“三个代表”重要思想和科学发展观已经为我们包括温州经济社会发展指明了方向，也给了温州人民豪情和信心。“正好长驱，不须反顾，寻取中流誓！”（陈亮《念奴娇·登多景楼》词句）

作为人和作为思想家的陈亮

卢敦基

陈亮(1143—1194),原名汝能,字同甫,人称龙川先生。他一生历经坎坷,命途多舛,然禀性慷慨,志向愈老弥坚。曾六诣天阙,上书恢复,生平议论,以虏仇未雪为国之大耻。他创立了永康学派,在浙与金华、永嘉学派鼎足为三,并与学继孔子、名满天下的朱熹辨析功利伦理,为中国思想史增添了精彩的篇章。他也是著名的文学家,词在南宋词坛自成一体,散文亦颇有可观。他是著名思想家、文学家,在中国文化史上留下了深远的影响。

以前对陈亮的研究,主要侧重于思想内容。对陈亮的为人,则有意无意地予以忽略。这是学界在研究古代思想家时通常的一种趋向。固然,陈亮主要因为思想家名世,研究陈亮也应该凸显陈亮思想的位置。然而,在古代中国的真实情境中,一个思想家的性格、脾气、嗜好、为人等等,与他的思想,有着千丝万缕的联系。在现代社会,一个人的学术观点与其政治态度基本可以分离,与个人的脾气、爱好等等关系更为疏远,但在古代中国,其人格与学问的联系通常较为紧密,其学问的增进也通常被认为可通过完善人格来完成。如果完全忽略思想家的为人,必使对思想家的研究走入偏枯,也很难挖掘出其思想的全部意蕴。这其实是研究中国古代思想家时的一个共通性的问题。

陈亮为人的研究之所以成为必要的另一个理由,则是陈亮的真实形象在历史留存与社会传播中的严重变形。陈亮的思想又曾遭人误解,多年以来,人们多以朱熹对陈亮思想的概括——"王霸并用,义利双行"来认识陈亮思想。到近一二十年,学者们才依据文献清理此等讹误。但在陈亮的其他方面,类似的误解更多。这种误解与陈亮同时的人就有,给现实的陈亮造成了严重的后果。野史中的讹误,给陈亮涂上了奇怪的油彩。民间传说出于自身的特点,不由自主地对陈亮神化或丑化,更是远离了陈亮的本真,让陈亮在后人的印象中光怪陆离。

今天我们研究陈亮之为人,一方面是为了澄清加在陈亮身上的种种不实之词,还陈亮一个真实和清白。其次,也是更为关键的,则是研究陈亮的为人与学说间的种种内在联系,以期进一步把握陈亮思想的精髓。再次,也要澄清古人乃至今人对陈亮乃至浙江人的种种误读。我们认为,这种研究是历来一直被忽视的,也是今日亟须展开的。

一、陈亮是事功思想的提倡鼓吹者,但这并不意味着陈亮在生活中是一个纯粹的功利主义者,更不意味着他是一个自私自利之徒

陈亮创立的永康学派,以倡言事功为要旨,与金华学派、永

嘉学派遥相呼应,举起了与当时的主流学术——心性之学抗衡的大旗。但如若由此将陈亮看成一个只要事功、不计其余的功利主义理论家,进一步在生活中将陈亮看成一个纯粹的自私自利者,那就是彻底地误读了陈亮。

如近年来众人所指出的,朱熹对陈亮学术的概括"王霸并用,义利双行",是对陈亮思想的彻底误读。但这也透露了一个信息,即朱熹只认为陈亮将道德与事功割裂开来,也不认为陈亮是一个纯粹的功利主义者。陈亮则激烈地反驳了朱熹的认定,坚称自己是道德与事功的统一论者:"诸儒自处者曰义曰王,汉唐做得成者曰利曰霸,一头自如此说,一头自如彼做,说得虽甚好,做得亦不恶。如此却是义利双行,王霸并用。如亮之说,却是直上直下,只有一个头颅做得成耳。"(《又甲辰秋书》,《陈亮集》,河北教育版,第270页)用今天的话来说,陈亮认为,道德属于人的内在修养,其实人们无从判别。一个人的道德修炼即使到家,也只能通过外在的行为表现才能认定。古往今来,凡是成就了大事业的,必定在道德修养上取得了真正的成就。如果完全凭私利行事,因为不合于天理,就必然会遭到失败。既然他们已做成一番英雄事业,再议论他们在道德修养上有无成就,那就是迂腐之论了。陈亮强调事功的重要性,其实是强调衡量道德的标准。陈亮没有跳出古代社会的大框架,不可能将道德撇在一旁,单纯抓牢事功一头不放。他在主张修养为最主要大事的理学面前,大胆提出异见,尤其是从衡量道德的标准入手,强调内在的道德修养必须转化为外在的功利,强调理论如不能解决现实问题等于白说。正是从这个意义上,我们说陈亮是事功思想的倡导者,而不能说他是一个纯粹的功利主义者。

另一方面,陈亮承认私利的正当性,他说,好色、好货、好勇,皆人心所同。但陈亮也承认,当它们作为一种个体的特性,可能是有害于道德的。关键是如果将这些人性的欲求扩展到全社会,比如说每人皆好色,如果让天下人皆有配偶,都有机会好色,则全社会的最大道德就达成了。好货也一样,要让全社会成员都富起来,好货就不成其为人性之缺陷。陈亮是在全社会的行动领域来解决私利与公众利益的冲突的。他遵循传统儒家"己欲立而立人,己欲达而达人"的古老准则,将人的自然需要转化为人的社会存在,将人的个体需求转化为全社会的共同诉求。简言之,由私到公,便是陈亮由欲到善的实现途径。所以,如果说陈亮是一个事功论者,那么,他鼓吹的是全社会的事功,而绝非他个人的利益。陈亮的事功思想,有着丰富的精神内涵和鲜明的时代特色。

那么,陈亮是如何在生活中落实自己的事功思想的呢?换言之,他个人在举措上又是怎样的一个功利主义者?这可从下列几个方面来看:首先,陈亮将国家利益放在首位,一生以倡言恢复为大志,即以国家的事功看成他自己的最大事业,实践了自己将私利转化为公共利益的理论主张。他二十七岁上《中兴五论》,不报,三十六岁再上三书,名震朝野。他一生以恢复为志,终身不忘,明白可见,天人共鉴。陈亮自己在写给徐彦才的一封信中说:"利非明公之所欲闻也。以吾之一身,而置诸天地万物之间,何者为彼,何者为我,何者为先,何者为后,要以无慊于心而忠于国家耳。"(《与徐彦才大谏》,第249页)这段话是对别人的劝告,但完全也可看成陈亮的夫子自道,关键是不违背自己的本心且忠于国家,这就是陈亮的事功。其次,陈亮一生以做事自期,以改革旧制自期,以在实际政治活动中发挥作用自期。简单地说,他的平生理想,是做一个杰出的政治家,在国家大事上建功立业。对文字、理论等精细领域的活动，他虽自负，但决不自诩为最高成就。他的平生理想，便是提出一整套新的治国方略，一下打动皇帝，采取他的新见，自上到下，雷厉风行，开国家数百年太平之基。他给皇帝上书时，虽然在学术上已有自己的见解，但他对学术上的争论，都点到辄止，而着重于政治、军事、地理形势的分析，这些分析大都有事实可依，有史事可据，不算空谈无根之言，可作实事求是之观。至于后世写进种种思想史、哲学史的陈亮的理论观点，在我看来，虽为陈亮胸中所常有，却是一偶然之产物。他如果不逢朱熹，不与朱熹争论，他流芳百世的思想未必会那么系统地见诸文字，他未必有心去写下那么一大篇文字。所以，陈亮作为一个思想家传世，很可能并非陈亮的本意，他只想成为一个改革家、一个实干家的。再次，必须强调的一点是，陈亮尽管热心于理论、热心于国家大事，不喜欢实际事务，但他对自己的切身问题的解决仍然很有办法。简单地说，也就是能很好地解决个人生活中的实际问题。他少年得志，婚姻顺利，但随即陷入贫困深渊，父亲被系狱，母亲病故，祖父母随即双亡，一家停棺三口，良田卖尽，无以为葬。但到他四十余岁，家境已颇为宽裕，买田盖屋，其庄园还颇有规模，楼台亭阁，无所不有，已有“楼台侧畔杨花过，帘幕中间燕子飞”的富贵气象。他为何能挣脱贫困，跻身富贵？应该是借经商完成。但这使乡人大不解。他一生两次入狱都与此有关。人们起初以为他交通官府，索取贿赂，后来甚至疑心他暗地打家劫舍，为一豪侠。陈亮为之付出了惨痛的代价：第一次入狱三月左右，第二次则有一年多。陈亮之不能见容于地方竟至如此！但反过来说，他不仅长于议论军国方略，在日常生活中又能很好地解决自己的生计亦是事实。仅此一点，就可让整天嗟伤自己穷困的文士无地自容。时至今天，我们仍能于今日的浙江人身上窥见类似陈亮的此种情形。他们不会说空言,善于处理自己的生计,也不怨天尤人,将自己贫穷的缘由推给外界,而是赤手空拳,默默奋斗,掌握并改变自己的命运。这样的行事风格,实在让人敬服。第四,长于处理自己的生计,也不能就判断此人是一个自私自利之人。长期以来,人们习惯于将那些讲究实际利益的人看作自私自利的典型。不仅西方如此,中国也不能例外。如唯物主义者就被看成是不讲道德的利欲熏心之徒。现在对务实的浙江人,也有这种误读,认为他们除了钱以外,六亲不认。其实,一个人如以追求个人利益为最高目的,不计其余,他的追求未必会取得成功,因为人们将会无法同他合作。如果从市场经济的视野看,这个问题会显得更清楚:一个人如不是为了他人的需要而生产,他的产品将无法在社会中实现价值。我们回到陈亮身上,也没有发现善于处理生计的陈亮有什么损人利己的劣迹。相反,他乐于助人,多次向执政者推荐他认为可担当大任的朋友。他两次下狱,在困境之中,也从未信口雌黄,诿过于人。这也是确凿的事实。但为什么在中国,一讲个人利益就会被人认为自私自利?这跟中国的文化传统密切相关。古代中国擅长定性管理,不长于定量,公私之间的界限便难于合理划定,要么以公害私,要么以私害公,各种法律和道德规范都未能清楚区别此间界限。因此在道德判别上便不得不取简单化的趋向:既然不能讲私,索性一味讲公。近年来,沿海地区经济发展迅速,在其中,产权制度的改革对经济发展促进尤大,权益与义务的关系开始清晰,人们越来越自觉地接受两者的合理分界。从这个角度看陈亮,自然豁然开朗,也可对现代浙江人多一种新的理解。

二、陈亮好谈历史上的王霸大略、军机利害，并不意味他在生活中喜欢玩弄权术阴谋、投机钻营。相反，他是一个正直高洁之士

陈亮治学，首重治史，尤重王霸大略、军机利害。其具体内容，就是重视研究历史上的关键时刻。所谓研究关键时刻，便是研究在历史可以有多种选择的关节点时，作为历史主宰者的人如何判明利害，以四两拨千斤之力，出奇计，用奇谋，让历史按自己的意愿掉头前进。这在青年时写就的《酌古论》中尤为突出。即使在针对现实的文章中，陈亮也用了类似的套路。他的《中兴五论》中的《论励臣之道》，就是设想皇帝如何先在朝廷上自我批评，然后一举扭转群臣不力的局面。在1178年连给孝宗上三书时，他也认为当时是历史发展的一个关键时刻，而他的胸中亦蕴藏多种关于国家命运的计策："有可以迁延数十年之策，有可以为百五六十年之计，有可计复开数百年之基。"后来年岁渐长，陈亮开始关注一些较长时段的东西，如论汉武帝好大喜功，虐使百姓，但百姓拥戴汉室如故。秦始皇传之二世，国家乃亡。此是何故？陈亮解释说："秦自孝公用商鞅，失民心七世矣；至始皇时，民心已摇，故始皇一激之而民散；汉自高、惠、文、景，德泽之在民，沦肌洽髓，前人之遗爱未泯也，虽武帝之重于虐民，而民心之戴汉犹故也，故虽危而不至于亡。"（《汉论》，第177页）

以陈亮的好读王霸大略、兵机利害，从而认为陈亮喜欢玩弄权术阴谋，投机钻营，搬弄是非，这种观点，在陈亮活着时不是没有市场。1184年春，陈亮因"药人之诬"即有投毒杀人嫌疑

被下狱,这个嫌疑人狱后很快就被澄清,但是风向一变,主事者转而怀疑陈亮另有违法之处。盖陈亮二十多岁时异常穷困,到四十来岁,家境大异于前,在乡中可算富户。旁人对陈亮为何致富心存疑虑,致有怀疑陈亮与当时在浙江为官的朱熹勾结在一起,借朱熹的势力索取贿赂。于是"推狱百般推寻",罗织陈亮索贿的罪证,致使陈亮这一次在牢中待了三个月左右。尽管陈亮并无任何借势索贿的情事,最后也终于脱狱,但这种怀疑后来竟被故事化,写入了宋人的笔记乃至著名的白话小说"二拍"当中。《二刻拍案惊奇》中的一回"硬勘察大儒争闲气,甘受刑侠女著芳名",非常有名,而陈亮在这篇小说中,完全是一个小人。最明白这件事情的始末的朱熹,起初也怀疑陈亮有私心,但后来他在给陈亮的信中道:"今得来谕,乃知老兄遂能以义胜私如此,真是为一世之豪矣。而区区妄意,所谓浅之为丈夫者,又以自愧也。"这也足以把怀疑陈亮要阴谋的猜疑打得粉碎,也可见后代的小说完全出于虚构。概括地说:陈亮所谈的都是天下的兵机利害,在人与人的关系中,他对那些搬弄是非、请人托事等等的操作没有任何兴趣。只是世人喜以己度人,妄度陈亮的心胸,致有以此罪人者,真是亵渎一代英豪矣。

三、他放言高论,意气风发,智略横生,跌宕四出,屡言变法,一破烂熟萎靡之局,却不能以为他在生活中处于法度之外,是一个不守法之士

陈亮才气超迈,世所公认。大抵他喜发议论,而议论皆出人意表,从内容到形式上都新鲜大胆,足以惊骇世人。他强调当下为一生死存亡之关键时代,非常之时不可以常法处之,所

以他对当时的制度、社会风气、用人等等展开了激烈的批评，反复强调要大胆变法，打破习以为常的旧格局，重用法度之外的人才。概括地说，陈亮重变革而不重守制，重创新而不重继承，所以对才尤为看重，主张用人才来构建变化多端、迭收胜绩的社会。

朱熹与陈亮相识，在佩服陈亮的人格的同时，也写下了下面一段话：君"欲废法，吾恐无法之害又有甚于有法之时也"。在陈亮第一次出狱后，朱熹对陈亮痛加针砭："宜痛自收敛。……观老兄平时自处于法度之外，不乐闻儒生礼法之论。"这次被系于狱，"虽不知所由，或未必有以招之，然平日之所积，似亦不为无以集众尤而信谗口者矣"。他建议陈亮日后"从事于惩忿窒欲、迁善改过之事，粹然以醇儒之道自律"。紧接着的一封信，朱熹又说："大率世间议论，不是太过，即是不及，中间自一条平稳正当大路，却无人肯向上头立脚。"劝陈亮行平直中正之道。

从陈亮才华横溢，喜言变法，从而推知陈亮在生活中放荡不羁，不依法度，似也顺理成章。朱熹劝谕陈亮的话，其实不太离谱。更为离谱的，是叶绍翁在《四朝闻见录》中的记载，说陈亮醉酒后假扮丞相，冒犯天威。更为离奇的，是赵溍讲过陈亮敲诈辛弃疾。以上两则故事，荒诞不经，经考证可知全误，然历史传下如此记载，可见在当时人的眼光中，陈亮常和不拘礼法、肆意妄为联系在一起。这与陈亮的学说、脾气等有一定的内在关系。由陈亮常谈变法而断言陈亮在生活中不守法，对一般人来说，也是顺理成章。陈亮自己对此后来也有觉察。我们也只有谈到陈亮的这一段自述，才真正了解陈亮的为人："亮之居乡，不但外事不干与，虽世俗以为甚美，诸儒之所通行，如社仓、义役及赈济之类，亮力所易及者，皆未尝有分毫干涉。只是口唠嘈,见人说得不切事情,便喊一响,一似曾干与耳。”(《又甲辰秋书》,第269页)原来陈亮所热心的,仅仅是国家大事,特别是恢复、变法等由最高统治者决定的大事,对地方的实际事务,他已经无半点兴趣,连人们都以为美事、儒生们平常也在做的社仓、义役、赈济等慈善事业,也一概不参与。陈亮说自己是“口诵墨翟之言,身行杨朱之道”。也就是口头上讲关心公众利益,做起来则是一毛不拔,毫无动作。他自己说自己穷困潦倒,“外有子贡之形,内居原宪之实”,也就是他经商,表面看上去不错,实际上很穷,但这可能只是不热心社会事务的部分原因。他不愿意干预实际事务,很可能因为他是一个纯粹的理论家,善于讨论天下大势、历史教训,于现实事务并无擅长,所以他扬长避短。他身上也可能有古代读书人善于言而不善于行的传统习惯,思想与行动不能很好地结合一起,思想是伟人,而行动如处子。总而言之,以现代的公共知识分子的概念去看待陈亮,总是难以套人,按下一头,翘起另一头。因为陈亮对社会高层改革极为热心,不断出面,大胆评骘,但对地方政治的实际事务,却不发一言,避之唯恐不及。其实细究起来,古代中国许多有影响的士绅,亦热心于地方事务,因此事能为他们带来更多的实际利益,如好的名声等等。有的较为卑鄙的,则借此牟取私利。陈亮则于这一切不管不顾,保持他一个纯粹理论家的本色。你可以指责陈亮的言行有所脱节,但如果真正了解了陈亮的这些特点,也就不会误解陈亮在生活中会蔑视礼法,为所欲为,许多无稽的传说也就不会发生了。

寒山思想、理念和情操之研究
——试论天台山和合文化

叶哲明

寒山,寒山诗,及其悲喜剧般的传奇一生,虽然历史冷落了千百年,但也仍不时地引发了我国诸多政治家、思想家、哲学家、文学家和史学家高度的关注和深刻的评论,纵为誉毁交加,扑朔迷离,但他那内涵幽深,气势澒洞的诗篇,冷漠、嘲讽、冰寒而彻悟的文理,尤以其所展示的智慧情态中,所蕴含着的"禅机哲理"(1),以及警世社会的强烈灵气、英气、神气、硬气,其逸群的思想和情操,流播四方,不胫而走,产生了巨大的社会影响。以至使唐之后的张继、韦应物、王安石、黄庭坚、朱熹、岳飞、陆游、文天祥、唐寅、王应麟、王士禛、康有为、胡适、郑振铎等一代名流,也叹为观止,还把他当作奇才偶像、大家杰作予以评论和看待,在我国文化史占有一定的地位。

近代以来,寒山、寒山诗及其悲喜剧般的传奇一生,一旦跨出山门、省门、国门,声震海外,称名天下,令东亚以至西方国家的人士,瞠目相视,甘拜下风。日本学者赞誉寒山为伟大诗人,佛学界称其为"宗教人物的圣尊";日本岛内还说寒山诗如同白居易、李白、杜甫“存着久远而普遍的幸遇和影响”(2)。著名的佛学家、书法家田上米舫,还在东京西北青梅市郊,“仿造苏州寒山寺的古朴风雅的枫桥、钟亭、墙垣、诗碑,建成了日本式的寒山寺,日本人民对寒山尊崇无比”(3),寒山诗广为流布,家喻户晓。美国、法国、英国等西方国家也赞颂有加,特别是美国学者瓦特逊(Burton Watson)出版《寒山——唐代诗人寒山诗一百篇》之后,使寒山、寒山诗、寒山传奇风靡全美,如同“中国人有谁不知道李白、杜甫、王维、白居易、《红楼梦》一样”(4)。克洛克(Keyouac)出版了《达摩游汉》,试图描绘中国疯僧和美国游汉混合的寒山,也风靡一时,使之成为“美国文化的一个伟大的新的英雄”(5)。寒山形象及其诗篇,进入美国产生相当的影响,引发了广大青年的精神和思辨的共鸣,诚如学者王庆云所云:“寒山本然人性的原始主义精神和独居荒林寒岩的生活方式,恰巧与美国现代生产、商业和机器化、电子化文明压力下青年一代,对于自然和人性的呼唤融为一体,寒山诗所以在美国文化中扎下了根,甚至成为美国几乎一代人的追求。”(6)古往今来,在中美文化交流的历程中,我国文化史上的“小人物”寒山,在美国青年中拥有如此大量的追随者,可以毫不夸张地说,在这三四十年逐渐形成众多读者群体的李白、杜甫、白居易等著名人物,也难以企及。西方各国的传播和研究,进一步带动和影响了港、台地区和日本、韩国等国家。

一、寒山原始主义色彩的人性思想和情操

在有唐一代风姿多彩的文化舞台中,亦有一些亦佛、亦道、亦儒的人物,寒山、智者、拾得、丰干、司马承祯和郑虔、李白、柳

宗元、孟浩然、元稹等高僧、道长、学者和诗人,蜂拥般地进入天台,给当时的浙东和天台山文化增添神奇多姿的光彩。寒山留下来的时间最长,诗篇最多,影响最大。说他是诗僧,其思想又十分复杂矛盾,因此,不少学者认为他是"亦儒、亦释、亦道"的人物,而且还是带有强烈原始主义本然人性的政治理念和丰富哲学思想、哲学流派色彩的诗人。最早为《寒山子诗集》先后作序的是天台山道士徐灵府和杜光庭,把寒山列入道家的《仙传拾遗》;唐宋以后把寒山列为诗僧。宋太平兴国年间(976—984)在苏州阊门外建枫桥寺,后称寒山寺,寒山被誉为疯癫神僧,声名始自远扬。从寒山诗集所见,他是一个带有佛道悲天悯人和儒家民本思想,并讲求道德伦理真谛的诗人。他深刻地痛斥和抨击世俗黑暗社会,自己不得不远离尘世,寄身山林,隐匿洞穴。他是一个很有学识、卓见不凡、厌世嫉俗的充满佛道色彩的归隐儒生。寒山是诗僧,自然是佛教徒;他又恨世人世俗,但并不隐居于寺院,并从未宣称自己为佛僧。他常阐佛理,嘲笑道家和炼丹骗术,从未宣称过自己是仙道。他常讲轮回报应,疯疯癫癫,这又辱没了"不语怪力乱神"和讲究鸿博大雅的儒学风范。所以说他什么也不是;但又可以说他是儒、道、佛兼收,具有鲜明反传统、反潮流的哲学思辨、哲学流派色彩的人物。

寒山隐居天台寒石山,自有一番曲折坎坷的情缘。他生于西京咸阳,《太平广记》、《仙传拾遗》说寒山大历年间还活在世上。胡适、余嘉锡先生根据《宋高僧传》和《传灯录》提到灵佑禅师到天台,与寒山相逢于途中,"赵州游天台,路次逢寒山",说明代宗大历年间寒山已隐居天台二三十年了。

寒山生于玄宗开元的封建社会鼎盛之时,"忆昔开元全盛日,小邑独藏万家室",繁华昌盛,国泰民安。他少有大志,"一选嘉名喧宇宙,为官治化超前辈";"国使职非愿,神仙未足称"。

他擅长诗书,博览经史,又通文理:“余曾昔睹聪明士,博达英灵无比伦。”多次参加科举,力图出仕,只是因为“书判全非弱,嫌身不得高”。唐朝以“身、言、书、判”作为量才选官的标准,正是由于他体貌颇不丰伟,科举落第,不能为官。寒山在咸阳度过少年时期,然后奔走四方,并时去洛阳、鄘城、商丘等著名古城,游览瞻仰古迹、胜地。诗中提及他少年时看到画家吴道子壁画:“那堪捋作镜”,又去京郊,“游猎向平陵”;他还去黄河边,有《我见黄河水》:“水流如急箭,人世若浮萍。”还曾出外谋官,各处漫游,“出生三十年,尝游千万里”,结果“东守文不赏,西征武不勋”,仕途失意、穷困潦倒。继而又逢安史大乱,他只好长途跋涉,远走他乡,渡黄河,涉淮水,过长江,一路上辗转流离,历尽艰辛,一方面他自己饱尝战乱带给他“瓮里长无饭”、“路有冻死骨”的颠沛之苦;另一方面,也目睹(长)江(黄)河沿岸混战地区的人民,横遭屠杀和妻离子散之惨状,民处水火,生灵涂炭。我国儒家知识分子讲求“达则兼济天下,穷则独善其身”,社会的急骤变化,有力地促使寒山世界观发生巨大变化,“纵有千斤金,不如林下贫”,留下来的唯一人生选择,就是抛却功名,离开浑浊黑暗的尘世,去寻求一个天地人和合的原始主义的神山秀水世界,这个世界,就是他到了天台寒山之后,所幸遇的人间佳境。虽然仍过着穷困乞讨的生活,但却在心灵深处有天台山的高山流水做伴,如他所言“清风明月,快乐逍遥,三界横眠,的实善哉”的和合世界。寒山在《栖迟寒山下》一诗中描述得更生动具体:“栖迟寒山下,偏讶最幽索。携篮采山菇,挈笼摘果归。蔬斋敷茅坐,啜啄食紫芝。清沼濯瓢钵,杂和煮稠稀。当阳拥裘坐,闭读古人诗。”又云:“我自遁寒山,快活长歌笑。快活枕石头,无地任改变。”

寒山思想,儒道佛兼容,且又融会三家幽奥而神奇的人本、民本的思想,他来自纯朴的人民,反朴归真,回归自然,追求洁身自好、自由自治的人间乐园,故有感染、熏陶、震撼世人的作用和效应。寒山丰富了天台山的历史文化,天台山也给寒山、寒山诗,以至于寒山文化,提供人文和物质(自然)载体。30余年的天台山生活,形成了寒山独特的人生观、社会观。他用漫画式的通俗诗作和明快俚俗的语言,无情地讽刺了黑暗浑浊、毫无人性的封建社会,有力地痛斥和鞭挞贪官污吏、强宗豪族、地主劣绅的虚伪势利、敲诈勒索、横征暴敛,淋漓尽致地揭示人世间的贫富悬殊、阶级压迫的不平,劝世人离开尘世走向天地人和合的康平世界。他说:"我见百十狗,个个毛狰狞。卧者渠自卧,行者渠自行。投之一块骨,相互啀柴声,嚷由为骨少,狗多分不平。"通过对官场统治者的争权夺利的形象描述,从根本上揭露封建制度的黑暗没落,进而激起千万人反压迫、反剥削的心灵共鸣。这一深层次的精神和意境,小说、传奇、戏曲,特别当今的电影、电视、漫画,把它淋漓尽致地展示出来,赢得巨大的成功。另一方面,在寒山诸多诗中,最突出体现的是一种哲人的清高自恃、孤芳自赏,高傲蔑视丑恶尘世,指引人们离开浑浊尘世,走向真善美的山林世界,使美丽自然和社会人生融为一体。其诗云:"千云万水间,中有一闲士。白日游青山,夜归岩下睡。倏尔过春秋,寂然无尘累。快哉何所依,静若秋江水。"又说:"寒山多幽奇,登者皆垣慑。月照水澄澄,风吹草猎猎。凋梅雪作花,枯木云充叶,融雨转鲜灵,非晴不可涉。今日岩上坐,坐久烟云收。一道清溪冷,千寻碧嶂头。白云朝影净,明月夜光浮。身上无尘垢,心中那得忧?"又说:"登涉寒山道,寒山路不穷。溪长石磊磊,涧阔草蒙蒙。苔滑非关雨,松鸣不假风。谁能超世累,共坐白云中。"(7) 寒山超世脱俗,有如天上的闲云迷雾,然一旦出现一缕缕红霞时,其描绘的寒山情景,就达到一个惟妙惟肖的幽秀神奇的至高境界，如明初刘基好友曹文晦的“寒岩夕照”诗：“天边渐蚀千峰紫，木杪犹余一缕红。凭谁唤起寒山子，共看回光入梵宫。”美国学者史乃德在《长春》杂志的《寒山诗译序》中也说：“我在山中呼唤寒山，没有回应；我在晨雾红霞中呼唤寒山，万籁俱静……突然，我好像看到了这个难以想象得出的小小的中国游汉，他在那儿高高站立着，雾气缭绕之中。”(8)

观寒山一生，博览群书，精习经史。他的哲学伦理和政治思想，是用诗表达出来的。他的思想、哲理，有一个极为重要的方面是出于儒、释、道，但又不屑与儒、释、道三家为伍的反传统、反潮流的人生态度。他说：“寻思少年日，游猎向平陵。国使职非愿，神仙未足称”；又说：“天生百尺树，剪作长条木。有才遗草泽，无艺闭蓬门”；又说：“欲知仙丹术，身内元神是。莫学黄巾公，握愚百守拟”；又说：“君看叶里花，能得几时好。今日畏人攀，明朝待谁扫。可怜娇艳情，年多转成老。将世比于花，红颜岂长保”；又说：“生死原由命，富贵本由天。自古诸哲人，不见有长存”；又说：“尝闻汉武帝，爰及秦始皇。俱好神仙术，延年竟不长。金台既摧折，沙丘遂灭之。茂陵与骊岳，今日草茫茫。”(9)他的诗作，涉及经史子集、天文地理，其所涉及范围，高自天庭，低及尘世，上自皇帝，下及百姓，有容乃大，丰富多彩，天地人间，包罗万象，哲学意蕴是非常清晰而深刻的。其对于社会、人性、物性囊括之广，剖析之深，情真意切，入木三分，不管是作为文学家、诗人，还是哲人，都达到我国文化史上相当高的水平。

寒山思想、理念、为人情操，与当时的封建社会格格不人，冰炭而不相容。他不可能进入儒家的政坛，佛家的天堂，道家的仙宫，自然不会和达官贵人结合，步入仕途；也很难与云游山水的文人墨客为伍,成为唱和太平的帮闲式的儒生学士;自然也成不了炼丹成仙的道家高人,而只有成为我国历史上抗争人世、离开人世,而又不愿离世的带有"超世"色彩的诗人、学者。最终走向他自具特色的"一往寒山万事休"的人生道路——近道、近佛、近儒的寒山道路:"寒山深,称为心。纯白石,弗黄金。泉声响,抚伯琴。有子期,辨此音。""寒山道,无人到。若能行,称十号。有蝉鸣,无鸦噪。黄叶落,白云扫。石磊磊,山奥奥。我独居,我善导。仔细看,何相好。"

二、寒石山是寒山原始主义的人性思想和情操的范本

寒山子一心想从天台山的大自然中寻求心灵的共鸣,因此他全身心地投入自然、热爱自然,歌唱赞美寒岩景色、天台风光。同时自然风光也陶冶了寒山子的胸怀和情操。他神往寒山,"抛绝红尘境,岁终寒石中","春来从你树开花,秋来任他叶落花。三界横眠闲无事,明月清风是我家"。更爱天台山的青天白云、旭日斜阳、盘溪幽谷、碧涧绿潭、石桥飞瀑、烟岚湿露、松涛竹韵、老松丹桂、猿啼虎啸、蜂蝶禽鱼……凡是耳闻目睹的,无不令他心旷神怡,他几乎已与天台的大自然融为一体了。高山流水有知音,有时攀登天台华顶:"自见天台顶,孤高出众群。风摇松竹韵,月现海潮平。下望山青际,读玄有白云。野情源山水,夺志慕道侘。"有时也慕天下"山水之冠"的石梁:"瀑布千万丈,如铺练一条。下有柄心窟,横安定命桥。迴耸霄汉外,云里路召。雄雄镇世界,天台各独超。"荡开胸怀,享受天台山的幽秀神奇的自然人文景观,真有如他自己所说的:"心高如

山岳，身似孤飞鹤”；“志在高山，善哉，峨峨兮有如泰山；志在流水，善哉，洋洋乎有若江河”。真可谓“自乐平生道，天下第一人。我自遁寒山，快乐长歌笑”。他的诗是大自然赋予的，他的思想自然离不开天台山的山山水水、一草一木。寒岩，乃寒山子朝夕相伴的隐居地，相依为命的人生重地，也是留给世人的带有原始主义人本、民本色彩为主题诗篇的重心，寒山子与寒山结下不解之缘。

天台山素有人杰地灵、“天下奇观”之美誉，有悠久的历史文化和著名的宗教圣地，这是寒山终此一生的地方，也是他创作的源泉。寒山子一生，离开了天台的山水，离开了天台寒岩，就不可能有寒山子的仙怀、禅风，灵气、神气、硬气，也就不可能有留传至今的寒山诗篇。诚如闾丘胤所序：“菩萨遁迹，示同贫士。出言成章，谛实至里。独居寒山，自乐其志。凡人不则，谓凡狂士。”(10)抛开了咸阳他的旧家，已经把寒山当成自己梦寐以求的新家，天台寒山是他名副其实的新家。其诗云：“余家本住在天台，云路烟深绝客来。千仞岩峦深可遁，万重溪涧石楼台。桦巾木履沿流走，布裘藜杖绕山回。自觉浮生幻化事，逍遥快乐实善哉。”寒山为天台寒山的秀丽山水、旖旎风光而歌唱，为天台山、为祖国的壮丽河山留下了不朽之作。

寒山以自然主义的彩笔，真实写出了寒石山的自然、人文的景观，与它蕴含的天然人性及诗情画意，给世人提供了安贫乐道、粗衣淡饭、自由自治的“快乐实哉”的人间天堂的样本。他隐居天台寒岩，“独居寒山，自乐其志”，作为诗人学者，不是真隐，而实为文士借隐，借此幽秀神奇的新家，读书作文，研读经史、坟典、杂记，修身养性之余，就是漫游天台；有时竟不惜进入社会，针砭时弊，甚至以各种形式，为民请命，这是寒山热爱天台山、天台人民的思想真谛所在。公元 761 年台州也发生了中唐江南最大的袁晁农民起义,史称“积众二十万”,波及江、浙、皖、赣四省之地[11]。社会动荡,战乱频仍,世态炎凉,民生疾苦,这对于已沦为乞僧的寒山来说,不仅是衣食住居的困境,更是精神上的极大冲击。仍难以摆脱千丝万缕的世情俗念的他,又重燃起年轻时“不救斯民,非仁者之心”的情思:“月尽愁未尽,年新愁更新。”走进天台的社会,抒发所见所闻:“朝朝为衣食,聚头亡命听”,“手把两卷书,一道将一德”。他要看、要听也要写。他写了琼台仙阁、层岩叠翠的天台仙景,也写了不少揭露天台穷富不均、为富不仁、残害百姓的贪官污吏、土豪劣绅,祈望天台出现没有压迫、剥削的清幽、秀丽、平静的小康社会。

寒山对寒石山有着特殊深沉的感情,他的诗最多的还是写寒山。寒山,是他完美的、天地人合一的和合世界的象征,使他摆脱和忘却了人生的痛苦,在折磨、贫困、屈辱中,进入安定、清静、快乐的佳境。寒山拥抱了寒山,全身心投入她的怀抱,矢志不渝、终其一生。其因缘当有三点:一是寒山天时地利,离县城40里,高900丈,孤高幽绝,远离喧闹浑浊的市井;二是寒山山水林泉和清风明月融为一体,“高山流水觅知音”,是他人生的寄托和追求;其三是寒石山逐步地、也完全地和合了他当时的思想,获得最后最完善的归宿。其诗云:“寒山唯白云,寂寂绝尘埃。草座山家有,孤灯明月轮。”“寒岩深更好,行人无此道。白云高岫闲,青嶂孤猿啸。”在《寒山多幽奇》中还描写了寒山的幽奇重岩、月夜风影、奇花异石、雨雾缥缈、雪霜笼林等各具特色的景象和特有的“凋梅雪作花,枯木云充叶”奇观。点出了冬去春来、雨后天晴的生机,这是诗人满怀的希望和憧憬。

寒山一生,和天台山相依为命,形影不离,在他的诗篇中,写得最好的是情景交融的山水诗、隐逸诗、人情诗、哲理诗,是他思想和艺术的高度结晶,惟妙惟肖,清丽幽深,确有原始主义的人本色彩，是寒山对我国文化史的重大贡献。寒山峭拔瑰丽、幽邃神奇；寒岩高耸云霄，洞顶巨嶂，嵌空大厦，石壁如劈，有泰山压顶之势。洞前巨岩是他日常宴坐的盘陀石；洞口石笋，酷似"大蛇出洞"，有如龟蛇相守，合称"玄(龟)武(蛇)"。洞前一溪，两岸杉柳成荫，泉水从岩洞流出，纷纷扬扬，细如筛粉，水流弯曲，波光潋滟，洞西的"龙须洞"，恰似塔形，透天如窗，圆耸明豁，美臻极致，这是精神、情操、品格的集中体现。寒山写寒岩："可笑寒山道，而无车马喧。联溪难记曲，叠嶂不知重。泣露千般草，吟风一样松。"这种疏野旷逸的隐居生活，使他快乐歌笑，"虎丘兼虎溪，不能相呼召"。寒石山的环境、人文，与寒山"野性"和谐一致，"寒岩深，称我心"，使他迷恋于此竟"七十余年"。

以天台山幽秀神奇为特色所形成的寒山文化，其主角、主体应是寒山自己，还有天台山天时地利和当时天台的社会背景。寒山来自西安、洛阳两京，生于大唐由盛转衰的开元天宝安史大乱的特殊年代，一方面他精习经史，博览群书，锐意仕途，本可科举为官，却因"身判"而不幸落第。而由两京南下寻觅寒山梦境的颠沛流离的路途中，饱尝战乱之苦，在豫、汝、荆、襄诸州，反复辗转，最后渡过钱塘，落脚于天台山的寒岩。究其原因，首先，天台山号称"南国山水天台奇"，孙绰、李白等著名诗人，说天台山为"神圣"、"灵秀"、"秀绝"，"迹拟乎蓬阁，名播于海内"，誉为"天下奇观"；"天台六十五茅蓬，总在悬崖绝涧中。耐着风雪三千丈，从君高卧一千春"(12)，峰峦叠翠，高山流水，特别是漫天霜雪之际，给寒山一种超脱凡尘、飘逸凌空的共鸣和感受。其次，天台文化名扬海内，寺院道观星罗棋布，有发达悠久的佛、道和儒学民俗文化，尤其是附丽于天台山中的幽秀神奇自然景观和内涵幽奥神奇的佛道人文景观，有如磁石，强烈地吸引寒山子到来，天台山成了寒山精神思想寄托的支柱、诗作的源泉，也是他一生演绎悲喜剧传奇，所以流布四方的特有文化背景、物质载体。寒山充实丰富天台山文化，天台山也孕育构筑了寒山文化。寒山文化恰如天台山一样，天地人的协调与和合，儒道佛三家有机的相容贯通，寒山和天台山幽秀神奇的人文自然景观，天台山人雄浑高洁的性灵的和合，开拓和丰富了天台山文化，孕育和造就了震撼世人的奇人、奇事、奇篇、奇景、奇花异木；名泉、名瀑、名寺、名茶、名观、名井、名院等，因此，给人们以奇妙无比的精神感染，并蕴藏着巨大的辐射力量。以天台山为载体的寒山文化，也如天台山一样，成为百花齐放的学派性色彩的历史名山文化。

三、天台山三教兼容是寒山思想和情操的学术因缘

这里还要进一步探讨的是天台山寒山文化是一种学术型的地域特色鲜明的历史文化，其渊源和载体，应来自天台山固有的儒佛道三家兼容的文化。天台历史文化悠久，天台山是天台佛学、南宗道学的策源地，是天台山文化别具特色、个性鲜明的学派性地域文化，她在浙东，以至东亚的日本、朝鲜，竞放出夺目的光彩，在中国的文化史上有相当的地位。寒山进入寒石山，并终此一生，有感情因缘——自然因素、情操灵性相近，还有一个极为重要的因缘，就是学术因缘，在这一点上，天台山文化孕育和融合了寒山的精神、情操，并最终形成了寒山的文化。

首先，最能吸引寒山思想、情操的是天台历代佛道思想及其寺院道观。天台寺院 110 多所、道观 30 多所。进入天台山，

首先映入眼帘的就是在深山幽谷和峰峦丛林之中，耸峙着星罗棋布的寺院道观，展示出“刹院如星罗，海天有楼阁”的人间奇景。这对于寒山有磁石般的引力，促使他排除万难，独辟蹊径，千方百计地走进天台天地，并终此一生；并与天台特有的佛道文化融为一体，开出寒山文化的奇葩。

其次，天台山儒佛道三家兼容，源远流长。我国道学进天台山颇早，相传西周灵王太子晋“乘白鹤两至赤城，治桐柏山，掌吴越水旱”。《委羽山志》载：“周穆王时李八百游五岳、历王屋、登括苍，而至天台，遍历十六洞天。”(13)道学真正传入天台，始自东汉的葛玄、左慈进入桐柏、华顶、赤城等处修炼道术，置炉炼丹，并建降真台和法轮道观，传道授徒。两晋南朝许迈、徐则、陶弘景等步其后尘，进入天台，修身传道、著书立说，创造出适合战乱时期能保百姓平安，又能清净无为地学道，从而使汉族人民能够接受佛道双修的理论。陶弘景即提出：“非离非合，佛法所摄。亦离亦合，仙道所依”的观点，把天台辟为道教重点名山。张联元《天台全志》就以天台“玉京洞、桐柏山、司马悔山、灵墟山、天姥山五处为洞天福地”。而桐柏山为“养真之福境、成神之灵墟、不死之仙乡”(14)。

传闻佛教东汉兴平元年(194)传入天台。真正把佛教全方位带进天台，当在两晋南北朝时，当时北方大乱，北魏、北周相继大举灭佛。由于大批僧徒南渡，江东比较安全，佛学在台州活跃起来。又因天台天时、地利优势，故而广为流传，形成声势。其开启之功，应为东晋高僧昙猷，他从海上进入四明，继在天台建万年寺、方广寺、崇法寺等，开讲佛学经论。其后，遣送子弟，南下台、温、闽北各地，流布四方。万年寺后来还成了日本禅宗临济、曹洞两宗的发祥地。其间梁大同四年(538)岳阳王萧詧在赤城山建梁妃塔，独树一帜，对台州佛学流传也产生大影响。天台成了佛学传播的重要基地。

开创我国佛教集合南北、兼容中外特色的佛学天台宗，是智者大师的不朽功勋，也是对天台山文化贡献的一大伟业。智者一生开创了天台佛学，其哲学理念被誉为“中国黑格尔”；他所完成的天台宗教学的本体论、认识论、真理论、方法论、佛性论等一系列判教体系，在世界哲学史都有一定的地位和影响。诚如日本学者柳田圣山所说：“智者的宗教与哲学，则是把中国人的空性科学和实践结合为本土宗教的最初的卓越成果，这对尔后中国佛教各宗的发展，特别具有划时代的意义。”又说：“中国佛教的伊始，首先接受的是神异的印度佛教，直到天台宗开始，才真正成为中国知识分子的宗教。天台宗的实践是佛陀独特的冥想宗教在中国前所未有的灿烂的奇葩。”(15) 隋唐时期，日本、朝鲜不少高僧、学者云集天台山，“欣闻中国故大师智者传如来心印，礼天台山……故不惮滔天之骇浪，不怖映日之惊鳌。外其身而身存，思其法而法得，大哉之求法也”(16)。当时中日、中韩高僧之间的渡海佛学交流，频繁不迭，人数之多，规模之大，追求之坚定执著，确为我国文化史上一件大事！

儒学在天台并不如佛道发达，但颇有特色，学者著述在国内也达到学派性的水平。台州地处东南沿海一隅，特别是天台，崇山峻岭，鸟道难行，离古代京都长安、洛阳“天高皇帝远”，封建专制皇权政治的控制相对减弱，所以儒家之学，清高超逸的民俗色彩相当浓烈。“大儒顾欢，隐道不仕，于剡天台山，聚徒讲学，受业者达百余人”，开启了天台民俗儒学的先风，此后其风越来越浓。

综观天台山的儒佛道三学，一开始就交流融合，相互兼通；学术思想，内容结构，以至表现形式，包括一些著名佛儒道的著作，如刘宋以来，顾欢《夷夏论》、葛洪《抱朴子》、陶弘景《养性延命录》、司马承祯《修真密旨》,以至佛学大师智者《法华文句》、《法华玄义》等三大部、五小部,都渗透了儒道佛三者圆融合流的思想和理论。再如进入天台山的葛洪、葛玄、孙绰、顾欢、智者、寒山、司马承祯、任旭、李白、孟浩然、元稹、韩愈、刘禹锡等一大批大家,或多或少都有儒、道、佛学三家兼融的因子和色彩,他们齐来瞻仰神奇幽秀的天台山风光,留下了不朽的作品和诗篇,也留传下他们为国为民的光辉事迹和高风亮节。其中不乏神往自然、追求隐逸,而又主张个性解放,以天下为己任的政治家和思想家。寒山进入天台,留在天台,终此一生,丰富了天台的儒学、道学、佛学的民俗化色彩;寒山的思想、情操、品格和精神,也充分地展示了天台山文化的学术因缘,寒山文化成了幽秀神奇的以天台山为物质载体的学术性的文化。

可以说,寒山、寒山诗及其悲喜剧的传奇一生,丰富和构筑了以天台山文化为特色的儒道佛三家兼融的寒山文化,其所蕴含的灵气、神气、硬气,又进一步丰富、开拓了历史悠久、源远流长的天台山文化,寒山的思想、理念、情操及其传奇一生,为天台山文化发扬光大,声名远扬,为繁荣我国文化作出独特而重要的贡献。

总之,天台山是我国历史悠久、文明发达颇早的名山;天台山文化博大精深,内涵深奥,包罗万象,兼容并蓄,是我国东南沿海代表中华文明的名山文化殿堂,因此不管是儒家、道家、佛家,不管是官宦、学者、高僧、道士,还是诗人、画家、科技学者,他们的思想、观点、生活经历不尽相同,政治理念亦多殊异,但他们一踏入幽秀神奇的山城,天台山的山水风光、人文景观、学术文化、精神品格,就会强烈地感染他们,潜移默化地形成一个共同理念:崇尚自然、清明高洁、爱国保民、自由自治,追求和谐的太平社会,共同开创异彩纷呈、百花齐放的天台山名山文化。

注释:

(1) 余嘉锡《四库提要辨正》,引《艺风堂文续集》卷六《寒山诗集·跋》。

(2) 史乃德《寒山诗译本序》,《长春》杂志1958年第2期。

(3) 王敏欢《两座寒山寺》,《人民日报》(海外版),1996年10月12日。

(4)(5) 王庆云《论寒山诗及其东西方的影响》,《烟台师范学院学报》1990年1月15日。

(6)(7)(8) 徐光大《寒山诗考注》,《登陟寒山道》,陕西人民出版社1991年10月5日。

(9) 见《寒山诗集》。

(10) 闾丘胤《寒山子诗集序:赞曰》。

(11)《旧唐书·代宗纪》,又引《王晒曜传》。

(12) 许尚枢《天台山诗词曲赋选注楹联》,北京:团结出版社1994年版。

(13) 引自拙著《台州文化发展史》"天台山文化的学派特色及发扬光大"一节。

(14) 陶弘景《真诰·甄命授篇》。

(15)《智顗评传》,转引《禅与中国》,南京大学出版社1996年版。

(16)《招提寺千岁传记·殿堂篇》,引拙文《唐代日本高僧远渡天台及中日海上交流的开拓》,《东南文化》1996年10月。

黄宗羲的学术成就及其现代价值

吴　光

黄宗羲(1610—1695),字太冲,号南雷,学者称梨洲先生,浙江余姚人。他是我国明末清初一位杰出的启蒙主义思想家,又是一位成就卓著的哲学家、史学家、文学家和自然科学理论家。他在清代前期与孙奇逢、李颙齐名,并称"国初三大儒",自清末以来,则与顾炎武、王夫之齐名,并称"明清之际三大家",可见他在清代学术思想史上地位之重要。

一、黄宗羲的学术成就

总括黄宗羲的学术成就,主要有以下四大方面:

第一,他在《留书》和《明夷待访录》中,提出了一个系统批判君主专制制度、主张社会改革的具有民主启蒙性质的政治思想纲领。

黄宗羲在浙东抗清斗争彻底失败(1653 年,清顺治十年)

后,致力于总结明亡历史教训,决心为后人留下一些对治国经世有所补益的著作。于是写下了后来被称为《留书》的一卷八篇政论稿。时隔十年,当康熙元、二年(1662—1663)时,他在《留书》原稿基础上修改扩充,写成了《明夷待访录》二卷26篇。这两部书虽然相隔十年,但写作宗旨是一样的,即总结"治乱之故"为后世"条具为治大法"[(1)],设计未来社会的蓝图。

黄宗羲在《留书》中总结了明朝亡国的教训,认为明朝卫所制度腐败、宦官集团专政、赋税制度恶性循环、科举取士制度压制人才,这都是导致亡国的原因,但根本原因在于秦以后"废封建之罪"。这里所谓"废封建",指秦始皇废除周代的"封邦建国"制度而建立中央集权的君主专制制度。这一思想,为他后来在其民主启蒙性名著《明夷待访录》中深刻批判君主专制埋下了伏笔。

在《明夷待访录》中,黄宗羲破天荒第一次喊出了"为天下之大害者,君而已矣"(《原君》)的"君为民害"论,并在托古的形式下设想未来社会的蓝图,提出了"天下为主,君为客"(《原君》)的"民主君客"论以及"天下之治乱,不在一姓之兴亡,而在万民之忧乐"(《原臣》)的"万民忧乐"论,并提出了"君与臣,共曳木之人"(《原臣》)的君臣平等原则和"人各得自私,各得自利"(《原君》)的人权平等原则,主张用"天下之(公)法"取代君主"一家之(私)法"(《原法》),主张由宰相和"政事堂"掌管行政权(《原相》)、由"学校"掌握舆论导向(《学校》),这些重要思想主张,比较系统地揭示了黄宗羲政治思想的朴素民主主义倾向。

在经济思想方面,黄宗羲在《明夷待访录》中对不断加重农民负担、造成"积累莫返之害"(《田制三》)的历代封建王朝的赋税制度进行了深刻批判[(2)],并提出了一系列有利于发展商品经济、发展工商业的思想主张，如“工商皆本”（《财计三》）的进步思想，“废金银”而“通钱钞”的币制改革主张（《财计二》），“均田”、“齐税”而又不排斥富民占田的“井田制”构想（见《田制》），这些主张虽不免有着空想成分，但在客观上是顺应资本主义经济关系产生和发展的历史要求的。

第二，在哲学上，黄宗羲沿着其师刘宗周批判理学、修正心学的路子，在晚年提出了“盈天地皆心”和“心无本体，工夫所至即其本体”(3)的哲学命题，从而标志着黄宗羲哲学思想对于王阳明、刘宗周哲学思想的超越。更进一步，黄宗羲对王阳明“致良知”学说作了重要的修正，认为“致字即是行字”(4)，“必以力行为工夫”(5)，从而把“致良知”的命题转化成了“行良知”的命题，建立了与当时实学思潮相呼应的以“力行”为根本宗旨的实践哲学。

黄宗羲在哲学上的另一贡献是建立了“一本万殊，会众合一”的学术史观。他在《明儒学案发凡》中说：

学问之道，以各人自用得着者为真，凡倚门傍户、依样葫芦者，非流俗之士，则经生之业也。此编所列，有一偏之见，有相反之论，学者于其不同处正宜着眼理会，所谓一本而万殊也。以水济水，岂是学问。

这个“一本万殊”论，是黄宗羲编撰《明儒学案》的指导思想。它说明真理是在各种“一偏之见，相反之论”的讨论和争鸣中求得的，因此，作为学术史的整理者和研究者，要善于从各家各派的“不同处”撷取真理性认识，善于把握各家宗旨、透露其人“一生之精神”，才有益于学术发展。

然而，“一本万殊论”作为一种认识方法论，主要是分析的方法，而不是归纳的方法。这种归纳的方法，就是他在《万充宗墓志铭》中所概括的“会众合一”方法。他说：

士生千载之下，不能会众以合一，由谷而之川，川以达于海，犹可谓之穷经乎？自科举之学兴，以一先生之言为标准，毫秒摘抉，于其所不必疑者而疑之，而大经大法反置之而不用。

历史文献浩如烟海，一个史学家或哲学史家，如果没有"会众合一"的学术归纳能力，那么他写出的学术著作，就只能是材料的堆积，犹如一团乱麻理不出头绪。而这个"会众合一"，并非要使众家之言去合一个人的立言标准，而是取众家之精华，使之融会到反映时代精神的历史潮流中去。

第三，他通过孜孜不倦的著书活动，为保存历史文献作出了重要贡献。黄宗羲一生著作宏富，如他自己所说"不下古之名家"。根据我的考证，其著作共计 112 种，1300 余卷，2000 多万字。这些著作，涉及政治、经济、哲学、史学、文学、宗教、历法、数学、地理、方志、文字、音乐等众多领域，有力地证明了黄宗羲不愧为博学多才的国学大师。其中影响最大的是《明夷待访录》，其次是《明儒学案》、《宋元学案》、《明文海》、《行朝录》、《弘光实录》和《南雷诗文集》。如《明儒学案》62 卷，是一部系统总结明代学术思想演变状况的专著，被当时大儒汤斌推崇为"儒林之巨海，吾党之斗杓也"(《南雷文定》附录《交游尺牍》)，被《四库全书总目提要》的作者称之为"千古之炯鉴"。而编订《明文海》的意义，在于保留了有明一代数千家文集的精华，记录了明代"三百年人士之精神"(6)。《宋元学案》100 卷，是由黄宗羲粗定规模，而由黄百家、全祖望、冯云濠、王梓材等人增补定稿的，是了解宋元两朝学术发展演变的必读之书。《行朝录》、《弘光实录》等十多种史学著作，则比较客观地记载了弘光、隆武、永历、监国鲁王等南明小朝廷以及郑成功的抗清历史。黄宗羲的诗文集主要有《南雷文案》三种、《南雷文定》五集、《南雷文约》一种、《南雷诗历》二种，以及《南雷文钞》、《南雷余集》、《南雷杂著》等,对于了解和研究黄宗羲的生平、著述与思想极有价值。

第四,他通过在浙江宁波、绍兴、余姚、海宁、桐乡等地的长期讲学活动,逐步形成了自己的思想体系,并且开创、培植了一个以他为首的浙东经史学派。这个学派的特色是经史并重、折衷朱(熹)王(阳明)、强调经世应务,提倡豪杰精神。这个学派"上承王(阳明)、刘(宗周),下开二万(万斯大、万斯同)",绵延至于清末。其骨干人物,有黄百家、万斯大、万斯同、邵廷采、全祖望、章学诚、邵晋涵、黄炳垕、王梓材等。浙东经史学派的为学宗旨和学术风格与一味钻研故纸堆甚至皓首穷经的乾嘉考据学派大不相同,它重视的是"经世应务",关心的是"万民忧乐",对于清代乃至近现代的士风、学风与政风都产生了重要影响。

二、黄宗羲思想的现代价值

黄宗羲逝世已经310周年。我们在300多年以后来看黄宗羲思想的现代意义与价值,仍然能够受到极大的震撼,可以得到多方面的借鉴与启迪。

首先,黄宗羲在《明夷待访录》中提出的"君为民害"论、"民主君客"论和"万民忧乐"论,一方面是对儒家传统民本思想的继承,另一方面也是一种超越,因而可称之为"新民本"思想。之所以称为"新民本",就因为他已经超越了自《尚书》、《孟子》以来在君主专制制度下传统儒家重民、爱民、为民请命的旧民本范式,而开始走向民有、民主、民治、民主监督的新范式。黄宗羲的"君为民害"论,从理论上对君主专制制度进行了明确而深刻的批判，比起孟子的“民贵君轻”论来更富有批判性和战斗性。他所谓“天下为主，君为客”政治命题中的“天下”，指的就是天下万民。其中包含了三层政治涵义：一是“天下”是人民共有的，而非君王一家一姓所私有；二是天下大事应由人民当家作主，而非由君王一人垄断；三是君与民的关系是完全平等的，君由民推选出来为天下兴利除害，因而必须尽心尽力地为民服务。显然，这已经是地道的“民主”思想而非“君主”思想了。而黄宗羲的“万民忧乐”论，则既是对儒家传统爱民、为民的民本思想的继承，也蕴含着天下是人民的天下，而非君主一家私产的“民有”观念。他所谓“天下之大，非一人之所能治，而分治之以群工”（《原臣》）、主张建立“天下之（公）法”、呼吁“有治法而后有治人”等等思想主张，则反映了其朴素的民治思想，这比传统儒家的“礼治”主张更接近于近代的法治观念。

黄宗羲这种以“民有、民主、民治”为中心的新民本思想，在清末至近代的民主革命运动中曾经起了极其重要的思想启蒙作用。近代著名思想家梁启超评价说：黄宗羲“最有影响于近代者，则《明夷待访录》也。……梁启超、谭嗣同辈倡民权共和之说，则将其书节抄，印数万本，秘密散布，于晚清思想之骤变，极有力焉”[(7)]。谭嗣同也在其论民主思想的著作中将黄梨洲的《明夷待访录》视为“万一有当于孔教”之书。[(8)]而中国革命的先行者孙中山先生更是继承、弘扬黄宗羲的民主理想并为之奋斗，他曾将民主革命派所翻印的黄宗羲《明夷待访录》之《原君》、《原臣》单行本赠送给日本友人熊本先生。[(9)]不仅如此，当代中国领导人也高度评价了黄宗羲的民主思想。2005 年 3 月 22 日，温家宝总理在《致史晓风先生函》中精辟指出：黄宗羲的“许多思想具有朴素的科学性与民主性”，“天下之大事莫过于万民之忧乐了。行事要思万民之忧乐，立身要先天下之忧而忧，后天下之乐而乐”[10]。这些论述，深刻地体现了当代中国领导人坚持“以民为本、执政为民”根本宗旨的思想风格与行为准则，也从正面反映了黄宗羲朴素民主思想的现代意义与价值。

其次，黄宗羲的宏富著作及其对历史经验的总结，可以帮助我们了解历史的真相，以便做到“以史为鉴，古为今用”。黄宗羲作为一个史学家，特别重视对“近现代史”的研究与整理。他那个时代的“近现代史”，主要是指宋、元、明三朝特别是明朝(包括晚明)的历史。他撰著的主要史学著作如《行朝录》、《弘光实录》、《明儒学案》等是对晚明史和明代学术史的总结，他编辑的卷帙最繁重、费时最长的文献资料书是《明文案》217 卷、《明文海》482 卷和《明史案》244 卷。他编书的目的，用他自己的话说，就是要总结“治乱之故”，要“存一代之书”，要发掘“三百年人士之精神”。而更重要的是，黄宗羲非常明确地把“经世应务”[11]作为治史的根本指导思想。他所谓的“经世应务”，就是要吸取历史经验，为实践斗争服务。这一治学宗旨，也是值得当今学者继承和发扬的。

第三，黄宗羲的“一本万殊，会众合一”的哲学史观与学术史观，可以启迪我们的理论思维。“一本万殊，会众合一”的思维方法，既是分析的，又是综合的，既是开放性思维，又是兼容性思维，是一种科学的、辩证的思维方法。有人说，中国传统思维方法只有宏观的综合而缺少微观的分析，这其实是一种偏见。黄宗羲在《明儒学案》中论明人讲学的特色是“茧丝牛毛，析之也精”，这难道不是分析性思维吗？他的“一本万殊”论，如果没有分析，能够把握万物之殊吗？所以，黄宗羲的辩证思维方法是深具启发性的，尤其对于我们在全球化背景下促进异质文化交流、推动文化创新、提升人文精神具有积极的指导作用。

第四,黄宗羲思想中一个非常突出的特色是其批判求实精神及其力主改革的理论勇气,这体现了中国传统知识分子"士志于道"、"天下兴亡,匹夫有责"的人文精神和历史使命感,也激励着我们今天坚持改革的决心和理论创新的勇气,并为当今的政治改革(如民主、法治、制度建设)、经济改革(如使产业结构合理化、避免黄宗羲定律、使农民增收减负)、文化创新(如使西学中用、中学新用、综合创新)提供了历史的借鉴。尤其是作为有社会良知的现代知识分子,更有必要学习和发扬黄宗羲的理性批判精神和呼吁改革的理论勇气,为进一步推动中国的改革开放,为中国的现代化、民主化建设而大声疾呼,并且身体力行。

这就是黄宗羲思想的现代价值之所在!

今年恰逢梨洲先生黄宗羲逝世310周年,浙江古籍出版社新版《黄宗羲全集》的出版发行,温家宝总理论黄宗羲思想亲笔信的公开发表,这对于我们深入研究黄宗羲的思想与著作、探讨黄宗羲新民本思想的现代价值是极大的鼓舞与促进。本人作为《黄宗羲全集》的执行主编和黄宗羲思想的景仰者与研究者,特撰写此文以志纪念。

注释:

(1) 引文见《留书·自序》、《明夷待访录·题辞》,分载于《黄宗羲全集》第1册、11册,第1页,浙江古籍出版社2005年1月增订版。

(2) 当代学者秦晖敏锐地将黄宗羲批判历代税制变革、揭露其"积累莫返之害"弊端的思想概括为"黄宗羲定律",受到温家宝总理的重视。秦晖文参见:《中国经济时报》2000年11月3日《并税式改革与黄宗羲定律》;《中国税务》2003年第6期《摆脱"黄宗羲定律",让农民掌握自己的命运》。

(3)《明儒学案·自序》,载《黄宗羲全集》增订版第7册,第3页。

(4)《明儒学案·姚江学案·叙录》,载《黄宗羲全集》增订版第7册,第197页。

(5)《明儒学案·姚江学案·王阳明传》,载《黄宗羲全集》增订版第7册,第202页。

(6)《明文案序》,载《黄宗羲全集》增订版第10册,第19页。

(7) 梁启超:《清代学术概论》之六。《梁启超论清学史二种》第14、15页,复旦大学出版社1985年9月版。

(8) 谭嗣同:《仁学·仁学二》,中华书局1958年11月版,第50页。

(9) 1987年我应邀访问日本,当时任职于京都大学人文社会科学研究所的明清史专家小野和子教授向我出示了封面有孙中山亲笔署名"孙文"并有"赠熊本先生"题字的《原君·原臣》铅印单行本。小野教授为此曾撰专文作了考证与说明。

(10) 温家宝总理论黄宗羲思想的亲笔信首先发表于《浙江学刊》2005年第4期,其后《光明日报》、《文汇读书周报》、《中国哲学史》等报刊作了转载。

(11) 关于黄宗羲的"经世应务"思想,见于黄宗羲的《补历代史表序》以及全祖望的《梨洲先生神道碑文》、《甬上证人书院记》。文繁不俱引。

黄宗羲的"本体工夫"论初探
——从工夫中见本体

张宏敏

本体工夫之辨,这是阳明先生本人及其后学经常论及的一个哲学命题。本文通过对王阳明、刘宗周、黄宗羲三人本体工夫学说的学理爬梳与理论分析,认为王阳明"合本体工夫而一"之说包含有两个思维向度,即"一悟本体即是工夫"和"由工夫见本体";刘宗周的"即工夫即本体"、"即下即上"的提法,说明其论述重心已经由"本体"下移到"工夫";黄宗羲沿着乃师的路子继续前行,力主"心无本体,工夫所致,即其本体",强调了实践,突出"行"的重要性。

一、王阳明:本体工夫合一

王阳明在自己建构的良知心学体系中,十分强调"即本体即工夫"的"本体工夫合一"说。王阳明有"见得真时,戒慎恐惧是本体,不睹不闻是工夫",河北学者孙奇逢认为这是"合本体工夫而一之也”[1]。一般认为,在王阳明的心学体系中,“本体”与“工夫”相比,“本体”更为根本,没有“本体”作为前提,“工夫”就如无源之水、无本之木,无从谈起。“功夫不离本体,本体原无内外。只为后来作功夫的分了内外,失其本体了。如今正要讲明功夫不要有内外,乃是本体功夫。同时,“工夫”又是成就“本体”的唯一路径,舍“工夫”谈“本体”,无异于纸上谈兵、舍本逐末。此外,王阳明亦云:“合着本体的,是工夫;做得工夫的,方识本体。”[2]这里,“本体”与“工夫”的关系可以理解为“本”与“末”、“体”与“用”的关系。

至于阳明后学对本体、工夫论之分歧,笔者认为可追溯至阳明晚年提倡的“王门四句教”[3]:“无善无恶心之体,有善有恶心之动,知善知恶是良知,为善去恶是格物。”王阳明的两大及门弟子王龙溪、钱德洪对乃师这一教法之理解有歧义:王龙溪认为“(四句教)恐未是究竟话头。若说心体是无善、无恶,意亦是无善、无恶的意,知亦是无善、无恶的知,物亦是无善、无恶的物矣。若说意有善恶,毕竟心体还有善恶在”。目前,学术界称王龙溪的提法为“四无说”。钱德洪对此有异议,对王龙溪的“四无说”提出质疑:“心体是天命之性,原是无善无恶的。但人有习心,意念上见有善恶在,格致诚正修,此正是复那性体功夫,若原无善恶,功夫亦不消说矣。”我们一般称钱德洪的提法为“四有说”,或“一无三有”说。

行文至此,我们知道,对于“无善无恶心之体”一句,钱、王二氏并无根本分歧,对后三句理解则有分歧:钱德洪认为“心体”虽然是“无善无恶”的,但是,人心在后天受到各种“习心”熏染,需要通过格致诚正的修养工夫来恢复“性体”,即由工夫达本体。王龙溪不以为然,认为“一悟本体即是工夫”,应该在“本体”即“心体”上大做文章,“工夫”无关大局。两人发生分歧,遂请教乃师阳明先生,“是夕侍坐天泉桥,各举请正”。这就是中国哲学史上有名的“天泉证道”。应该指出,天泉证道乃是王门一大公案,“王学末流纷争,皆导源于此”(梁启超语)。

王阳明通过阐释二人之分歧,重析了“四句教法”的本真义。王阳明指出自己教法有两种:一是针对“利根之人”,应该“直从本原上悟入”,因为“利根之人一悟本体即是功夫,人己内外一齐俱透了”。这是阳明先生对王龙溪“四无说”之开示,强调的是即本体即工夫。另一种针对“中根以下人”,因“不免有习心在,本体受蔽,故且教在意念上实落为善、去恶,功夫熟后,渣滓去得尽时,本体亦明尽了”。这是针对钱德洪“四有说”(“一无三有说”)而论,这种教法强调工夫的重要性。阳明先生对于这两种教法“即本体即工夫”、“由工夫达本体”,并未作出孰是孰非的定论,而是指出这两种教法应该“相资为用”,因材施教,相互补益;反对“各执一边”的做法。与此同时,阳明先生再次重申“四句教法”原是“彻上彻下工夫”。析而言之,一方面,“利根之人,世亦难遇。本体功夫一悟尽透,此颜子、明道所不敢承当,岂可轻易望人!”他方面,“人有习心,不教他在良知上实用为善,去恶功夫,只去悬空想个本体,一切事为俱不着实,不过养成一个虚寂”。通过对比阳明先生对两种教法的态度,笔者认为王阳明对钱氏的看法是全面许肯的,对王龙溪的“四无说”既有肯定的一面,但对他又提出了忠告,以防“本体”流于“虚寂”。当然,王阳明为了使自己的“四句教”宗旨得以嘉惠后学,亦采取了折中主义的态度,“洪甫须识汝中工夫,汝中须识洪甫工夫”[(4)]。

通过对“天泉证道”的梳理与剖析,笔者试图得出这么一个结论,阳明先生本人的“合本体工夫而一”之说包含有两个思维向度,即“一悟本体即是工夫”和“由工夫见本体”。另外,阳明先生对本体工夫之辨的态度是：支持由工夫达本体的为学、修证（致良知）路径，亦即“下学上达”的为学之方。易言之，在“尊德性”与“道问学”的关系处理上，阳明先生的态度已经不同于自己的前辈、心学宗师陆九渊，已经采取了调和折中的态度与方式，阳明晚年裒辑《朱子晚年定论》就完全可以作为佐证。

二、刘宗周：“本体”下移到“工夫”

不可否认，黄宗羲与乃师刘宗周均对王门“四句教法”尤其是王龙溪的“四无说”持怀疑态度，疑其非阳明先生本人真传。（1）刘宗周指出，“愚（按：指刘宗周）按四句教法，考之《阳明集》中，并不经见，其说乃出于龙溪”；并且认为，王龙溪“四无”说的根本旨趣乃是“蹈佛氏之坑堑”，实际上已经“坏师门教法”，批评“龙溪直把良知作佛性看，悬空期个悟，终成玩弄光景，虽谓之操戈入室可也”。刘宗周依照自己的慎独诚意教，对“四句教”作出了自己的诠释：“有善有恶者心之动，好善好恶者意之静，知善知恶者是良知，有善有恶者是物则。”[(5)]（2）黄宗羲认为：“斯言也，于阳明平日之言，无所参考，独先生（王龙溪）言之耳！”“天泉证道，龙溪之累阳明多矣！”此外，为了消除“四无”说即“龙溪谈本体而讳言工夫”的弊端，黄宗羲把“无善无恶心之体”直解为“无善念无恶念耳，非谓性无善无恶也。下句意之有善有恶，亦是有善念恶念耳。……所谓知善知恶者，非意动于善恶，从而分别为之知，致亦诚意中之好恶，……为善去恶，只是率性而行，自然无善恶之夹杂”[(6)]。通过这几条材料，我们可以读出刘宗周、黄宗羲师徒二人的真实意图是在否定王龙溪“直悟本体”的“一悟本体即是功夫”说；王龙溪“四无说”

宗旨无疑于玩弄灵明心性，舍工夫而谈本体，结果致使本体落空。这从一个侧面可以看作是对钱德洪“工夫中复本体”(“用为善去恶工夫以渐复其本体”)论的支持与肯定，即以工夫彰显本体。

刘宗周为了彻底纠正阳明后学王龙溪、周海门这一派“舍工夫谈本体”的“病痛”，开创了一条由工夫达本体的路径，“工夫愈精密，则本体愈昭荧”：

> 独之外，别无本体，慎独之外，别无工夫，此所以为中庸之道也。
>
> 本体只是这些子，工夫只是这些子，并这些子仍不得分此为本体，彼为工夫。既无本体工夫可分，则亦并无这些子可指。
>
> 学者只有工夫可说，其本体处，直是着不得一语。才着一语，便是工夫边事。然言工夫，而本体在其中矣。大抵学者肯用工夫处，即是本体流露处，其善用工夫处，即是本体正当处。非工夫之外，别有本体，可以两相凑泊也。(7)

我们可以发现，刘宗周在自己创构的诚意慎独教体系中，论及本体工夫关系时，多强调以工夫会合本体，从慎独、诚意的修养工夫之中流露本体：本体自在工夫中，工夫之外无本体。另外，刘宗周在阐释王阳明心学体系两大核心观念“良知”与“致良知”，亦即知行关系时，提出“即知即行，即心即物，即动即静，即体即用，即工夫即本体，即下即上，无之不一”的论断。析而言之，刘宗周对阳明心学体系诸范畴关系之论述，体现了一种辩证理路即“内在一元倾向”的思维方式：“人心道心，只是一心；气质义理，只是一性。识得心一性一，则工夫亦可一。静存之外,更无动察;主静之外,更无穷理。其究也,工夫与本体亦一,此慎独之说也。"这可以看作是对王阳明"心即理"、"知行合一"、"本体工夫合一"的范畴关联所体现的辩证致思路径的继承与发挥。毋庸置疑,"即工夫即本体"、"即下即上"的提法,说明刘宗周在其努力构建的哲学体系中,着力突出"行"的重要性,其论述重心已经由"本体"下移到"工夫","异时阳明先生讲良知之学,本以重躬行,而学者误之,反遗行而言知",(8)这是一种重实践、重经验的实学学风。

三、黄宗羲:工夫所致,即其本体

黄宗羲继承了王阳明、刘宗周的本体工夫学说,并结合自己的时代特点进行了消融性扬弃,厥有"心无本体,工夫所致,即其本体",以及"夫求识本体,即是工夫,无工夫而言本体,只是想象卜度而已,非真本体也"的论断。(9)易言之,纯粹的本体即"虚寂"是不存在的,存在的只是工夫中的本体,离开工夫,本体便无从着落。另,黄宗羲尚有"必须工夫,才还本体"、"无工夫即无本体"、"工夫即本体"之论。(10)这是一种提倡工夫的为学理路,一方面是为了反对阳明后学逃禅倾向,以救心学末流"高蹈虚无,空谈心性"之弊;另一方面是为了强调经世应务的实学理念,提倡在工夫实践即"道问学"中去实现"儒者之学,经纬天地"的理想。

我们知道,黄宗羲所处的"明清之际"乃是一个"天崩地解"的时代,王学末流,不事"下学"而只求"上达",不务"工夫"而奢谈"本体"。高蹈虚空、空谈本体对于"救世启蒙"的时代主旋律已经毫无任何意义与价值可言。重视工夫、躬行实践,抑或

“从工夫中见本体”乃是救世启蒙时代的主旨。与黄宗羲、李二曲并称“明末三大儒”的孙奇逢就提出了“无工夫是无本体”的命题:“初学未能合一,须认得本体分明,实实下手作工夫,久之方得融成一片。不睹不闻,人人有此本体,而真实作戒惧工夫,须是至诚至圣之人。无工夫是无本体也。”与此同时,孙奇逢强调“躬行”对“学问之事”的重要性,“学问之事,患无下手处,故无得力处。知在‘躬行’二字上着手,便一百当矣”;因为“口里说一丈,不如身上行一尺”。(11) 显而易见,躬行实践乃是成圣成贤、经纬天地的最佳途径。

无怪乎,侯外庐先生在评价黄宗羲“工夫所致,即其本体”的论断时,指出“宗羲反对空虚焦绝的‘本体’,主张在万殊中证得‘物自身’,而实践(行)证得的工夫,即为把握物自身的过程,这论断近似于真理。……所以宗羲就在生活内容中强调‘致即行’之义。……揭开了逃避于现实之外的云雾,迎接历史的‘天崩地解’,是启蒙思想家的特色”。(12)

一言以蔽之,黄宗羲的工夫论与本体论紧密联系在一起,是一种“以工夫见本体”的工夫论,因为“工夫积久”,方能“见本体”:“夫圣学之难,不特造之者难,知之者亦难。其微言大义,苟非工夫积久,能见本体。”(13) 至此,笔者的结论是:阳明后学争执百余年的本体工夫之辨至此可以暂告一段落,因为明清之际的哲学主旨已由宋明理学过渡到了清代实学(“由虚转实”),理学实践的失败必然促成实学的萌动与发展。

注释:

(1)《夏峰先生集》,中华书局 2004 年版,第 64 页。

(2)《王阳明全集》,上海古籍出版社 1992 年版,第 92、1167 页。

(3) 关于王门“四句教”,见于《传习录》、《阳明年谱》以及《天泉证道记》。今上海学者吴震将这三种材料辑录于《王阳明著述选评》,上海古籍出版社 2004 年版,第 194—218 页。

(4)《王阳明全集》,第 117—118 页。

(5)《黄宗羲全集》,浙江古籍出版社 2005 年版,第七册第 16 页,第八册第 946 页,第七册第 17 页,第八册第 896 页。

(6)《黄宗羲全集》第七册第 269 页,第八册第 733 页,第七册第 369 页、第 198 页。

(7)《黄宗羲全集》第八册第 971 页,第一册第 302 页,第八册第 945 页。

(8)《黄宗羲全集》第八册第 971 页,第七册第 19 页。

(9)《黄宗羲全集》第七册第 3 页,第八册第 843 页。

(10)《黄宗羲全集》第一册第 138—139 页,第八册第 844 页。

(11)《夏峰先生集》,第 64、79 页。

(12)《中国早期启蒙思想史》,人民出版社 1956 年版,第 183—184 页。

(13)《黄宗羲全集》第十册第 219 页。

王国维文艺批评中的康德哲学传统

杨振宇

一

清季民初的中国像是被一种魔力突然打开的"潘多拉盒",乱世潜流中涌现了一批学贯中西、博古通今的学人,他们生存于古今中西的文化语境中,堪称通儒硕学,令人想起欧洲文艺复兴的时代。

早在1904年,梁启超就把"近世之学术"称为"古学复兴时代",1919年游历欧洲,在英国作的讲演就是《中国之文艺复兴》,在《清代学术概论》中他更是将"清代思潮"类比于欧洲之"文艺复兴"(Renaissance)。正是在这样的比附中,他也注意到两者的差别,其一就是欧洲文艺复兴主要的和最大的贡献在于美术,而中国在"美术"上却欠发达:"前清一代学风,与欧洲文艺复兴时代相类甚多。其最相异之一点,则美术文学不发达也……要而论之,清代学术,在中国学术史上,价值极大;清代文艺美术，在中国文艺史美术史上，价值极微；此吾敢昌言也。”[1]于是在梁启超眼里，“美术”作为欧洲文艺复兴的动力，也应该在“少年中国”之新生中成为不可或缺的一股力量。在这样一个背景下，清季民初对于美术、美术史的反思和建构进入了一个新的时期。

在《艺术与历史》一书中，曹意强先生曾略略提及清季民初如王国维、陈寅恪、鲁迅、滕固、傅雷、胡适、郑振铎等学人虽然未能形成德语所谓的 Kunstwissenschaft（艺术科学）[2]的观念，但是对于“图像证史”业已有着某种自觉。迄今为止，英国学者迈克·波德罗的《批判的艺术史家》无疑是综述德语 Kunstwissenschaft 的重要作品之一，作者在“导论”中述及：“本书旨在考察视觉艺术文献中的一个核心传统。这个传统的基础是 18 世纪晚期与 19 世纪早期的德国哲学美学，它大致涵盖 1827 年到 1927 年这段时间，涉及从黑格尔和鲁美尔，到里格尔、沃尔夫林、瓦尔堡以及潘诺夫斯基的写作。这一文献具有很强的内在连贯性。作者们不仅反复检验了相同的论题，而且彼此提出了挑战，并相互扩充和详细阐发彼此的著作。这个传统与同时代其他的艺术史写作判然有别，它有着独特的目标，即：根据统驭艺术整体的种种原则，通过我们的艺术观念来考察那些具体的作品。”[3]

有意味的是，奠基于康德—新康德哲学的德语美术史学在清季民初之际逐渐影响中国，在近半个世纪的时间里，分别从哲学观念和美术史学的两个层面为近现代中国美术史学提供了诸多思想资源，成为一条学术史上的“隐在之链”。在这条“巨链”上，一个目标是努力建立和整理有关往昔艺术的文献与考古知识，在清季民初的史学发达上我们可以清晰地看到这种倾向；另一个目标则是在新的文化环境中重铸“美术”的观念，以便把握美术创造和发展的风格与意图的多样性。事实上,两种目标互为前提。但今天,这个隐在的传统,尤其是第二个目标多少让人觉得被过于忽略了,或者只是被简单误读为近现代美学问题的发生。其中,梁启超撰写《近代第一大哲康德之学说》,开专题介绍康德之先河;王国维借由新康德主义上溯康德哲学,多方绍介;蔡元培留学德国,深受当时德国的本土运思影响,并在国内进行包罗万象的美育实践;宗白华留学德国,研读康德,并深受德索、沃尔夫林等人的影响;滕固则多方吸纳德语艺术史学的资源,进而撰写出开创性的本土美术史著述,中国的美术史写作的视野因此打开了一个新的格局,甚至有了和西方国家同步的契机。但由于多种原因,这个正在萌芽的传统未能形成丰沃的基础,而仅仅成为未熟之果,甚至至今为人遗忘。

二

据佛雏先生校辑的《王国维哲学美学论文辑佚》一书,王国维在绍介康德、叔本华哲学之外,还在《教育世界》上发表有涉及中国哲学和西方哲学美学的文章共 44 篇,20 余万字。其中哲学部分 32 篇,包括哲学总论 2 篇。[(4)] 王国维早期的文艺论述基础建立在康德、叔本华的哲学之上非常显然。诚如佛雏在《辑佚》序言中指出的:“王氏当年‘能动’地吸引西学,有他自己的一条主线或‘一贯之系统’,即以康、叔为主,席勒、尼采次之,然后散及其他诸家,并以之与传统学说‘化合’。”[(5)] 王国维借助康德哲学理念来处理美术史写作的诸种问题最为全面。他几乎触及了后来直至滕固所可能出现的美术史写作的各种主题:语言、美术的自律、美育、体系性视点,等等。

在美术史研究中,大致有两种倾向,一类问题要求我们提供关于不同事实,关于资源、赞助人、目的、技巧以及同时代人的反应和理想问题的答案——我们可以把这类问题宽泛地表述为考古学的。另一类问题则要求我们去思考艺术产品本身所承载的目的与旨趣,而这些目的与旨趣既不可简约为它们所产生的条件,又无法脱离那些条件。为方便起见,波德罗将会把对后一种问题的探究称为"批判的历史"。[6]

在"言语者,思想之代表也"和"美之知识,实念之知识也"两种康德式命题的聚合下,王国维所实践的美术评论其实可以归属"批判性"的写作方式。王国维之前,很难找到一种将美术的历史探究和美术观念的体系性架构结合一体的方式。我国传统美术批评思维方法不无精微之处,它经常采用印象式或妙悟式的鉴赏,或者就是采用纯粹实证式的考据、注疏和索隐。温儒敏先生曾指出这种传统美术批评的不足:"不管哪一种路数,都不太注重语言抽象分析和逻辑思辨,缺少理论系统性。中国传统的文学批评所依赖的不是固定的理论和标准,而是文人大致相同的阅读背景下所形成的彼此接近的思维习惯和审美趣味以及由这些因素所影响形成的共同的欣赏力和判断力。"[7]温儒敏所强调的固然主要是文学方面,但对美术也同样适合。这种风格的批评写作其优点恰恰也是它的缺点。王国维所要突破的,正是这种停留在印象式层面的评论,将评论建立在体系化的观念基础上。

《〈红楼梦〉评论》的体系性一目了然,这样的文章体式给人完全耳目一新的感觉。但王国维这篇文章最大的问题在于,他所建立的体系性视点,即叔本华关于人生和美术的观念,是外在的,移植的。于是,在解读《红楼梦》的时候,便有削足适履的牵强和误读。从某种意义上作比附,王国维《〈红楼梦〉评论》阶段可谓属于黑格尔美学体系阶段。

在《美学》中，黑格尔力图从历史的现象中推演出一种最武断的先验之物——aprioi，这个先验之物来自于他律，而非美术的自律。黑格尔是带有强烈"解经法"色彩的艺术史家，他所建立的体系深深地植根于拟人的神学之中。(8) 黑格尔建立于美术史之外的体系视点经过其后卡尔·施奈瑟尔(Karl Schnaase)、戈特弗里德·桑佩尔(Göffried Semper)、阿洛伊斯·里格尔(Alois Riesl)、阿道尔夫·格勒(Adilf Göller)、H. 沃尔夫林(H. Wölfflin)、欧文·潘诺夫斯基(Erwin Panofsky)等人的持续转换，返回到美术史/视觉体系之内。(9)

三

王国维很快就调整了自己的评论写作模式。两年后，在《屈子文学之精神》中，就借春秋之前"南北派思想风格"的划分和"欧穆亚(Humour)之人生观"为视点，对屈原的文学精神作体系性阐释。1908年，王国维撰述《人间词话》。此文影响几乎及于妇孺，对《人间词话》的各种论述可谓汗牛充栋，笔者不再详述其内容。王国维的"境界"说业已被无数的学者讨论得烂熟，以至几乎要失去了这个术语原初所具有的活力。本文仅阐述王国维借助"境界"的观念所建构起来的《人间词话》，一种批判性的写作和思维模式。

从《人间词话》开始，王国维逐渐将康德的批判性思维模式内化在写作中。在王国维的视野中，美术超越了属于物质界(欲)的束缚和非自由状态，朝向"无功利"之美。美术超越了人工制品的物质语言而具有先天和后天的形式之美。这种带有康德先验性的形式,可以成为独立的研究对象,而且是需要真正予以研究的内容。"生活之本质何?欲而已矣。欲之为性无厌,而其原生于不足……吾人生活之性质既如斯矣,故吾人之知识,遂无往而不与生活之欲相联系,即与吾人之利害相关系。"王国维论述美术的"超功利性":"由是观之,吾人之知识与实践之二方面,无往而不与生活之欲相关系,即与苦痛相关系。兹有一物焉,使吾人超然于利害之外,而忘物与我之关系。"[10]王国维也总是能够敏感地从诸种材料的物质形式中提升出"观念"的词语,这种关键的词语在王国维的阐释下成为"艺术产品本身所承载的目的与旨趣",似乎是一条介乎具体素材和抽象观念之间的连线,一条钢丝,而王国维则善于运行自如,兼顾两端。诚如卡西尔所说的:"直到康德的时代,一种美的哲学总是意味着试图把我们的审美经验归结为一个相异的原则,并且使艺术隶属于一个相异的裁判权。康德在他的《判断力批判》中第一次清晰而令人信服地证明了艺术的自足性。"[11]王国维用来裁断美术本身的原则,来自美术本身,但又能够使它上升到体系性视点的地位。他所拈出的"境界"和"古雅"的美学概念就是最好的例子。

《人间词话》开始写于1908年,最后定稿于1910年,其中从两百多条短评中抽取64篇集结为《人间词话》,发表于当时的《国粹学报》上。和《〈红楼梦〉评论》相反,它表面的体制仍然采用了传统的诗话词话的形式,实际上却做了内在的改造。其中,1—9条所确立的主要评词准则,即体系性视点:1."境界"为评词之基准。2.就境界之内容所取材料之不同,有"造境"与"写境"之别。3.就"我"与"物"关系不同,分别为"有我之境"与"无我之境"。4.从"有我"与"无我"二境界产生"优美"与"宏壮"。5.写作材料可取之自然或出于虚构。6."境界"非但指景物,兼指内心感情。7. 举词句为例,说明境界问题。8. 论境界不以大小分优劣。9. 综述境界源流。通过这九则短评,王国维确立了阐释的视点和体系:"词以境界为最上。有境界,则自成高格,自有名句。五代、北宋之词所以独绝者在此。""严沧浪《诗话》谓:'盛唐诸公唯在兴趣,羚羊挂角,无迹可求。故其妙处,透彻玲珑,不可凑泊,如空中之音,相中之色,水中之影,镜中之像,言有尽而意无穷。'余谓北宋以前之词亦复如是。然沧浪所谓'兴趣',阮亭所谓'神韵',犹不过道其面目,不若鄙人拈出'境界'二字为探其本也。"

中国传统的美术理论的优点亦因缺点而成,学术的分类既不断然鲜明,诗书画的相互交织,反而使得中国论艺词汇一方面充满经验性和直觉性,同时又善于触类旁通。巴克森德尔就很赞叹中国论艺"媒介"(media)的丰富性。"境界"就是一个经验性地存留在日常世界中的词语,经王国维提炼后,成为一个重要的"准则与规范"层次的概念。康德关于一个判断何以成为科学判断的想法作为阐释模式,是批判性的基础。如何使一个对于世界的判断成为科学判断,而不只是纯属个人的报告,其关键是判断的因果特性,这种因果关系的特性或结构在康德看来不是经验地导出的,而是由精神—经验之间共同形成的。精神通过让经验得以顺从于科学知性,从而转化了经验。于是,借此得以建立起来的阐释性阿基米德支点就仍然植根于经验之中,"境界"就是这样一个内在于诗词经验世界中的阿基米德式支点。同时,在这个体系性支点上聚合出诸多沃尔夫林式的分析对子:自然—理想,入—出,渐—顿,隔—不隔……

王国维应该很容易就能够将奠基于康德哲学的批判性写作模式推广至其他领域。果然,他从 1908 年开始关注中国戏曲,到 1912 年集中三个月时间,完成了《宋元戏曲史》。早在

1909年,王国维曾自序道:“国维雅好声诗,粗谙流别,痛往籍之日丧,惧来者之无证,是用博稽故简,撰为总目。存佚未见,未敢颂言。时代姓名,粗具条理,为书六卷,为目三千有奇,非徒为考镜之资,亦欲作搜讨之助。”(12)成书后,他在“自序”里语虽谦恭,却暗含自许:“凡诸材料,皆为余所搜集;其所说明,亦大抵余之所创获也。世之为此学者自余始,其所贡于此学者亦以此书为多,非吾才力过于古人,实以古人未尝为此学故也。”此书固然处处见出王国维在校勘、辨伪、考证上的功力,然究其实,王国维最大的愿望乃是“观其会通,窥其奥窔”,“究其渊源,明其变化之迹”,梳理出第一部中国戏剧史的发展流变来:“我国戏剧,汉魏以来,与百戏合,至唐而分为歌舞戏及滑稽戏两种;宋时滑稽戏尤盛,又渐借歌舞以缘饰故事;于是向之歌舞戏,不以歌舞为主,而以故事为主,至元杂剧出而体制遂定。南戏出而变化更多,于是我国始有纯粹之戏曲;然其与百戏及滑稽戏之关系,亦非全绝。”(13)王国维的自觉意识由此可见一斑。

四

王国维出生于一个习儒经商的家庭,虽非世宦名家、书香门第,但父亲王乃誉也是阅历甚广,颇受中西两种文化影响的人物。1906年,父亲去世,王国维撰《先太学君行状》,描述了父亲的一生,尤其是父亲从上海迁回海宁后,“君始得于贸易之暇,攻书画篆刻诗古文辞……由是遍游吴越间,得尽窥江南北诸大家之收藏。自宋元明国朝诸家之书画,以至零金残石,苟有所闻,虽其主素不识者,必叩门造访摩挲竟日以去。由是技益大进”。王乃誉30岁以后开始作日记,30年如一日,未尝一日停笔,其日记原稿现存上海图书馆。40岁以后"遂不复出,唯一游金陵,一沿桐江观富春山,登钓台,皆不数月而归。归后临帖数千字,间于素纸作画,躬养鱼种竹以为常课……君于书始学褚河南、米襄阳,40以后专学董华亭,识者以为得其神髓。画无所不师,卒其所归,亦与华亭、娄东为近"。王乃誉论画,甚至有"中法贯穿西艺,取法西途"的主张。除日记外,亦有不少著述,"又尝谓自冯墨香《国朝画识》、蒋霞竹《墨林今话》后,近世画人亦颇有足传者,故就平生所见近人书画考其姓氏爵里,且评隙(骘)其所诣为《游目录》十卷。又有诗集二卷,文若干篇,稿藏于家"。[14]王国维7岁时,就开始接受中国传统文化的系统教育,1887年,王乃誉40岁,家居"口授指画",亲授王国维,并让王国维随京师同文馆毕业生陈寿田[15]修学。父亲王乃誉的"美术"雅好和王国维从小所受的"美术"熏陶培养了王国维对于"美术"的敏感体悟。

王国维对于视觉艺术长久浸染,精于鉴赏,他和罗振玉、沈曾植的通信交往中屡屡涉及品鉴绘事书法,乃至于偶下断语,都不乏见解。如在《〈中国名画集〉序》中,他提到中国绘画的风格特色,就以"丘一壑"判之,殊有意味:"三代损益,文质殊尚;五方悬隔,嗜好不同。或以优美宏壮为宗,或以古雅简易为尚。我国绘事自为一宗:绘影绘声则有所短,一丘一壑则有所长。"[16]又或如《梁虞思美造像跋》中对"南北书派"的辨正:"阮文达公作南北书派论,世人推为创见。然世所传北人书皆碑碣,南人书多简尺。北人简尺世无一人传者,然敦煌所出萧凉草书札,与羲献规摹亦不甚远。南朝碑版则如《始兴忠武王碑》之雄劲,《瘗鹤铭》之浩逸,与北碑自是一家眷属也。此造像若不著年号地名,又谁能知为梁朝物耶?不知文达见此,又将何说也。"[17]

王国维终究未能如做《人间词话》和《宋元戏曲史》一般,对中国绘画史进行梳理,只是留下了一些短章残编的作品。其中,《古雅之在美学上之位置》可算是一篇比较齐整的以绘画为核心主题的写作。[18]《古雅之在美学上之位置》成篇较早,作于1907年,刊于《教育世界》杂志第144期,比"锻炼出境界"的概念还要早一年。文章结尾的时候,王国维特意说明"因美学上尚未有高论古雅者,故略述其性质及位置如右",可见甚至他自己都很自觉于词语的承古创新了。古人虽有"古雅"一说,但大抵作为一种描述上的形容词,而王国维则提升至一种美的价值问题,一种规范和准则的问题,并用来与康德所说的"优美"、"宏壮",即"天才之制作"的美术风格相区别。

王国维认为,"优美"与"宏壮"乃属先天式的美感体验,至于"古雅"则是后天经验式的,属于艺术自身所形成的形式风格,并"得一独立之价值"。"茅茨、土阶与夫自然中寻常琐屑之景物,以吾人之肉眼观之,举无足与于优美若宏壮之数,然一经艺术家(绘画若诗歌)之手,而遂觉有不可言之趣味。此等趣味不自第一形式得之,而自第二形式得之无疑也。"[19]王国维认为绘画中的"位置"属于第一形式,而使笔运墨则属于第二形式。古雅之价值大抵存于第二形式。相比于天才,一般的制艺更多的属于古雅的范畴,于是,王国维为历史的美术制艺行为和作品的价值建立了一个极具意义的视点。"于是艺术中古雅之部分,不必尽俟天才,而亦得以人力致之。苟其人格诚高,学问诚博,则虽无艺术上之天才者,其制作亦不失为古雅……"[20]王国维认为"今古第三流以下之艺术家,大抵能雅而不能美且壮者",像王翚,"彼固无艺术上之天才,但以其用力甚深之故,故摹古则优,而自运则劣……"这就很像是传承和开拓之间的区别了。

王国维提炼出来的"境界"和"古雅"等概念,绝非空穴来风,随意捏造词汇所能致,而是同美术史中的具体作品、文本、艺术家等材料性地存在于一种状态之中。这种提炼和行文的展开对于作者而言需要的是学科壁垒的打破和学术整体的把握,如王国维在《国学丛刊序》中所述:"凡记述事物而求其原因,定其理法者,谓之科学。求事物之变迁之迹而明其原因者,谓之史学。至出入两者间而兼有玩物适情之效者,谓之文学……故三者非斠然有疆界……凡事物必尽其真而道理必求其是,此科学之所有事也。而欲求知识之真与道理之是者,不可不知事物道理之所以存在之由与其变迁之故,此史学之所有事也。若夫知识道理之不能表以议论而但可表以情感者,与夫不能求诸实地而但可求诸想象者。此者文学之所有事。"(21)

五

1938 年,宗白华曾表示,中国现代的史学与文字学都在王国维的巨影笼罩之下。似乎有些言重,其实不只如此。在 20 世纪前 20 年时间里,无论是对于康德哲学的发扬推广,对康德批判哲学某种程度的心领神会,还是有关文学和绘画等"美术"内容的批评论文,王国维都显示出一种继往开来的学术运思方式。王国维从以康德为代表的德国古典哲学中所揭橥和接纳的知识学、语言问题以及美术的本质等等观念,尤其是他的中西化合视野和本土问题运思,堪称一笔巨大的"前现代美术史写作"遗产,至今都难以超越。

陈寅恪在《王静安先生艺术序》中写道:"自昔大师巨子,其关系于民族盛衰学术兴废者,不仅在能先哲将坠之业,为其托命之人,而尤在能开拓学术之区宇,补前修所未逮。故其著作可以转移一时之风气,而示来者以规则也。”(22)呜呼,假王国维以时年和机会,得以撰述美术史类文字,必定大有可观矣。

注释:

(1) 梁启超《清代学术概论》,上海古籍出版社 1998 年 1 月版,第 101—103 页,此书初版于 1920 年。按:梁启超、王国维、蔡元培等所谓的“美术”概念远远大于我们今天的含义,它包括绘画、雕塑,也包括音乐、文学等一切美的艺术,甚至道德言行。如蔡元培 1918 年在中国第一国立美术学校开学式上讲话就说:“美术本包有文学、音乐、建筑、雕刻、图画等科。惟文学一科,通例属文科大学,音乐则各国多立专校。故美术学校,恒以关系视觉之美术为范围。”但是中国近现代美术史学却恰恰是在这样一个“大美术”的语境中发生与发展的,因此并不妨碍,为行文方便,笔者不再一一甄别。

(2) 曹意强《艺术与历史》,中国美术学院 2001 年版,第 91 页。关于 Kunstwissenschaft 的概念梳理,另请参阅:《艺术科学》,载《艺术与人文科学——贡布里希文选》,范景中选编,浙江摄影出版社 1989 年版,第 425 页:“艺术科学所追求的要远远超出寻求客观判断的做法,也就是说,它要提出可以检验的假说,或者至少是可以讨论并有希望决定的假说。”以及[英]梅尔茨《19 世纪欧洲思想史(第一卷)》,周昌忠译,商务印书馆 1999 年版,第 144—146 页。

(3) The Critical Historiarns of Art. Podro. Michael. New Haven: Yale University Press, 1982, “Introduction”; 中文翻译请参阅拙译:《德国哲学与艺术史——从康德到施奈瑟尔》,[英]迈科尔 · 波德罗著,载《新美术》 2002 年第 3 期。

(4) 参阅佛雏校辑《王国维哲学美学论文辑佚》“序言”,华东师范大学出版社 1993 年版。

(5)《王国维哲学美学论文辑佚》第 13 页“序言”。王国维对于德国康德—新康德哲学思想的习得,此处不作详细描述,请参阅其他相关文章。

(6) 参阅 The Critical Historians of Art. Podro, Michael. New Haven: Yale University Press, 1982, "Introduction"。

(7) 温儒敏《中国现代文学批评史》,北京大学出版社 1993 年 10 月版,第 3 页。

(8) 关于黑格尔体系的论述请参读贡布里希《理想与偶像》中的《探索文化史》和范景中所撰写的"序言"《贡布里希对黑格尔主义批判的意义》。《理想与偶像》,范景中、曹意强、周书田译,上海人民美术出版社 1989 年版。

(9) 参阅 The Critical Historians of Art. Podro, Michael. New Haven: Yale University Press, 1982。

(10) 王国维《静庵文集》,辽宁教育出版社 1997 年 3 月版,第 67 页。

(11) [德]卡西尔《人论》,甘阳译,上海译文出版社 1985 年 12 月版,第 175 页。

(12) 参阅《王国维美论文选》,湖南人民出版社 1987 年 12 月版,第 164 页。

(13) 王国维《宋元戏曲史》,华东师范大学出版社 1995 年 12 月版,"序"及"余论"部分。

(14) 参阅王国维撰《先太学君行状》。转引自佛雏《王国维诗学研究·附录》,北京大学出版社 1999 年版,第 402 页。原件为排印本,上海图书馆藏。又,陈鸿祥先生在其所著《王国维传》,人民出版社 2004 年版第 13 页写道:"此外,他(王乃誉——笔者)还撰有《画衍》(论古画)、《古钱考》,辑录《题画诗》、《画粕》(画论)、《可人》(画石),并将自己的诗作集成《娱庐诗集》……"王乃誉的这些作品均系手稿,原件藏于各大图书馆,尚未刊印问世,笔者因条件限制,仅道听途说部分章节,不敢妄加评论。但可以想见王乃誉对于王国维的影响。另可参阅:《中西文化交汇与王国维学术成就》,周一平、沈茶英著,学林出版社 1999 年版;《王国维年谱长编》,袁英光、刘寅生编,天津人民出版社 1996 年版;《王国维评传》,刘烜著,百花洲文艺出版社 1996 年 12 月版;《新史学的开山:王国维评传》,袁英光著,上海人民出版社 1999 年版。结合《静庵文集》中所收的“自序”可也。

(15) 陈寿田为京师同文馆算学总教习、海宁籍科学家李善兰的高足。

(16)《〈中国名画集〉序》,参阅《王国维美论文选》,第 167 页。

(17)《梁虞思美造像跋》,参阅《观堂集林》,王国维著,中华书局 1959 年版,第 1221 页。

(18) 对于“古雅”概念的详细论述请参阅李铎《论王国维的“古雅”说》,载《国学研究》第 14 卷,北京大学国学研究院中国传统文化研究中心 2004 年版。

(19)《古雅之在美学上之位置》,参阅《王国维美论文选》,第 115 页。

(20) 同上。

(21)《国学丛刊序》,参阅《王国维美论文选》第 169 页。

(22)《陈寅恪论学集》,中国社会科学出版社 1997 年 6 月版,第 424 页。

马一浮先生的文化诗学观

吕洪年　楼　培

马一浮先生(1883—1967)是现代著名学者、一代儒宗、诗人、书法家、篆刻家。他的作品、书札、文稿、讲录等都是随写随散,无意于收存与编撰,直到他逝世之后,由他的友人楼达人先生提议并写信给胡乔木同志,才引起各方面的关注和重视。经过十余年的搜寻,特别发现他的关门弟子龚慈受在随侍马先生期间,手抄笔录,留下许多珍贵的资料,终于在1996年由浙江古籍出版社和浙江教育出版社出版发行三卷本《马一浮集》,随之才引起知识界、学术界的广泛瞩目与深入研究。

马先生的作品大多是生活中的自然产物,是他个人全部生活内容的艺术反映,表现他的思想、品格、个性、生活、学术等,最为真实也最富天性,很少受到政治气候等外在因素的左右与干扰,决没有奉命、应景、应时、顺从等的违心之论和矫情之作,特别是他的诗歌作品和书法作品,所以他说:“后世有欲知某之为人者,求之吾诗足矣。”

马先生的第一首《咏菊花》便使他母亲十分惊喜与赞赏,直到1967年他在临终之际写的《拟告别诸亲友》,先后写诗共有

80年。在这80年中,无论读书、留洋、交友、公务等,凡他足迹所到,情致所至,他几乎都有出口成章、信手拈来的华章与诗篇,收在《马一浮集》第三卷中的《蠲戏斋诗前集》、《避寇集》、《蠲戏斋诗编年集》等约4000余首。他在诗中直抒胸臆,托物言志,借景抒情,用物纪怀等,生活中有什么,他的诗歌中便有什么。所以马先生的诗学,说到底,就是文化诗学,换言之也就是生活诗学。

一、马一浮文化诗学的独特理念

马一浮先生是中国传统文化硕果仅存的现代国学大师,他精通我国古典的文史哲、儒释道、经史子集、诗词歌赋,自然对"诗言志"、"诗本事"这一套文学经典烂熟于心,而且驾轻就熟,熟能生巧,游刃有余。同时他还学贯中西,广泛吸收西方诗学,他翻译过具有诗歌特质的西方文学名著《浮士德》等,汲取了其中的养料为己所用,从而高屋建瓴,取精用宏,形成自己独特的文化诗学观,继往开来。

马先生的文化诗学理念主要有:

(一)诗的内容以表现人文为重。所谓人文,就是与人有关的文化,也就是人的生活,包括物质生活、精神生活、文化生活等。马先生曾说:"古之所以为诗者,约有四端:一曰慕俦侣,二曰忧天下,三曰观无常,四曰乐自然。诗人之志,四者摄之略尽。"

(二)写诗同说话一样,主要的功能在于交流与交际。这里马先生的意思,十分显然,便是指诗应当进入生活,它本来就是生活的一部分,因为原始人在劳动中的歌唱,发而为声,实则为诗,马先生从诗歌起源的极点上指明了诗的本质功能。后来诗歌蜕变成为文人的案头,成为文人雅士的专利,远离人民群众的生活,这其实是一种异化。马先生的诗学理念是:诗歌应当回归。他说:“诗以道志而主言,在心为志,发言为诗。凡以达哀乐之感,类万物之情,而出以至诚恻怛,不为肤泛伪饰之辞,皆诗之事也。”

(三)诗歌与生活的关系,几乎密不可分,不受时间空间、男女老幼的限制,题材之宽,范围之广,几乎不受制约。从这一点上说,马一浮的文化诗学观实际就是生活诗学论。他曾这样说:“一切吟咏语言,虽有精粗、美恶、浅深之不同,何莫非诗,不必限于三百篇也。”

(四)写诗贵在自然,情发乎衷,不是无病呻吟,不是空洞口号,而是生活之意,意而有境,境中含情。好的诗歌,都是人间天籁。他曾说,“诗贵神悟,要取精用宏,自然随手拈来都成妙谛”,“诗亦煞费功夫,到纯熟时自然合辙,勉强安排不得”,“诗不可勉强,要须出以自然”,“诗贵自然,实至名归,亦非出于安排”。这实在是高明精到之论。

这里,马先生的文化诗学理念与一般所说的诗歌理论是不同的,其不同的地方就在于:诗就是普通人日常生活中的真、善、美,说到底,它既不神秘,也不神圣,而是“众里寻她千百度,蓦然回首,那人却在、灯火阑珊处”这样的发现与发明。写诗也便是马先生的一种生活内容,一种生活习惯,一种生活态度。

举几个例子来看,例一:《将入山避暑口占》:“六月炎风似寇侵,避入林壑喜多阴。流金铄石何时了,可有弥天雨露心?”这首诗写于1959年,浅显易懂,明白如画,出乎自然,绝无雕琢,但却极具神韵,写出了将入山避暑的生活意趣,同时也表白了自己以弥天雨露来了却流金铄石的心结和胸怀。诗中的比喻颇为精巧,以入侵之寇来比喻六月炎风,以流金铄石来比喻炎热与干旱,便可想象到干枯的庄稼企盼弥天雨露的那一种情景。这里虽然不无针对当时“左”倾流毒的言外之意,但却是生活的自然诗化和诗歌恰到好处的生活化。

这首七言绝句马先生当时提笔写在一幅见方不足尺余的宣纸上,送给了他的入室弟子龚慈受先生,龚先生视为至宝,珍藏于书箧。1962 年,笔者拜于龚先生门下,颇受青睐与器重,没有想到,他竟将他的珍藏转赠于我,使我受宠若惊,每每展诵,欣喜万分。恰巧就在这年暑假,我在莫干山屋脊头与太师公马一浮先生有一面之缘,我当面向他朗诵这首绝句,在平仄声调上还得到了他的指点,使我终身难忘,感戴不已。对于太师公的许多诗,笔者虽然反复研读,但由于学识浅陋,难解其奥秘于万一,但他也有许多浅显易懂的诗,却能琅琅上口,过目难忘。我想究其原因,就是因为他的诗多数是文化诗,是生活诗。

实践马先生的文化诗学理念,可以说既易又不易。易,即自然天成,不矫情不造作;不易,即无情感,无思想,不能感悟也便不能升华。而要做到像他那样,除了需要有人格修养、语言功底之外,还要有不为名、不为利、恬淡自适、平和宁静的心境与心态,这是一般人所难以做到的,却是要我们努力去做到的。

二、马一浮文化诗学的艺术品位

马一浮先生在他的诗词作品之外,还有不少关于诗词创作、诗词评论、诗词鉴赏等的理论阐述。他在这方面的自述大多收在《马一浮集》第三卷中,所幸安徽丁敬涵女士从中选辑编撰有《马一浮诗话》一书,提供了探究马先生文化诗学追求与攀登的足迹的便利。马先生曾经这样夫子自道:“诗须老而后工。吾自视四十以前之作,近多不惬,四十以后可存者多,五十以后则几乎篇篇可存。”从他的这段话里,我们可知他在诗歌艺术品位上的追求是壮心不已,老而弥坚的。

有人这样概括马先生文化诗学的艺术品位,一是涵盖的广阔性,二是意境的颠覆性,三是艺术的经典性。用马先生自己的话来印证,可以说这三点是符合他的创作实际的。他曾说,“作诗先求脱俗,要胸襟,要学力”,“诗中用古贵活用、暗用,方不沾滞”,“作诗须是所感者深,胸襟广大,则出语不落凡近”。中国古典诗歌在意境、用典、韵律、法度、气势、风格、变体等方面都有一套完整的体系与传统,凡有定规的马先生的诗作几乎都是符合传统规范的,可以允许有变革的地方,马先生才有所通融,有所突破。他总是以不变应万变,而又万变不离其宗,所以无论时人与后人,想要挑剔他诗中的毛病与瑕疵,恐怕是比较难的。

马先生的诗作,凡长歌短行、律诗绝句,可以说十八般武艺,样样精通,他用诗赠友,以诗代简,用诗酬和,以诗祝颂,从中寄寓了自己的亲情、戚情、友情、爱情、欢情、悲情,大到天下兴亡,小到草木鱼虫,都在他的创作视野之中,可谓指间风云,笔底波澜。正是因为他的文化诗学理念,造就他诗歌涵盖的广阔性,宇宙之大,蝇虱之微,在他笔下无不显得五光十色,缤纷多彩。

1937 年 7 月“卢沟桥事变”后,抗日战争全面爆发。11 月,日军飞机轰炸杭州,打破了马先生宁静的读书生活,这时他不得不撤离杭州,随浙江大学西迁讲学,经江西吉安、泰和而至广西宜山,一路风尘,备受艰辛。在国难当头之际,马先生以一个大儒的仁爱之心,决计为保存发扬国粹、培养国家民族栋梁之材而去四川嘉定乌尤寺创办复性书院。离开浙大时马先生在竺可桢校长为其饯行的宴会上写下了《将去宜州留别诸讲友》一诗，诗云："故国经年半草莱，瘴乡千里历崔嵬。地因有碍成高下，云自无心任去来。丈室能容师子座，褒斜力遣五丁开。苞桑若系安危计，绵蕝应培禹稷才。"诗中最后两句的"苞桑"是指国家民族，"禹稷"是指治水的大禹和开农的后稷，表明了马先生心系安危、志存高远，虽身处瘴乡草莱，历经诸多崔嵬，但他仍念念不忘"丈室能容师子座，褒斜力遣五丁开"，这里，一个博学多才而经世致用的儒者形象便在写景抒情中突兀而出。为了救国救民，并非都要每个人投笔从戎、舍身沙场，在当时民族处在生死存亡的关头，这种新意，这种境界是卓尔不俗、磊落超群的。果然，马先生的《复性书院讲录》、《尔雅台答问》和他在浙大讲学时的《泰和会语》、《宜山会语》等成为新理学和儒学思想的代表作。

马先生的诗歌在旧诗格律无论对仗、韵律、平仄方面，即使是最严格的迂老夫子有意挑刺，也是无懈可击的。

讲到一首诗的艺术品位，离不开以下三个要素，一是真情，二是形象，三是凝炼。以上所举两例可说三者俱佳；不仅俱佳，而且上乘；不仅上乘，而且顶尖，绝非常人所能企及。马先生是一个"神童"，又是一个"圣人"，他出语不凡，一鸣惊人，下笔有神，鬼泣神惊，令人叹为观止。

三、马一浮文化诗学的灵性创意

马先生文化诗学的灵性创意，具有以下四个特点：一是整日思索，日有所思，夜有所梦，连梦中也有所得；二是善于捕捉，一有心得,便书之笔墨,可谓文思泉涌,滴水不漏;三是视生活为艺术,视生活为美学,处处、时时都有感悟,都有创意,将诗歌与生活融为一体;四是不是要我写,而是我要写,每有创作几乎都是性情所致,恰如骨鲠在喉,芒刺在背,不吐不快,不拔不爽。

上举例中由弥甥女拈花立即想到净瓶之水能润慧芽,不仅说明马先生对弥甥女的钟爱,而且也是突发异想,也许此时他的眼前浮现出大慈大悲观自在菩萨。一个长期孑然一身的长者能有这种奇想,不能不令人想到个中创意不仅富有天性,而且还有长期素食诵经的佛缘。

马先生的灵性创意在很多方面表现出他的大智慧、大彻悟,他从事中国儒学研究,从孔孟到程朱、陆王,博览群经,妙悟义海,形成自己独特的心性之学。他在如火如荼的抗战军兴时期,毅然决然地离开浙大而赴四川嘉定创办书院,定名"复性",就具有空前而难匹敌的创意。复性者,即回复"人之初,性本善"之谓也,所以马先生主张学术兴国。在佛学研究方面,他把从印度传入的佛教思想与中国的佛教门派相比较,从其来龙去脉的根源上挖掘出与中国的传统儒家思想有某种相吻合与一致的地方,所以他援佛入儒,形成新儒学思想。这种创意绝非雕虫小技,细枝末节,而是无与伦比的大创意、大突破。在书法领域,马先生上至甲骨钟鼎,下至汉隶魏碑,钟王、颜柳、董赵,无不心追手摹,吸取众家之长,自立一体,风格独特,其300幅书法精品无偿献给全国政协,成为旷世瑰宝。马先生在篆刻艺术方面,不墨守成规,独出机杼,自成一家。在诗歌创作方面,马先生的灵性创意不仅超凡脱俗,而且超越时空,给人以峰巅之感,登泰山而小天下也。

又如写于早年的《谒先茔》诗云:"到死心情等未孩,尽形长分守蒿莱。报恩割肉知何地,换水添香倘一来。万古精神元不隔,百年墟墓自生哀。无边风木寒泉思,化作红莲遍界开。”这里写马先生来到杭州皋亭山(今半山)双亲墓前静默志哀时的所思所想,他说他在父母面前即使到老到死自己还是一个没有长大的孩子,此乃人之常情,不足为奇,这里他没有写父母的生平业绩,但作为他们的后人,自然不能忘本,即使不能割肉相报,但也应当偶来换水添香,这也是人之常情也。按理谒先人之墓,难免悲悲戚戚,哭哭啼啼,思前想后,感叹世事沧桑,人生苦短,但马先生与众不同,他虽然也难免心潮起伏,但却比别人要想得开,平淡而豁达,把生死看作是一种自然规律,人虽已逝,但其精神万古,可以代代相传,这就是他的与众不同的灵性创意了。诗的最后两句“无边风木寒泉思,化作红莲遍界开”,又活用佛典,把救苦救难普度众生的宏大愿景比作遍界开放的红色莲花,给人世间带来无穷的福祉,这就是诗人想像中双亲的愿景,也是诗歌作者自己的愿景。这里生者与死者相连的,就是“元不隔”的万古精神。这种灵性创意体现了作者的文化品格和精神素质,是一般人所不可企及的。马先生的这些创意,源于他个人的生活,同时又高于他个人的生活。他幼承庭训,受益终身,感恩不已,这种感恩便在精神上前后相续、一脉相承。马先生启蒙早,开慧也早,有一年绍兴县试,即考中第一名,受浙江巨绅汤寿潜的青睐,以爱女汤仪相许,招为乘龙快婿。没过几年,父母相继亡故,据传马先生在丁忧之期,汤女士身怀六甲,根据当时乡风,在丁忧期内不能有喜,因而汤女士流产不慎而病故,这件事给马先生身心的打击非常之大,几十年耿耿于此,使他下决心终身不再娶。由此也可看出马先生对传统礼教包括传统风俗的恪守。后来马先生出国留洋,接受了许多西方的民主思想,但为了求得自己心灵上的平衡,毅然独善其身,高洁自守。可以说马先生是从一个传统文化的继承者走向创造者的典型。

马一浮先生的文化诗学观论者尚不多见，以上三方面的粗浅之论尚未深入，不过是抛砖引玉罢了，希望方家读者批评指正。

·经济史论·

中国海洋强国战略

何茂春

郑和曾说过:“国家欲富强,不可置海洋于不顾。财富取于海,危险也来自海上……一旦他国之首夺取南洋,华夏危矣。”

各个海洋大国的发展道路不尽一样,基本上都是通过武力征服、殖民侵略或挑战其他强国等手段达到目的的。中国不会采取这些手段。中国目前唯一可行的道路似乎只有走“以海养海”的道路,即加速发展海洋经济,同时发展海洋实力,实现我国海上强国的战略目标。

一、对我国海洋经济的发展与海洋经济实力的基本评估

改革开放以来,我国海洋经济持续、稳定、快速发展,海洋经济日益成为国民经济新的增长点,海洋区域经济布局不断优化,海洋产业结构日趋合理,海洋高新技术产业发展迅速,海洋生态环境逐步改善,海洋开发秩序进一步规范,海洋经济在我

国国民经济和社会发展中的作用日益突出。

1. 资源丰富,潜力巨大

传统意义上的海洋资源包括“航行、捕鱼、制盐”,现在一般认为的海洋资源则包括旅游、可再生能源、油气、渔业、港口和海水六大类。我国海域辽阔,跨越热带、亚热带和温带,大陆海岸线长达1.8万多千米。海洋资源种类繁多,海洋生物、石油天然气、固体矿产、可再生能源、滨海旅游等资源丰富,开发潜力巨大。其中:海洋生物2万多种,海洋鱼类3000多种;海洋石油资源量约240亿吨,天然气资源量14万亿立方米;滨海砂矿资源储量31亿吨;海洋可再生能源理论蕴藏量6.3亿千瓦;滨海旅游景点1500多处;深水岸线400多千米,深水港址60多处;滩涂面积380万公顷,水深0—15米的浅海面积12.4万平方千米。此外,在国际海底区域我国还拥有7.5万平方千米多金属结核矿区。在人类对石油、天然气等不可再生资源的需求越来越大的情况下,海底石油、天然气成了海洋资源争夺的重点。

我国有240亿吨的海洋石油资源量,是中国2003年进口石油总量(9000万吨)的260多倍。1966年联合国亚洲及远东经济委员会经过对包括钓鱼岛列岛在内的我国东部海底资源的勘查,得出的结论是,东海大陆架可能是世界上最丰富的油田之一,钓鱼岛附近水域可能成为“第二个中东”。据我国科学家1982年估计,钓鱼岛周围海域的石油储量约30亿—70亿吨。还有资料反映,该海域海底石油储量约为800亿桶,超过100亿吨。南海海域更是石油宝库。据有关报道,南海勘探的海域面积仅有16万平方公里,而发现的石油储量有55.2亿吨,天然气储量有12万亿立方米,南海油气资源可开发价值超过20万亿元人民币,在未来20年内只要开发30%,每年可为中国GDP增长贡献一两个百分点。仅在曾母盆地、沙巴盆地、万安盆地的石油总储量就将近200亿吨,是世界上尚待开发的大型油藏之一,其中有一半以上的储量分布在应划归中国管辖的海域。经初步估计,整个南海的石油地质储量大致在230亿—300亿吨之间,约占中国总资源量的1/3,属于世界四大海洋油气聚集中心之一,有“第二个波斯湾”之称。但是东海和南海这两个海域都是“有争议”的地区。

2. 产值较大,发展较快

海洋经济是开发利用海洋的各类产业及相关经济活动的总和。我国海洋经济居世界沿海国家中等水平,目前正处于快速成长期。我国海洋渔业和盐业产量连续多年保持世界第一,造船业世界第三,商船拥有量世界第五,港口数量及货物吞吐能力、滨海旅游业收入居世界前列。2003年我国海洋产值的总量已经达到1万亿元人民币,增加值达到4455亿元人民币,占国民生产总值的3.8%。近几年,海洋经济发展的速度远远高于国民经济平均增长速度。到2005年,我国海洋经济总产值将占到国民经济总产值的4%,到2010年,将达到5%。今后20—30年内,我国海洋经济将继续保持高速增长势头:从现在到2010年,年平均增长10%,2011—2020年年平均增长8%—10%;2010年总产值达1.4万亿元人民币,2020年达到3万亿元人民币,海洋产业增加值占全国国内生产总值的5%。

3. 结构优化,科技进步

不同时期的各种海洋资源开发活动形成各种海洋产业,有传统的海洋渔业、海洋交通运输业和海盐业;近20年来形成的新兴海洋产业,包括海水养殖业、海洋油气工业、滨海旅游娱乐业、海水直接利用、海洋医药和食品工业等;另外还有一些是正处于技术储备阶段的未来海洋产业,如海能利用、深海采矿业、海洋信息产业、海水综合利用等。

我国已有的多种海洋产业已经形成了一定的产业结构。

2003年,在我国主要海洋行业中就业人员达到745万。我国有独立海洋研究机构100多个,专业技术人员1万余人,还有其他隶属于有关部门的海洋科技人员,共约3万人。此外,我国还有海洋高等院校和海洋专业,每年向社会输送海洋专业人才近千名。我国已形成了学科比较齐全、有一定研发能力的海洋科技队伍。但我国海洋科技整体水平还落后于海洋发达国家。

二、我国成为海洋大国的困扰

海洋蕴藏着巨量资源和能源,海洋被称为"世界第六大洲"。地球表面积约为5.1亿平方千米,其中陆地表面积为1.4亿平方千米,占总面积29%;海洋达3.62亿平方千米,占总面积71%。早在2500年前,古希腊海洋学者狄米斯托克利就预言:"谁控制了海洋,谁就控制了一切。"古罗马的西塞罗在总结了古希腊、迦太基和古罗马争夺地中海通商要道的斗争经验后,也提出了"谁能控制海洋。谁就能控制世界"的论断。美国海军将领和历史学家马汉认为国家的繁荣发展和安全都与海权有密切关系。海权不仅能够决定海上和陆地战争的胜负,而且可以决定历史的进程。

中国在理论上虽拥有约300万平方千米海洋国土,但中国面临着激烈的海域划界争端,要按照《联合国海洋法公约》争得300万平方千米的管辖海域,还有相当大的困难。我国的海洋国土由黄海、渤海、东海和南海组成,除渤海属于内海不存在争议外,其他3个海区都需要按1982年制定的《联合国海洋法公约》与邻国合理划界。

中国至少有100多万平方千米海洋国土处于争议中。各邻国对有争议地区的政策一直是离谁近谁开发。距离近,开发成本低,效益好。当前各国基本都是在水深低于1000米的近海开采。南海所谓的"争议"地区,开发的地质条件对越南有利,故他们对中国的共同开发建议根本"不搭理"。中海油一去,别国的武装渔船一围,就开不成了。

海洋资源开发,不是企业能够决定的。没有国家尤其是强大军力的支持,海洋开发现在看来是不可能的了。而比起已经把势力渗透到我国近海的大国,甚至是一些迅速崛起的邻国,我国的海军实力都是相对的弱者。如果他们结盟,或加上台独势力,我们的弱势就更明显了。

此外我国在海洋资源开发上还存在着诸如缺乏海洋意识,管理体制比较落后;海洋污染严重,资源不断减少;海洋灾害频仍,缺少有效对策;科技投入不足,开发代价过大等薄弱环节。

三、以海养海,实现海洋大国战略

国家海洋战略是国家用于筹划和指导海洋开发、利用、管理、安全、保卫的指导方针,是涉及海洋经济、海洋政治、海洋外交、海洋军事、海洋法律、海洋技术诸方面的最高策略,是正确处理陆地与海洋、经济与军事、近期与长远发展的原则办法。国家的海洋战略包括全民族的海洋意识和教育、政府的海洋政策及执行力、国家支持海洋事业发展的总体能力等。制定中国的海洋战略,必须实行快慢适度、民间优先,符合经济规律和市场规则,符合民主与法治的精神,符合国家经济、技术的承受水平和军事制海能力,符合可持续发展大潮,与我国的大国地位相称的“以海养海”的现实战略。

以海养海，也是所有的海洋大国的发展经验。以海养海有下列含义：

（1）民间优先、私营优先、经济优先原则。

（2）国家新的海洋金融战略，资助海洋经济发展。

（3）海军护渔、护航、护商。

（4）海洋收入的一大部分专门用于扩大海军。

（5）以海洋的另一部分收入专门用于海洋环保，取之于海，用之于海；以海养海，以海治海。

（6）加强海洋渔业合作。

（7）建立海洋大国，必须培育大量的海洋人才和有足够的科研机构。

四、实现海上强国的要点

1. 实现祖国统一，是奠定海洋战略的基础

统一两岸，是实现海洋大国战略的前提，不解决统一问题，中国就没有完整、可行和安全的海洋战略。从地理上讲，俄朝韩日、美国、东盟对中国形成环列的封闭，唯独台湾是中国面向太平洋深处的“出海跳板”，如果台湾问题不解决，中国就不是一个海洋大国。从军事上讲，台湾分裂，不仅中国军力不能形成合力对付其他海洋强国，而且，台湾作为可被别人利用的“航母”，对大陆形成了更大的威胁。从海洋经济上讲，没有两岸合作，中国三海的开发、保护、可持续发展计划都是不可能实行的，两岸沿海人民的生活也是没法持久安排和设计的。从战略上讲，没有台湾与大陆的统一，所有的海洋战略都是短期、断

层、残缺和不可行、不可测、不可知的。所以,两岸统一,是中国海洋战略的前提,是成为海洋大国极其重要的一步。我们在2001年加入WTO,两岸在非歧视自由、公平、透明公开的共同原则下,基本实现了经贸体制的统一,为统一管理体制,统一贸易法规,打下了良好的基础。祖国统一,最终将水到渠成,得以实现。

2. 放弃若干落后的观念。严格区分口号与方针,建立海洋新思维

下列观念必须改变或区别对待:

(1)“治海是国家的事”

各海洋大国都是在商人、探险家、投机者开拓海洋后才发展起来的。我国海洋发展也应实行“五先”对策,即:民间在先,经济在先,私营经济在先,信息在先,金融支持在先。

只有有了庞大的渔船、商船和经营海洋能力基础,国家才可能以海养海,逐步实现海上强国战略。经济不在先、民利不在先,国家海洋战略就没有基础、没有后劲。百姓不重海,国家重海是不可持续的。

(2)“和平崛起”观念

(3)消极防御观念

(4)“共同开发”观念

新的海洋观包括海洋经济观、海洋政治观、海洋科技观、海洋地理观、新的海洋国土观、新的国防观、新的海洋军事空间观等。

在20世纪40年代以前,海洋只被区分为领海和公海两部分。领海是沿海国家陆地领土在海洋中的延续,属于国家领土的一部分。沿海国家具有对自然资源的所有权,沿岸航运权,航运管理权,国防保卫权,边防、关税和卫生监督权,司法管辖

权,领空权等。公海是指沿海国家领海和内水之外的全部海域。在海洋自由的原则占支配地位的时代,海上强国推行航行自由和捕鱼自由的政策,在广大的公海上自由进行科学研究、航海、捕鱼等。地球上的陆地部分,除南极洲之外已基本上为各国所分割占有,成为各国的国土。海洋则不同,到目前为止,海洋的大部分仍为世界公有。只有沿岸部分被沿海国家以领海、专属经济区、大陆架等形式划定为管辖区域。因此,海洋既是沿海国家的"国土",又是世界各国的"公土"。公土包括公海和国际海底区域,"国土"主要是领海和内水,在一定意义上也可以包括专属经济区和大陆架。

建立新的海洋思维,应当从现在起在学校进行海洋知识和海洋意识的教育,普及海洋科学和新国土观念。

可以作为沿海国家领土或国土的海域,主要是领海。世界上绝大多数沿海国家,很早就宣布了领海制度。

我国的国土面积,除了960万平方千米的陆地面积之外,还有299.7万平方千米可管辖的海洋国土,约为陆地面积的1/3。海洋国土是广义的国土。"海洋国土"是"海洋"与"国土"两词组成的新词,它是国家主权管辖的领海、海洋专属经济区和大陆架的总称。它说明了具有国土性质的海域和在海洋上的国土。当代沿海国家的人民赖以生存和发展的空间,已不仅有陆地国土,而且有海洋国土。沿海国家的主权和利益不仅存在于陆地国土上,而且存在于海洋国土上。所以,一个沿海国家的国土空间既在陆地又在海上,沿海国家的国土观应该是海、陆综合的国土观。新的国土观使沿海国家普遍增大了国土空间,尤其是一些岛国由于海洋国土远大于陆地国土,其海陆综合国土范围比原有以陆地为依据计算的国土范围增大很多,例如日本的海洋国土是其陆地国土的十多倍。中国是个陆地大国,又是个海洋大国,这是常见的说法。从拥有海洋资源的绝对数量来看,的确可以这样说:我国海岸线长度为1.8万千米,居世界第四位;大陆架面积居世界第五,200海里专属经济区面积为世界第十。但从单位陆地面积平均拥有的海岸线长度来看,中国只占世界第94位。如果按照可管辖的海域面积与大陆面积之比,世界沿海国家平均为0.94,中国仅为0.3,不到平均水平的1/3;而日本超过11,朝鲜是2.17,越南是2.19,菲律宾是6.31,都大大超过中国。至于人均海洋面积,世界沿海国家平均为0.026平方千米,而中国只有0.0029平方千米,只是世界平均数的1/10,而与我国相邻的海洋国家的平均数都超过中国的10倍以上。

3. 加快增强国家海上力量,扩大海军实力

中国是正在崛起的大国,是必将为人类承担更大的责任的国家之一。中国理应拥有更多的海洋事务的决策权。

"海上力量"来源于英语"Sea Power",或"Ocean Power"(大洋力量)。海上力量包括各种组成成分,"诸如作战舰只和武器、辅助船只、商船、基地以及训练有素的人员等。控制海上运输的飞机也算作海上力量,航空母舰的飞机则是海上力量的延伸"(《简明不列颠百科全书》)。当交战国一方的海上力量,在一部分海域能绝对控制海运时,这个国家就被认为有了"制海权"。从"海上力量"概念的内涵和外延看,主要含义是"海上军事力量"(Navy Power)。换句话说,海上力量主要指海军。19世纪下半叶,美国海军少将舒费尔主张,海军"是商业的先锋";美国著名的海军理论家和历史学家A·马汉(1840—1914)在1890年5月出版的《海上力量对历史的影响(1660—1783)》一书中,分析了1660—1783年间英国、荷兰、法国、西班牙在争霸过程中军事、外交和商业等方面所发生的事件,认为

“获得制海权或控制海上要冲的国家，就掌握了历史的主动权”，指出“国家的强盛、繁荣、庄严和安全，是强大的海军从事占领和各种征服的副产品”，“国家的兴衰同它们成功地发动战争(特别是海战)的几种能力有关”。马汉还认为，“许多世纪以来，英国商业的发展、领土的安全、富裕帝国的存在和作为世界大国的地位，都可以直接追溯到英国海上力量的崛起”。

马汉的“海上力量”主要指“海上军事力量”，但在运用“海权”方面，已超出了军事，涉及经济、政治、外交等领域。马汉十分强调国家地理位置对“海上力量”建设和“海权”、“制海权”的重要性。马汉的“海上力量”和“海权”的大部分论点，是以他那个时代的商业主义经济论和当时的海军技术装备水平为依据的。在科学技术迅猛发展的今天，“海上力量”和“海权”的范围已从海面发展到水下、上空以及大洋海底。海军技术装备，由于原子武器、核潜艇、远程导弹等的出现，海上兵力几乎能对地球表面上的任何一点实施攻击，即使在和平时期，他们也把海军当作“炮舰外交”，或“航空母舰外交”使用；在局部战争中，它们也多次让海军充当重要角色。

今天的“海上力量”还包括国家对海洋进行科学研究和开发利用的能力，以及与之相适应的科学考察、勘探船队、海洋工程技术队伍；运输和渔业船队及其保障国家需要的能力；海上导航测量、打捞救生、环境监测监视和污染防治、情报资料、通信系统等设施和力量，以及国家造船工业能力等。“海权”的行使不单纯是运用军事力量，还需要运用国家的整体力量，包括政治的、经济的、外交的与军事的一切现有的和潜在的能力和力量，才能达到控制和利用海洋的目的。由于许多国家海军的机动能力和远洋作战能力大大提高，任何一个强国要绝对控制海洋已经不可能了。“制海”的目的也不仅在于取得海洋交通的自由,还包括海洋资源与海洋基地的利用。制海方式也不一定是“海战”,不同的任务需采取不同的方式,也可通过政治、外交斗争,通过国际会议,争取建立新的海洋法律秩序来取得。

以海养海战略的核心之一就是确保海洋产业收入的一部分用于海军建设。同时,将一部分过期军船改为民用,一部分海军技术服务于经济建设。

海军扩军与精兵相结合。淘汰旧军舰,建立一支新、精、高、强的现代化海军。争夺海洋战略资源的核心问题是尽量多地占领岛屿。

新的海洋观念产生了新的国土观,新的国土观导致沿海国家国防观念的更新。这主要体现在国防的新前线、海防的新使命和国防建设的思维发生了深刻变化。沿海国家的前线已经不在海岸线,也不是在领海外侧线,而是在大陆海岸与岛屿海岸的领海基线以外 200—350 海里远的海面上。世界性围圈海洋的态势,产生了相邻沿海国家之间海洋国土划分的新问题,集中体现在海洋资源之争、海区划界之争、岛屿主权之争等等方面,争议以至争夺的趋势明显加剧。海洋上不仅是军事活动的强度加大,而且军事对抗与斗争的强度也趋向加大。海洋在当今的和平年代,比以往的和平年代更带有军事对抗的色彩,某些海区的军事对抗强度已经远大于陆地。

4. 建立统一的海洋事务管理体制以协调国家海洋战略,加强海洋科技投入,科技兴海

中国签署了联合国要求沿海国家建立海洋综合管理制度的各种公约和文件,正在全面履行国际义务。世界银行、亚洲开发银行等国际组织,也正在积极推动中国沿海地区建立海洋综合管理制度的试点。我国应在加快海洋立法的同时,统一海洋战略的实施、监督和管理。依据中国海洋管理的实际情况,

可参照美国、荷兰等国的经验,设立一个国务院海洋事务委员会,负责海洋管理的协调工作,并且要适当加强地方政府的海洋机构建设,要划定各地区的海域管辖范围,明确中央与地方在海洋管理方面的事权划分,发挥地方管海、用海的积极性。

以海养海,必须坚持科技兴海方针,重点发展军民兼用的海洋观测和探查技术、高效海洋油气资源勘探开发技术、深海采矿技术、海洋生物与药物技术等海洋高新技术。要抓紧建设临海产业带,实行海洋农牧化,加大开发海洋油气资源、能源、渔业及海水资源利用,相应发展海洋旅游等,作为海洋开发的基本任务。促进粗放型海洋开发活动向集约化方向转变。各沿海国家都在积极发展现代海洋监测高新技术,从空间、水面、水下对海洋环境进行立体监测,加强海洋预报、海洋信息服务领域的海洋高新技术的能力建设。美国、加拿大、日本、欧共体、俄罗斯等海洋强国,不断强化或更新本国管辖海域的海洋环境监测和信息服务系统,不断推出海洋监测高技术产品,谋取国际市场的最大利益。发展中国家,如印度,也在积极应用和发展海洋监测高新技术,加强海洋高新技术建设,维护国家安全和权益。

与发达国家相比,我国在海洋环境监测技术、海洋预报和信息服务方面的技术装备水平、能力建设和服务等方面,都有很大差距。海洋环境预报领域的关键技术落后,其中包含的物理过程不全面,分辨率较低,很难预报出重大海洋变异,海流、盐度、跃层、水质、赤潮等海洋环境要素的业务化预报几乎属于空白。与美国相比,中国海洋科技相当落后。美国为称霸全球,早就提出要把全球海洋变为透明的海洋,并为此付出了最大的努力,研制和生产了各种海洋高新技术产品,从空间、空中、水面、水下、海底及沿岸,对全球海域进行全覆盖的监测,获取海量信息。美国已经称霸全球海域。

5. 研究国际开发保护海洋的新原则，依法治海

当前国际海洋开发的主要原则有：(1) 公平分享海洋利益原则。这包括"公平解决"海上边界，"海洋资源的公平而有效利用"，"公平分享"国际海底开发之利，"公平地区分配的原则"，选举国际海底管理局理事国等。(2) 合作开发原则。世界的海洋是连在一起的，开发和保护海洋必须有各种国际合作，包括封闭和半封闭海沿岸国之间的合作，国际海底勘探开发的国际合作，公海生物资源保护的国际合作，海洋科学研究的国际合作，防止海盗和非法广播的国际合作。(3) 和平利用海洋原则。如公海只用于和平目的，国际海底区域"专为和平目的利用"，"以和平方法解决"海洋争端，建立海上和平区，区域海洋无核化等。

《联合国海洋法公约》形成了向"人类共同继承财产"方向发展的多元化主权理论，成为处理海洋权属关系的法理依据之一。以该《公约》为国际法基础，以沿海国家建立多部门合作、社会各界参与的综合管理制度为前提，形成了以地方社区、国家、区域组织、全球组织相结合的世界海洋管理机制。海洋国际事务对沿海国家的新挑战是：沿海国家必须依据共同继承财产、公平分享海洋恩惠、和平利用海洋、合作开发和保护海洋的原则，调整国家的海洋政策，建立海洋综合管理制度，参与开发与保护海洋的区域性、全球性合作。中国政府表示愿意在《联合国海洋法公约》及其他国际法原则的基础上，积极参与海洋事务的国际合作，为开发利用和保护人类共有的海洋作出贡献。

1992 年世界"环发"大会以后，人类对海洋的战略地位形成了以下认识：首先，海洋是地球环境的重要组成部分和调节器，对地球环境的一切变化都有重大影响。科学家发出警告："没

有健康的海洋,人类就会灭亡。”其次,海洋是生命的诞生地,又是生命存在和发展的本源。4.25 亿年之前所有的生物都是海洋生物,300 万年前出现了人类。目前,海洋仍是物种宝库、人类食物宝库。第三,海洋是富饶而未充分开发的资源宝库,可持续发展的财富来源。海洋中可供捕捞的生物资源约 2 亿吨,油气资源 1350 亿吨以上,拥有 80 余种化学元素和巨量水资源,可供开发的海洋能源 30 亿千瓦以上,多金属结核、多金属软泥和钴结壳资源量上万亿吨。第四,海洋经济是世界经济的重要组成部分。20 世纪 80 年代以来世界海洋产业产值 10 年翻一番:1980 年 3400 亿美元,1990 年 6700 亿美元,2000 年达到 18000 亿美元。第五,海洋是国际政治、经济和军事斗争的重要舞台,包括海上边界划分,海洋资源争端,以及以争夺海洋空间和资源为中心的军事斗争。1994 年《联合国海洋法公约》生效,1995 年建立了国际海底管理局,1996 年建立了海洋法法庭;1994 年召开了海洋和海岸带可持续利用大会,1995 年召开了保护海洋环境国际会议,1998 年定为国际海洋年,并召开海洋大会。

我国应在近期内根据国际法和国际惯例,加快海洋立法,完善相关配套措施,确保海洋事业有法可依。

6. 加强海洋保护,实现“以海养海”

海洋保护,应从陆上抓起。制定河口海岸保护计划,建立污染物总量控制和浓度控制相结合的双轨保护机制,适当增加海洋环保资金,加强海洋环境保护工作。(1)制定国家河口海岸保护计划,加强沿岸生态环境保护,其中包括:重点河口保护计划,沿海湿地保护计划,防止海岸侵蚀计划,红树林、珊瑚礁、海草床等特殊生态保护计划,以及防止海平面上升的对策方案。(2)建立污染物总量控制和浓度控制相结合的制度。借鉴地中海的经验,建立渤海开发保护委员会,并制定渤海开发保护行动计划,防止渤海变成内海性的死海。同时在胶州湾、锦州湾等污染物入海量大的海湾实行总量控制制度,防止海洋环境质量进一步下降。还要加快建立以中国海监、中国港监、中国渔政为骨干的海洋污染监控和信息传递网络,加强协作执法和重大污染事故的调查处理。

防止海洋污染和生态环境破坏是国家的公益事业,必须有一定的国家投入,同时要开辟其他资金渠道。一可从国家征收的陆源污染物排海的费用中划出一部分,专门用于海洋环境保护工作。二可以每年由中央财政和沿海地方财政拿出一部分资金,专门用于海洋环境保护。三可以积极争取一些国际援助,包括全球环境基金、海洋油污染防备基金等的援助。

为了防止海洋污染,加强管理,国际组织和沿海国家制定了许多保护海洋环境方面的法规。在 1992 年通过的《联合国海洋法公约》中,专门有一部分是“海洋环境的保护和保全”,公约其他部分也有一些条款涉及保护海洋环境问题。在保护海洋环境的国际法规中,污染管辖权是核心问题。按照《联合国海洋法公约》的规定,进入海洋的陆源污染物由沿海国家管辖;国家管辖范围以内的海底活动造成的污染,也由沿海国家管辖;来自船舶和飞机的污染,受沿海国和船舶(飞机)所属国双重管辖;在领海、专属经济区和大陆架倾倒废物,受沿海国管辖,在公海倾倒废物受船舶国所属管辖;来自国际海底区域的污染,受国际海底管理局管辖。上述各种海洋污染管理工作,都要遵照《联合国海洋法公约》及其他有关国际法规的精神进行。

海洋是统一的整体,海洋环境保护需要广泛的国际合作。由于多种原因,全球采取共同性的措施是比较困难的。但是区域性合作是可行的,有广阔前景。由于国际组织和有关沿海国家的努力,区域性合作日益发展,近十年来先后在北海、波罗的海、地中海、海湾地区、西非和中非地区、红海和亚丁湾,制定了区域性海洋环境保护公约和计划,对于控制和减轻海洋污染起到了很大的作用。

我国可借鉴外国经验建立若干海洋自然保护区。许多国家建立了海洋自然保护区,由于各国对海洋自然保护区的定义不一致,因此,关于海洋自然保护区的数量统计数字差别也比较大。国际保护自然和自然资源联盟1988年调查的结果是,海洋和海岸自然保护区共835个;而1986年美国伍兹霍尔海洋研究所的一项调查认为,在87个国家共有近1000个海洋和海岸自然保护区。保护海洋资源有多种办法,例如控制捕捞强度保护生物资源,建立自然保护区保护生态环境等。其中,在海岸带或海域建立海洋自然保护区是世界许多国家采取的主要办法之一。海洋自然保护区有多种类型,如海湾、珊瑚礁、岛屿、红树林等,保持原始状态,允许旅游观光而不允许其他开发利用活动。

令人欣喜的是,崛起的中国必将成为真正的海洋大国。中国的海洋大国之路,只能是"以海养海"。

参考文献:

1. 中华人民共和国国务院:《全国海洋经济发展规划纲要》,2003年5月9日。

2. 王曙光:《认清形势不辱使命,努力做好工作迎接海洋世纪》,在全国海洋厅局长会议上的讲话,2000年。

3. 杨金森:《关于把我国建设成太平洋地区海洋强国的战略思考》,2000年。

4. 吕胜祖、申长敬、吴林:《人类海洋观念的发展演变》,2001 年。

5. 黄金声、唐复全、徐明善:《中华民族迈向新世纪的海洋战略思维》,2001 年。

6. 杨金森:《世界海洋资源》,1996 年。

7. 郑明:《制定海洋战略,建设海洋强国》,2000 年。

8. 刘容子:《大力发展海洋经济,促进全面小康建设》,2002 年。

9. 宋增华:《略论我国海洋开发战略的实施步骤》,《中国海洋报》。

10. 国家海洋局:《2003 中国海洋环境、灾害公报》。

简论浙江海洋文化发展轨迹及特点

柳和勇

浙江是海洋大省,涉海活动历来是浙江人重要的生产、生活内容,也是浙江经济、文化的重要构成部分。从文化发展学的角度看,区域海洋文化都有一个漫长的发展演进历程,并在其独特的发展轨迹中逐渐形成特点。我们从海洋文化主要构成的造船、航海、筑塘及海洋审美文艺创造等方面着手,大致把握浙江海洋文化的发展轨迹,无疑将有助于从历史坐标角度清晰认识其发展历程及特点。

一

根据现有的浙江海洋文化资料,我们把远古到战国定为浙江海洋文化的初创时期。此时期浙江境内已有了一定规模的造船和海洋航行,并孕育了利用海洋、开发海洋的文化心态,为此后浙江海洋文化全面发展和特点形成奠定了基础。我们已知道,7000—8000 年前的新石器时代晚期,浙江先民已经能制造和利用舟楫,并根据在河流、湖泊中积累的水面航行经验,开始了海上航行。从舟山群岛的白泉十字街、马岙及岱山等地所发掘的新石器文化遗物上,发现了具有与河姆渡文化相一致的文化特征,这证明了河姆渡人已能进行较长距离航海,跨海在海岛定居,把河姆渡文化传播到其他地方。此后,距今约4000—5000 年前的良渚文化时期,已发现的船桨更多,如在绍兴鉴湖区坡塘乡,也发掘出独木小舟;在杭州水田畈遗址中出土了 4 支船桨,其桨叶宽达 26 厘米,迎水面大,推力也大,有人推断此时应已有筏和大型的独木舟,这表明船舶制造水平有了一定发展。

此后较长一段时间的浙江造船和航海水平现无详细资料可考,有待今后考古发掘。但《周书》中有“成王时,于越献舟”的记载,可见已能造较为精致的船。春秋时期的越国设有专管造船的官署,已能较大规模地建造戈船、楼船等战船,不断地提高造船技术,是古代浙江海洋文化发展的标志性前进轨迹;而此时期浙江较高的造船技术和较大的造船规模,已初步显示出浙江海洋文化长于制造的端倪,并为今后浙江海洋文化的发展和特点的形成奠定了基础。

从秦汉至隋唐为浙江海洋文化发展的初盛期。此时期浙江造船、航海等利用海洋资源的能力得到扩大,对外贸易、海洋捕捞等方面得到全面发展。总地看,此时期浙江海洋文化发展的初盛状况表现在以下几个方面:一是随着明州、温州大量建造海船,浙江已成为全国造船业发达地区之一,如唐初攻打高丽所需船只,就有许多出自浙江;二是公元 8 世纪初,浙江开辟了从明州出发横渡东海直达日本的最便捷的南线航路,从此浙江明州成为中国十分重要的港口;三是与朝鲜、日本等国进行贸易的浙江港口增加,除明州外,浙江的越州(今绍兴)、杭州、温州、台州(今临海),也都成为对外贸易港口;四是形成了具有一定规模的浅海滩涂渔业,西晋陆云曾有过关于舟山捕获海洋鱼类"品目数百、难以尽言"的描述,可见当时的渔业产量及捕鱼种类已相当可观;五是唐代浙江已开始兴筑海塘御潮捍田,开始形成具有特点的浙江海塘文化。

宋元两代是浙江海洋文化发展的鼎盛时期。随着中国政治中心的南移,杭州成为南宋一代的中国政治、文化和经济中心,此时期浙江的海洋文化全面发展,并在许多方面处于全国领先水平或中心地位,达到鼎盛。元代仍然保持较高水平的持续发展。这种鼎盛的标志主要表现在:一是此时浙江的造船技术先进,居全国领先水平,并成为全国的造船中心。代表中国造船最高水平的出使高丽的神舟,大都由浙江明州制造,其所造船的豪华和高大令高丽人赞叹不已。二是海洋贸易范围进一步扩展,同占城(越南)、暹罗(泰国)、三佛齐(印尼)、麻逸(菲律宾)乃至印度和阿拉伯国家都有丝绸等物品的交换贸易;同时,浙江此时的民间海洋贸易也已十分活跃。三是北宋始在浙江杭州设市舶司,管理海外通商贸易事务;至元代,浙江设市舶司的贸易港有庆元、温州、澉浦、杭州四处,是元朝市舶司最多,也是最集中的地区,当时全国只有七处。四是出现了以叶适为代表的"永嘉学派",重视商贸,形成了具有一定体系性的海洋商贸文化思想,标志着浙江海洋文化思想处于全国的最高水平。五是航海、筑塘等物质性海洋文化继续发展,水平进一步提高,如航海中已应用了指南针,加强了航海的安全性,通航地区也更广。六是宋代浙江出现了较大的船网工具,海洋渔业生产方式从涂面采捕逐渐发展到近海捕捞,渔业产量得到大幅提高。最后是产生了一批艺术水准较高的海洋文艺作品,如苏东坡、陆游、柳永等文学大家创作了不少具有独特美感的表现涉海生活的审美文学作品。

明清两代，古代浙江海洋文化发展渐趋式微，其在中国海洋文化中的地位和作用逐渐下降。明初，浙江仍然是官营造船的重要基地之一，几乎每年都向浙江下达造船任务，为漕运和防倭等军事需要打造了许多船舶。特别是浙江为郑和下西洋的壮举作出了一定贡献，为其船队新建和改建了部分船只，并且提供了大量丝绸、瓷器等海洋贸易物品。此时期浙江修筑海塘也更为普遍；同时，随着古代浙江滨海人群涉海生产和生活经验的增多，人们对海洋生活有了更真切的了解，民间性的海洋审美文艺作品也渐趋普及化。

但是，明清两代较长时期厉行海禁，“片板不许下海，寸货不许入蕃”，这严重阻碍了浙江造船、航海、海洋捕捞及海洋贸易的发展。这种状况直至清康熙二十三年（1684 年）开禁后，才有了改变。浙江与南洋贸易虽有了大幅增加，但随着广州、泉州等港口作用的日趋突出，以及后来上海港的崛起，宁波、温州等地港口的作用和地位日渐削弱；而造船业又因木材资源渐趋枯竭等原因，而难以恢复以前的重要地位。只有海洋渔业因发展以大对船为主的近海捕捞，运用张网、流、钓作业，渔业技术日臻完善，海洋渔业捕获量有了较大增加。

当然，浙江海洋文化精神是不会衰亡的，它将随着时代的发展变化而有新的呈现。明清两代抗击倭寇侵扰，涌现了许多可歌可泣的英雄人物和故事，为浙江海洋文化增添了浓重的一笔；尤其是鸦片战争期间舟山定海军民同仇敌忾、众志成城，英勇抗击英军入侵，更是浙江海洋文化中光辉的一页。这些无疑与浙江海洋文化中的团队精神有一定关系。虽然大规模的正常海洋贸易一度急剧衰退，但民间出海走私贸易在海禁的夹缝中悄然兴起。明代,宁波港口外的双屿港走私贸易为当时全国最盛,它在一定程度上促进了浙江海洋贸易精神的形成和发展。而以王阳明、黄宗羲为代表的浙东学派的形成,以及他们所提出的“工商皆本”的主张,具有很强的近代色彩,预示着浙江海洋文化的发展将面临近代转型。

二

在浙江海洋文化的长期发展中,形成了不同于中国其他区域海洋文化的特色内涵。

物质性海洋文化是海洋文化的主要构成内容,是滨海人群创造海洋文化能力的最直接体现。浙江人发扬吴越文化传统,充分利用浙江海域的海洋资源优势,形成了浙江物质性海洋文化的精致创造性特点,并具体表现在勇于探索创新及精于技艺性创造等方面。

从探索创新的角度看,浙江开了中国海洋航行、造船和海洋渔业捕捞之先河。萧山跨湖桥出土的距今 8000 多年的独木舟,以及余姚河姆渡文化遗址出土的木桨、陶舟及鲸鱼、鲨鱼等海洋鱼骨,表明了浙江先民是中国最早的木船制造、海洋航行和海洋捕鱼者。并且长途航海也萌芽于浙江古越人。《越绝书》记载的越王勾践从长江口越海航行至山东半岛琅琊一带,标志着中国的航海术初步形成。此后浙江人又为发展中国海洋事业勇于探索,如唐代开辟了中日来往最便捷的航线;明州商人张支信商船曾从明州望海镇(今镇海)启碇赴日本,只经三昼夜就抵达,创当时最快记录;宋代已把指南针用于航海中,拓展了远洋航线;到元代,浙江出发的船队向西直达地中海沿岸和东非海岸;此外,从唐代开元年间起,兴筑海塘抵御海侵的创举,也充分表现了坚忍不拔的浙江人勇于探索创新的海洋文化的创造精神。而从温州的永嘉、乐清出土的石网坠看,4000—5000 年前的新石器时代,浙江先民已开始用网具来捕捞海洋鱼类;公元前 505 年,吴越两国在海战时大捕石首鱼,这说明浙江沿海渔场,早在 2000 多年前就开发利用了。

浙江海洋文化的精致创造性也表现在先进的制造水平方面。至今大家公认越人精于造船和擅于航海,他们是中华民族中最出色的航海家和造船技艺师。长期来,浙江人为中国航海及造船事业发展作出了多项贡献:汉时浙江所造的大船已长二十余丈,能载六七百人。六朝时温州曾是三国孙吴的造船中心。隋唐时期,浙江是全国造船业最发达的地区之一,官营和民营造船业均发达。五代吴越国中,杭州、越州、台州、括州(今丽水)等地都是造船基地。当时往来中日的船只,全是中国船,而中国船几乎都是吴越船。宋代宣和年间,在明州打造的"鼎新利涉怀远康济"神舟和"循流安逸通济"神舟到达高丽时,其高大精致引起"倾国耸观,欢呼嘉叹"。而从宁波 1979 年出土的宋代海船看,已运用具有防摇减摇作用的舭龙骨状的构件;并用加麻丝的桐油灰防止漏水。而郑和下西洋时所乘海船,前期有许多也是浙江制造的,足见当时浙江造船技艺水平之高。

同样,砌筑海塘需要准确计算,精心施工,浙江人不断改革,提高海塘长期抗海潮性能。如改石块多纵少横为纵横交错,使其"属不可解";又如"层必渐缩而上作阶梯形,使顺潮势无壁立之危";又根据不同地段的潮流,提出不同筑法,如有的地方需"开深根脚,用大桩排钉,深入沙底,趱办巨料,砌筑石工"等,都是精致创造的体现。

在浙江海洋经济特点和不重对抗、偏于宽和的浓厚文化氛围影响下，浙江海洋行为文化显示出较强的协作团队性特点。首先，它体现在浙江涉海生产组织方式中的协作团队性。浙江人擅长的造船、航海涉及到多种复杂的工艺和技术，往往需要许多人共同协作才能达到预期目标；海洋捕捞也需船老大与其他渔民的密切配合；而修筑海塘更依赖万众的齐心协力。浙江颇具特点的海洋生产组织方式，长期潜移默化地影响着浙江涉海人群的行为方式和人际交往，孕育了他们重视协作的团队精神，并通过这种优良的团队精神，使浙江的这些海洋产业在古代中国保持较长时期的领先发展地位。其次，协作团队性也表现在海难救助等民风习俗上。涉海性生产具有较强的危险性，航海常遇风浪之险；出海捕鱼更是“一只脚踏在棺材里，一只脚踏在棺材外”，生死未知；修筑海塘也会在频繁的台风侵袭中有倒塌之危。因此，浙江涉海人群养成了乐于救助的美德，体现了珍贵的团队互助性。如遇见求救信号，救助者必会义不容辞舍身相救；而对海难不救者，必遭众舆论严谴。再次，协作团队性特点在日常生活中也有明显体现。从船员、渔民尊敬船长、船老大到集中的渔村民居，从爱凑热闹的民风到举办出海或谢洋祭祀仪式，从清一色的灯笼裤到浓墨重彩的装饰爱好，都能让人感受到浓浓的团队性精神。

具有较强商贸精神是浙江海洋文化又一重要特色内涵。它首先表现在浙江滨海人群具有浓厚的海洋贸易意识，弥漫着开展海洋贸易的文化氛围。其次，兴盛的海外贸易活动也感性地显示了蕴含着较强的海洋贸易精神。历代历朝的浙江海外贸易都十分繁荣。五代十国时吴越国设有博易务，管理海外贸易；北宋起浙江设市舶司，以促进海外贸易；南宋两浙市舶司先后管辖杭州、明州、温州、秀州华亭县、青龙镇五处市舶务，足见当时浙江海外贸易之兴盛。即使在明清两代海禁之时，仍有较多的民间海上贸易活动，冒死取利。宁波双屿港的走私贸易规模为当时全国之最。再次，商贸精神也体现在浙江本籍思想家明确倡导重商思想上。以叶适为代表的永嘉学派思想家们，认为人都有自利本性，“就利”是“众人之心”；工商业的发展与农业同等重要，反对国家对工商业领域的限制，倡导“以国家之力扶持商贾”。这种重视商贸、注重功利的思想，深深地影响了以后浙江许多思想家，并成为浙东学派的重要思想，也成为中国海洋文化中少有的成体系性的意识形态性思想内涵，这无疑是浙江海洋文化特点的亮丽体现。

粗犷与柔和相济是浙江海洋审美文化的美学特色。浙江海洋审美文化往往在给人以粗犷海洋生活美感的同时，还会使人感受到偏于雅致、恬淡的审美情趣和深层吴越文化底蕴，这除了文学作品外，在浙江海洋审美音乐、舞蹈等中也能得到具体感受。

诗歌是古代浙江海洋审美文化的最主要艺术形式。那些具有较高艺术修养的浙江籍作家，深受吴越文化的长期熏陶和影响，往往长于在展现粗犷涉海生活的画面中，曲折地表露真挚感情。

浙江民间性的海洋诗作往往更贴近涉海生活实际，更具浓郁的浙江地域气息。它们常以质朴的生活化语言，直接抒发对生活的真挚感受和情怀。如渔歌、渔船号子、歌谣等，都具有很强的直白粗犷美。由于这些诗作的创作者和接受者深受吴越文化传统的全方位浸润，其语言、意象和情感都带有更强的浙江海域风俗，作品在再现涉海生产、生活中，流溢出偏于柔和的审美情趣和美感特色也就不足为奇了。

浙江民间涉海舞蹈和伴奏的音乐是浙江海洋审美文化的重要构成，此类舞蹈和音乐大都无固定的配法，舞蹈者主要是根据浙江特有的音乐节奏,模仿海洋生产动作和鱼类活动状态翩然起舞。

当然,上述浙江海洋文化四个层面的特点,相互联系、互为影响,并统一呈现出浙江海洋文化的灵动进取性整体特点。浙江在造船、航海和渔业捕捞等物质性海洋文化创造中较长期保持全国领先水平,既显示了浙江滨海人群善于利用海洋资源的能力,也是他们不断灵活适应现实发展需要,敢于进取创新的体现;那些造船、筑海塘等大规模涉海生产所表现的协作团队性,恰恰又是灵活协调组织能力的表现;而浙江海洋文化中的强烈商贸精神,更是反映了浙江滨海人群不死守中国农业文化传统,敢于吸收外来文化精华,敢于提出新思想、新理念的开拓性。至于粗犷与柔和相济之美,则体现了吴越文化重恬淡通脱的审美倾向,也具有一定的灵动性美感。

东吴卫温诸葛直从章安古港远规海外及到达台湾之研究

叶哲明

公元230年，在三国竞争统一的重要时刻，孙权为实现“普天一统，开拓海疆”，遣将卫温、诸葛直率甲士万人，从浙东古港章安出使海外，远规台湾。《三国志·吴主传》载：“黄龙二年春正月，浮海求夷洲（即台湾）及亶洲（海南岛），军行经岁，士卒疾疫死者十八九，但得夷洲（即台湾）数千人还。”这是古代东亚航海史上一大罕见壮举，也是历史上大陆和台湾大规模交往，以国家政府名义第一次出航台湾，并在台湾行使国家权力的首次记录。国务院《对台白皮书》注录该历史事件，并有简略介绍。2003年浙江电视台为此拍摄了对外电视纪录片，并于中央电视台第四台转播，影响颇大。台湾著名史家连雅堂先生《台湾通史》称：“洪维我祖宗，渡大海，入荒陬，以拓殖斯土，为子孙万年之业者，其功伟矣。”又说：“台湾固土番之地，我先民早入而拓之，以长育子女生。故自开辟以来，官司之所经划，人民之所筹谋、莫不以理番为务。”(1) 卫温、诸葛直此行对开发台湾，密切东南沿海文化和经济联系、交流；开拓我国东海，以及南洋群岛和东南亚各国的海上航道，可堪为汉武帝开通西域、唐太宗和亲吐蕃、甘英出使大秦等相媲美，在中华民族发展史上具有重要的政治和历史意义。

卫温、诸葛直率万人船队从章安古港出使台湾，我国古籍语焉不详。一是章安是两汉我国东南沿海最早崛起的古港、古郡之一，辖区辽阔，海运比较发达，北起天台山，南及闽江口，有今台州、温州、丽水和福建建瓯、福州五州之地，《汉书》载“南北海运，皆从东瓯”。其后，由于我国华夏一统事业向东南发展，政治、经济重心南移，温州、福州、泉州兴起，章安衰落不振，千余年来，几成为东南沿海默默无闻的荒落。二是卫温、诸葛直奉命进入夷洲之后，唯《三国志》和《临海水土异物志》，略有记述；有关重要的政治、军事、行政管理、官员任免，以及城池、制度建置，更无具体记录；诸如进入夷洲之后，卫温、诸葛直所率军队和当地夷王、酋长、人民的友好接触，以及征服期间发生有关的重大战事等，已湮没不明，故至今学者很少问津、研究。再如此行出海地点及到达夷洲的简要概况，史界尚无系统述评。有云“自会稽东县入海行”；有云“自句章”，或“东冶浮海求夷洲”。有鉴于此，笔者经十余年查阅资料，研究考析，并借助有关考古、文物佐证，证实从当时临海郡的章安出海，进入夷洲，先后一年，与夷王酋长和当地人民“进行了广泛的和平接触”。在当时航海的客观条件下，卫温、诸葛直率师万人，漂洋过海，远涉不毛，艰难险阻，风波难测，无愧为罕见的壮举。即使卫温、诸葛直最后为孙权误判，“无功而被诛”，悲剧性地结束了自己的一生，但竭力完成了吴国制定的“拓展海疆，以定大业”的不辱使命，在华夏民族发展史留下了光辉一页。

其一，卫温、诸葛直出使海外，已到达台湾，正史都有明确记录。从有关史籍记载判断，《三国志·吴主传》称孙权“遣将军卫温、诸葛直……浮海求夷洲及亶洲……但得夷洲数千人还。长老传言秦始皇遣方士徐福将童男女数千人入海,……止此洲不还。世相承有数万家,其上人民,时有至会稽货布”。《资治通鉴》卷七一,太和四年引《后汉书·东夷传》:“会稽海外有夷洲及亶洲,……会稽东冶县人有入海行,亦有遭风流至亶洲者。”我国先秦史志《史记》、《汉书》、《越绝书》、《山海经》、《尚书·禹贡》等,已载录浙闽的会稽、句章、闽中郡,有民间海航漂流至台湾,其后章安、东瓯、东冶人民相继进入夷洲,并较多见诸我国古代史册。夷洲,即今台湾,史界早有定论。章安,即两汉回浦、东吴临海郡郡治,今为台州。晋司马彪《续汉志》注冶和章安地望曰:“冶即章安故地。”我国海运史上第一部海港、海运、海产的杰出著述,东吴沈莹所撰《临海水土异物志》,对夷洲的方位、地理、民情风俗有简要的介绍,其文称:“夷洲在临海东,去郡二千里,由东冶入海行。”又云:“夷洲者安家之民。”《台州府志》云:“章安,古城,在县东一百五十里,汉回浦县,灵水汇其趾,海门峙其旁,东西列街市,浦叙会经商,潮头送船舶,入境缆千樯。”可见,章安郡城有一定规模,造船发达,海上商贸兴旺,且南北海航比较活跃。所以《后汉书·会稽郡》曰:“章安故治冶”,《太康记》也云:“冶,鄞县南回浦乡。”又载军事重镇东南都尉,东汉由鄞县移至章安,“始不再迁”。鄞县即四明、宁波;回浦,鄞县之南,即章安。“安家之民”即东吴时临海郡安阳罗江人。综上有关古籍所记,回浦、东瓯、东冶,皆郡内所属,有传统的海上历史航道;只是官方派卫温、诸葛直大规模出使台湾,从会稽之东临海郡出海,是中国史册上的首次记录。

这里值得一提的是:旧志书有关东冶注处,说法不一,出海港口,始有争论。有认为东冶乃临海郡的章安,或永宁(今黄岩)、温州,也有认为是侯官、福州。查古时凡因冶命名者,皆与冶铁有关:福州有冶山,传古有欧冶子尝铸剑于此;南京有冶山,亦传吴王夫差盖置冶所于此;又襄阳鹿门山,旧有冶城,亦因有冶铸之所而闻名。《台州府志》、《临海县志》记临海东有"铁场"之名,亦载章安、临(海)、黄(岩)两界牛头山是三国东吴设置的"古冶铁之所",今章安还有铁场大队。但细考福州城北有冶山者,一是因人而名,二是因泉得名,均与冶铁无必然联系。所以司马彪《续汉志》则云:"冶即章安故冶。"唐李吉甫《元和郡县志》进而云:"冶即今台州章安故县。"章安即冶之说在两汉、东吴时期当是正确的。今研究台湾的史家叶国庆,和辑校《临海水土异物志》的张崇根先生也认为"东冶在东吴时有曰永宁,永宁应是黄岩"。明万历《黄岩县志图》云:"黄岩襟海枕山,为闽广吴越之门户,古东南一大都会。"章安是黄岩澄江和临海灵江二水出海处,黄岩在东吴时为临海郡之辖区;那么卫温、诸葛直出海地点在今临、黄两县界处的章安港,当是可信的。

其二,再从章安当时所处的历史地位看,卫温、诸葛直出使夷洲,符合东吴当地的形势和出海条件,有利于东吴开拓海洋,竞争魏蜀吴三国的"普天一统"。章安在临海郡东端,三面环山,一面濒海,气候温和,地位险要,有山海之饶,古代文明发达甚早。章安是我国东南沿海最早崛起的古港之一,是临海郡的政治、经济重心,也是军事重镇东南都尉的所在地。《吴志》、《宋书·州郡志》称:"临海(郡)太守,本会稽东部都尉也。吴太平二年立";称沈莹《水土异物志》是"盖郡志之最先者"。唐时著名史学家刘知几在《史通》中亦云:"是书于周处《风土记》之前,两人同仕于吴,盖(海外)方物之事,尽在是矣。"《临海水土异物志》所载章安一带,山出铜铁,自铸甲兵,郡内有较多船屯,海陆交通亦甚方便,是古代东南沿海最早崛起的古港、古郡之一。汉初"建回浦县、治章安",汉昭帝在会稽东置东部都尉,尉治先治冶、鄞县,后在章安"始不再迁"。东吴少帝太平二年置临海郡,辖今台州、温州、丽水等三个地区,郡治和尉治亦在章安。北去辽东,南下海南,"皆及东瓯",盛称"乃海上一大都会"。临海郡内的横屿、永宁、东冶、建安都有较大规模的造船基地,东吴出任温台永宁长的著名大将贺齐,大力发展海上造船事业,《三国志·贺齐传》引《风土记》称:"小曰舟,大曰船,温麻五会者,永宁县出橡木,合五版以为大船,因以五会为名者。"又称贺齐坐舰:"雕刻丹镂,青盖锋檐,干橹戈矛,皆取上材……蒙冲斗舰之属,望之若山。"与北方沪渎(上海)、连云、常山、辽东,和南方的侯官、海南、番禺都有密切的海运往来,并"远去东南亚各国"。东吴新置临海郡,是东吴开拓东南沿海的最重要的战略基地,这些都说明章安古郡有出使海外及夷洲的各种条件,卫温、诸葛直率军从会稽东的章安出海,政治、军事谋划和物资、兵力的准备,亦较便捷,军事指挥机构放在章安,当为合情合理。故沈莹注引此行云:"由临海东入海行。"出海地点指的就是章安。

今临海的章安、涌泉、杜桥、大田等地发现多处两汉魏晋的砌砖墓穴,砖面有线纹、鲤鱼纹、席状纹和绳纹等。"文革"期间,章安曾发现"都尉"铜印,惜今散佚,不知所终。20 世纪 30 年代,日本考古学家在台北发现东吴时期砌筑城郭的指掌形古砖,砖面亦有线纹、鱼状纹、席状纹。我国封建王朝,特别是三国时期的魏蜀吴,为争夺地盘,实现天下一统,每征服一地,必"治城郭,置楼台",以示国家政府正式管理。叶国庆和张崇根先生在其所撰的论文中,都较为肯定地指出:"今在台湾台北发现的东吴指掌形的古砖,与其说是台湾和大陆进行经济交换的结果,毋宁说是卫温、诸葛直出使台湾留下的物证。"(2) 临海和台湾既有相似的出土遗物,那么此遗物很可能是卫温、诸葛直出使时带过去或传过去的。

其三,从沈莹所撰《临海水土异物志》提供的有关资料判断。《临海水土异物志》是一部记载当时临海郡及台湾高山族聚居地物产、地理、风土人情和社会生产、生活的出色地域志。可以说是我们今天研究古代东南沿海越族和高山族经济、文化和社会生活习俗的百科全书,也是研究东南沿海和台湾、海南,以至于南海各地海上交往的一部珍贵的历史地理著作,具有极高的资料和文献的价值。作为地方史志,它可和浙江省最早的方志力作《越绝书》珠璧双联;作为历史地理著作,可和当时编纂的康泰、朱应《扶南异物志》、《外国志》,万震《南州异物志》,法显《佛国记》等并驾齐驱。《沈志》散佚,著录于正史《隋书经籍志·史部地理类》。此后北魏贾思勰《齐民要术》,南朝孙诜《临海记》,唐虞世南《北堂书钞》、刘知几《史通》、欧阳询《艺文类聚》、段成式《酉阳杂俎》、李善《文选注》,宋李昉《太平御览》,元陶宗仪《辍耕录》,明李时珍《本草纲目》等,都有注录。

沈莹是孙吴后期人,其出生当在卫温、诸葛直出使前不久,陈耆卿的《嘉定赤城志》称其为"临海郡章安人";姚振宗在《隋书经籍志考证》卷二一中称:"吴有沈珩,字仲山,吴郡人,……莹与珩各皆从玉,或昆季行。"认为沈莹"大抵吴兴武康人"。《吴志·孙皓传》及裴注,说他后来出任过丹阳太守,从其所撰《异物志》中,对临海郡和东南沿海及台湾的山川地形、海陆异物、风土人情极为了解,在出任丹阳太守前曾担任临海郡守、校尉一类官职当有可能。《吴主传》载:东吴临亡前夕,他曾和丞相张悌率师于长江天险牛渚,"皓使悌督沈莹,诸葛靓帅众三万渡江逆之",阻扼晋军杜预、王浑率师南伐,可见,沈莹为东吴海军主要指挥官员,有水战经历。其部属临海东阳人柳荣,也随从丞相张悌、护军孙震统率“青巾军,屡陷战阵”,后兵败,“晋获悌、莹,柳荣便去”。[3] 荣可能是沈莹从护幕僚,熟悉海域,海战是莹从临海奉调丹阳时跟随去的。

孙权开拓海疆的活动,频繁活跃,有全面而系统的规划,他派遣卫温、诸葛直出使夷洲,并七次派遣将军周弥、吕岱等率师北上谋取辽东、海南等海域,都是孙氏政权“一统南北,开拓海疆,以定大业”的重要战略部署。虽然大军远出南北海洋,“风波难测,万里袭取,民易水土,深入不毛”,千辛万苦,异常艰险,但孙权认为唯有这样,才能和魏蜀竞争一统中国,为完成大业的“必不可少”的重大战略和“不辱国命”的历史壮举。诚和秦皇建置长城,汉武打开西域,唐太宗和亲吐蕃等一样,在中华民族统一历史上,具有重大的政治和历史意义。连横《台湾通史》根据《闽书》和《浙江志》,称孙吴之后,隋炀帝大业年间,仿效东吴,曾三次远规“流求”(即台湾),其文称:“大业六年春,武贲郎将陈棱,清朝大夫张镇州击流求,破之,献俘万七千口。”[4]

据沈氏《临海水土异物志》记载,卫温、诸葛直率领的万人船队,到了台湾,似没有重大的军事战斗;以和平的远规,和合了当地人民,并进行了短暂的政治统治和行政管理。该志称:“浮海求夷洲及亶洲,但得夷洲数千人还。”该书粗略地记载了台湾历史、地域方位、社会生产、风俗民情、山海物产等,并有具体生动的描述。说明台湾仍处于原始社会向奴隶社会的过渡时期,生产方式处于金石并用阶段。如云古越在夷洲“山巅有越王射的”的历史遗迹;称高山族原始社会组织“名号为王,分划土地、人民各自别异”。阶级已经分化,王者分划土地,人民隶属各地王者,酋长统治。还记载周绰进入沿海岛屿:“毛人之洲,乃在涨屿,得毛人,送诣秣陵(南京)”,毛人,近乎奴隶身份。又称夷洲:“土地饶沃,草木不死,又多鱼肉,地无霜雪,种植五殳,其地亦出铜铁。"《台湾通史》上卷174页称基隆、高雄:"古为荒昧之域也,其地固土番部落,地绝北,草衣木食之民,自生自养,林深瘴盛。而通商之大埠也,煤矿之利取之无穷",与《临海水土异物志》记录的夷洲台中地理和矿山分布十分相附。(5)还记录了夷洲人民善于战斗,"唯用鹿骼为矛以战斗,磨砺青石为弓矢";又有浓烈的海洋生活习俗:"取生肉杂烩大瓦器中,以盐卤之,历月余日,以为上肴。"还提到早期文化、风俗民情的情况,和浙闽沿海十分相似:"洲上人民,载歌善舞,父母死亡,杀犬祭亡,饮酒歌舞毕,乃悬着高山岩石之间。"这与《北史·流求传》所载也十分一致:"其民歌呼蹋蹄,一人唱,众人和,音颇哀怨,扶女子上膊,摇水而舞",和台州的民情风俗,叹有惊奇的雷同。唐开元年间,浙东爆发台州农民大起义,波及浙闽苏皖赣五省之地,"积众二十余万",当时起义领袖袁晁就是用古越民间流行的"牛酒啸聚"仪式发动人民,积聚兵众:"其渠帅乃奉牛酒以劳军。"《唐书》称浙东西观察使韩滉为镇压起义,曾严禁牛酒啸聚:"乃禁屠牛以绝其谋,罪涉疑似必诛,一判即数十人,下皆愁怖。"(6)

值得强调的是沈莹在该志中描述台湾人民生活风土习俗:"唯用鹿骼为矛以战斗,磨砺青石为弓矢","取生肉杂贮大瓦器中、以盐卤之,历月余日,以为上肴",和"地产铜铁,自铸兵器","悉依深山,架立屋舍于栈格上,似楼状。居处饮食、衣服、被饰,与夷洲相似"等,台州亦有相似文物发现,至今台州人民还保留了这些生活习俗。自然,沈莹了解卫温、诸葛直出使台湾的一些真实情况,故吴壮达先生认为:"沈莹《临海水土异物志》记夷洲之事当在公元230年一役之后,它的材料主要来源也可能与此役有关,或直接从此役取得。"(7)总之,卫温、诸葛直出使台湾为沈氏撰写该志提供了宝贵而丰富的材料,故其志注引:

"夷洲去临海东",不注句章、福州。"临海东出海",当是此役出海港口之确指无疑。

其四,卫温、诸葛直率军出使台湾,从章安出海的另一重要原因,是当时浙东爆发频繁的山越动乱,且夷洲人民中,亦有相当一部分是从浙闽沿海漂洋迁移过去的。东吴山越主要散居在今浙、赣、闽、皖和苏南诸地,孙氏割据江东并向东南沿海开拓,一是遭到当地山越反抗,二是吴郡会稽世族的权争利夺,构成吴国最严重的社会问题,所以孙吴统治集团把山越视为"心腹之大患"。东吴著名大将陆逊在其初出时,即对孙权曰:"山越旧恶,依险阻地,心腹未平,难以图远";名噪江东、被孙权赞为"功轶古人,勋超前世"的诸葛恪,就是在担任丹阳太守期间,坚壁清野,剿抚兼施,用了整三年时间,才平定了丹阳和吴郡两界的山越,迫使十万山越出山归降。东吴平定山越战事,频繁迭起,屡平屡起,继而复始,严重影响了东吴政局和三国竞争的形势,终使东吴政权下决心,全面制定由西向东的彻底平定山越的政治军事的谋划与战略,最后追击山越到浙闽沿海,迫使他们逃亡海洋、流窜山林。卫温、诸葛直率众万人,当与浮海追击逃亡海上的山越有密切关系,故《吴主传》载:"夷洲殊方异域,欲俘其民以益众",以充实兵源战马,强固海防,发展海运、海交活动。

其五,孙权竞争海内统一,吴国濒临东南沿海,在魏蜀吴三国竞争的斗争中,政治、军事的优势和实力,诚不如魏、蜀,史载:"曹魏势强,蜀汉义正,吴介其间,所皆不敌";其最突出的经济、地理形胜的优势,就是有辽阔的海洋、海域,只有大规模开发海疆,发展开拓海洋、海产、海运、海港事业,孙吴才能战胜魏蜀,完成历史使命。孙权是我国历史上大力开拓海洋、海域的最英明杰出的君主。228 年孙权称帝,雄心勃勃:"今汉魏既盟,益力一心,同伐魏贼,普天一统。”他制定了全面开拓东南沿海的宏伟计划,“舟楫为舆马,巨海化夷庚”,力争达到秦皇、汉文难以实现的“东方海洋大国”地位。他曾派遣张弥、周贺等七次远征辽东,深入高句骊,史载:“太常张弥、执金吾许晏、将军贺达,将兵万人,金宝珠货,九赐备物,乘海至辽东”,结果“公孙渊称藩于吴”。(8)其后秦旦、张群一支小分队穿过崎岖山谷,“远至高句骊”。其后又派遣吕岱远涉海南,“既定交州,复讨九真”。又遣著名航海家、外交家朱应、康泰“南宣国化,既徼外扶南、林邑、堂明诸王,各遣使奉贡”。史载“黄武五年大秦贾人秦论来交趾,太守吴邈遣使诣权,权问方土风俗,论具以事对”,“权差使会稽吴咸,送论于道物故,往还本国”。(9)东吴海洋开拓、海外交往,已经波及东亚、东南亚,并和非洲、大秦亦有间接往来,而有辉煌建树。

关于东吴远规夷洲的重大的政治军事行动和计划,孙权还是经群臣集体研究谋划的。《资治通鉴》卷七一记引《陆逊传》:“太和四年(吴黄龙二年,230 年),吴主使将军卫温、诸葛直将甲士万人浮海求夷洲、亶洲。欲俘其民以益众。陆逊、全琮皆谏,以为桓王创基,兵不一旅,今江东见众,自足图事,不当远涉不毛,万里袭人,风波难测,又民易水土,必致疾疫,欲益更损,滋利反害。且其民犹禽兽,得之不足济事,无之不足亏众。吴主不听。”是知卫温、诸葛直出使台湾,是经廷议之大事,最后一切由吴主亲自断定。总之,孙权裁定从章安出使夷洲,显然是因章安为东南沿海的东吴政治军事重地,处南北海运中枢地带,又是山越甫定的要地,山海浩漫,由之乘胜出海穷追远逸之山越,虽有困难,但相对而言,最为适宜、便利。若福州,则其时道路悬远,山川多阻,若重新经营一个远征基地,非唯指挥不便,抑且形势地利,亦有所不能。

注释:

(1)(5) 连雅堂:《台湾通史·序》,中华台北市黎明文化书社,2001年4月版。

(2) 张崇根:《孙吴对台湾的经营》,《文史知识》第4期。

(3)《三国志·三嗣主传》引《襄阳记》。

(4)《隋书·炀帝纪》。

(6)《唐书·韩滉传》卷126。

(7) 吴壮达:《台湾的开发》,第5—6页,人民出版社1981年版。

(8)《三国志·吴主传》。

(9)《三国志·吕岱传·全琮传》等。

文脉与商脉

——宁波商帮的人文坐标

王耀成

在宁波开埠的第7个年头，即1850年6月26日，一个榴火初燃的夏日，美国北长老会传教士丁韪良搭乘一艘三桅帆船，经历了整整35天的风浪与海盗的侵袭来到了宁波，并且一住10年。当他终于奉命北上，行将告别这座江南古城时，忍不住投去了最后的深情一瞥：

“尽管你缺点很多，但我爱你始终不渝！”

他当然忘不了10年前宁波给他的第一印象。“就像其他的沿海城市一样，宁波并不是坐落在海边，而是在距离海岸12英里的内陆，即甬江两股支流的汇集处，与另一个更小的城镇一起以中国的方式守卫在甬江的河口。”不过，丁韪良很快就发现，这个名为“宁波”的地方，“并不像字面那样意指‘宁静的波浪’，而是表示‘使波浪宁静下来的城市’”。因为，在宁波的10年中，他透过那3条江构成的城市版图，看到了远比自然地理更为深刻的东西。

如果说，姚江、奉化江和甬江构成了宁波的地理坐标，那么又是什么构成了宁波的人文坐标?

文脉,商脉,商之乡

1926 年 6 月,26 岁的奉化人王任叔(即巴人)要到广州谋生去了,在告别宁波故乡的时候,他说过一番颇有意味的话:

> 宁波是我深锁在学校大门内读了五年书的故土。那时在我认为:统治宁波的是三件东西:东门外大街上商店里传出来的算盘声,各个中等学校里传出来的朗诵桐城派古文的读书声,外加半边街上那鱼行里的鱼贩的叫卖声。这三种声音就构成这中古式城市的特色。

有意思!"算盘声","读书声","叫卖声",透过这三种声音,巴人是不是已经给我们提取出了宁波城市的主要元素?我们如果顺着巴人再前进一步,就不难找到宁波城市的人文坐标了:

如同余姚江与奉化江汇成了甬江,两条绵绵不绝的文脉与商脉就构成了宁波全部的人文历史。可不可以这样说,宁波帮就是在这样的文脉和商脉中交融起自己的血脉?

说到宁波商帮的"商脉",有两个人便不能不说:一个是范蠡,一个是黄宗羲。前者是先秦经济思想的代表人物,后者是明清浙东学派的代表人物——浙东学派最出色之处就在于它的经济思想和经济伦理——而这两个人都曾经生活在宁波这块土地上。我们说宁波是有着悠久经商传统的商之乡,其底蕴就在于此。

一个秋天的傍晚，我在距宁波城不远的东钱湖畔散步。湖上波光点点，脚边微波拍岸，湖滨一座小山像影子一样在月光下朦胧着。这座山叫陶公山，它的名字来自于一个生活在2000多年前的东钱湖人——越国名臣范蠡即陶朱公；而小山伸向湖中的那个小岬角，相传就是陶朱公曾经垂钓之处，钱湖十景之一的“陶公钓矶”。

尽管与范蠡直接相关的“卧薪尝胆”的故事是那样的脍炙人口，但史家还是把他的历史地位定在“货殖列传”，是非常耐人寻味的。不过这样一来，也便成就了他“千秋商祖”的地位。你还真不能不佩服史家的眼光：中国历史上足智多谋、能征善战的谋臣战将多得是，可卓然成为商家之祖的能有几人？

事实上，中国历代的商人的确都把范蠡奉为圭臬。近代的“猪鬃大王”古耕虞就说过：“我们工商界的祖师爷是陶朱公范蠡，陶朱公是2000多年前的百万富翁，深谙价值规律。读一读《史记·货殖列传》就能知道……”

说到宁波的“文脉”，那是比宁波的商脉更为悠久的精神财富。从河姆渡到天一阁，一脉相传7000年，把中华固有的5000年黄河文明向上延伸了2000年，证明了长江文明同样也是中华文明的摇篮。在奔流不息的文化流传中，宁波的土地上产生了四明学派、阳明学派和浙东学派，产生了王守仁、黄宗羲等一代宗师。而天一阁则成了宁波文化底蕴的象征，那30余万卷散发着芸香的藏书，那苔痕斑驳的明清建筑，那氤氲着森然古气的林木与楼阁，使这座国内现存最古老、亚洲最大的私人藏书楼俨然成为宁波人的精神城堡。常常有外地朋友向我抱怨，说是到天一阁实际上看不到古书，我总是略带歉意地告诉他：你难道没有感受到那郁勃的文气吗？经过岁月的酝酿与发酵，附丽于天一阁的文化信息与象征意义远远超过了它的本体价值，使文化成为一种超然的气场。

宁波文化的独特之处，在于它把文脉和商脉融会成一体，就像余姚江与奉化江汇合成甬江，就像氧原子与氢原子化合成水，就像静脉与动脉构成了人的全部血脉。而这种融会的结果就是浙东实学，它是一脉崭新的文化洪流，它流贯了浙东和浙西，流贯了历史和现代。

它的集大成者就是余姚人黄宗羲。

浙商地图

可是，我们应当指出：浙东实学并非宁波所独创，就像浙东并不单指宁波，或者是指宁波加绍兴，或者宁波加绍兴加舟山。

我们知道，历史上有过浙东、浙西两个概念，而用“两浙”来指代全浙。宋熙宁七年设两浙路，下辖府二、州十二、县七十九，地域除浙江全境杭、越、湖、婺、明、常、温、台、处、衢、严、秀十二州外，还包括江苏的苏州和镇江。这大概就是东、西两浙之说的开始。考东西两浙的区域范围，浙东包括温、处、婺、衢、明、台、越七州；浙西包括杭、苏、湖、秀、常、严六州及江阴军、镇江府八地。可见，历史上的浙东包括全部浙江沿海地区和一部分腹地，从经济地理的角度来讲，这样的划分其实是很有道理的。

虽然两浙是宋代的富裕地区，如苏东坡所言“两浙之富，国之所恃”，但从富裕的程度上来讲，东、西两浙其实是不可相提并论的，如学者所说“东浙之贫，不可与西浙并称也”。原因何在？是因为“浙东多山地，浙西多泽国”，而浙东山地贫瘠，“土薄难艺”、“民以力胜”，浙东之民多“握微资以自营殖”而

“营什一之利”——这不正是多少上了年纪的宁波帮，至今还在给我们解释的宁波之所以产生宁波帮的现实原因吗？生存是人的最高法则，既然“负山近海不宜耕种”，那么好，我们就“迫而之外”去追求“什一之利”吧！于是我们看到，浙东的大地上宁波帮、温州帮、绍兴帮、龙游帮以及手摇拨浪鼓的义乌帮，群雄并起。于是乎，天下浙商，浩浩荡荡，无远而弗届，无往而不利……

物质存在决定生存方式。浙东人有一种直面人生的务实精神、与生俱来的忧患意识，正是在这样的人文土壤上，出现了一种“事功之学”，这就是我们现在简称的“浙东学派”。

说来也巧，2004 年夏天我到“五金之乡”永康参加一个会议，意外得到永康市政府的一件礼物：邓广铭先生点校的增订本《陈亮集》。皇皇巨著，捧在手里沉甸甸的。对多数人来说，陈亮只是一个高唱着“不见南师久，谩说北群空……万里腥膻如许，千古英灵安在，磅礴几时通”的豪放派词人，却不知道，陈亮更是一位在“文化史和思想史上极为突出，因而也就都应当占有重要的地位”的“奇特强毅的英俊豪杰人物”。同时，他也是浙东学派之“永康学派”的代表。

白天我们参观了永康“中国五金城”，晚上在灯下翻阅散发着书香的《陈亮集》，这一晚我想得很多。我从宁波来到永康，现在又从永康联想到温州、永嘉，思路又悠悠地回到我的故乡金华，从南宋而到明清，从以吕祖谦为代表的“金华学派”、以陈亮为代表的永康学派、以叶适为代表的永嘉学派，到以王阳明、黄宗羲为代表的四明学派，形成了一条脉络分明的学术链条。他们的学说共同特点是注重务实，讲求事功，强调经世致用，所以统称“浙东事功学派”。比如：陈亮的“义利兼顾”思想；叶适反对“士农工商”的传统排序，反对“重本抑末”的传统思想，旗帜鲜明地提出“四民交致其用而后治化兴”,“抑末厚本非正论”的观点;余姚人王阳明进一步提出“四民异业而同道”的经济伦理,到了黄宗羲更是明确地提出了著名的“经世致用”、“工商皆本”的思想。

更让人饶有意味的是,与这条浙东学术链条相对应的,我们分明看到了一幅清晰的浙商地图:与金华、永康学派相对应的是以义乌、永康商人,与永嘉学派相对应的是温州商人,与四明学派相对应的是以宁波帮为代表的包括绍兴、舟山、台州在内的商人群体,对应得简直是严丝合缝。而这种对应,当然不是偶然的。

自然,“浙东学派”的集大成者是黄宗羲,这个“事功学派”的经济思想和经济伦理到了他这里,越来越清晰、越来越分明,直至明白说出“经世致用”、“工商皆本”这样的话。如果浙东学派是一曲雄浑的交响乐,那么四明学派就像当所有的乐器突然停下来,一支圆号奏出了一个激越清丽的华彩乐章。

而宁波商帮,正是这段华彩之章的演奏者!

陶公山的传说

近年来,我在采访香港宁波帮的时候,多次听他们说起家乡的陶公山和陶朱公的故事。听商人说商祖,自是别有一番意味。

宁波人对范蠡的耳熟能详,想来有两个原因:一是范蠡所辅佐的越国都城离宁波不远,简直是邻舍隔壁的事情;二是宁波有座陶公山,相传是范蠡的归隐处,这是宁波人老幼皆知的。

范蠡在辅佐勾践灭吴后急流勇退,乘舟浮海到达齐国,定居于陶(今山东定陶),改称鸱夷子皮,号陶朱公,终以经商致富,被世人誉为"忠以为国,智以保身,商以致富,成名天下"。这是有史可查的记录。范蠡在决心下海的时候,曾经喟然而叹曰:"计然之策七,越用其五而得意。既已施于国,吾欲用之家。"也就是说,范蠡打算将政治军事的谋略用于发家致富,结果"居无几何,致产千万","十九年之中三致千金"。表明他的确是个经商理财的大师。

传说范蠡最后携西施隐居于宁波东钱湖,这可以陶公山和陶公钓矶为证。事实到底如何无法确证,其实也不必确证,因为传说是否真实,它对后世产生的影响是一样的。

事实也的确如此。比如陶公山附近就出过李达三、忻礼轼等大商人。而宁波帮在外出经商的时候,自然都会以范蠡为楷模。据说范蠡是木杆秤的发明人,开始造秤的时候,他用的是13 颗秤花,取南斗 6,北斗 7 之意。但后来发现有人故意缺斤短两来欺骗顾客,于是他就加上福、禄、寿 3 星成 16 颗秤花,这就是 16 两制的由来。范蠡以此告诫同行:作为商人,必须光明正大,不能赚黑心钱。他说:"经商者若欺人一两,则失去福气;欺人二两,则后人永不得俸禄;欺人三两,则折损阳寿。"这就是诚信原则。

范蠡"十九年之中三致千金",又三次把千金散尽,这就是"三聚三散"的故事。这个故事也成为后世商人关于"聚财"和"散财"的一种朴素的理念。就是说,当你发财之后,你不应该光想着自己,而是应该惠及旁人。香港荣华纺织有限公司董事长赵安中在给李达三的信中这样写道:"创业、聚财是一种满足,散财、捐赠是一种乐趣。"海外宁波帮为国家和故乡慷慨捐赠,数额高达百十亿,不能不说是多少受了范蠡聚散思想的影响。

香港中华总商会永远名誉会长王宽诚,是从范蠡的经营谋略中直接获益的一个代表。王宽诚创办了香港第一家地产公司,被称为“北角地王”,曾经名列香港30首富。但他创业之初却也白手起家、艰苦备尝。最近,我有幸从他的遗物中读到他的一篇文稿,其中回顾了他不平常的30年创业历程:

> 宽诚三十年来投资和经营工商事业,得赖同事的努力和机遇幸运,得累积了相当数字的资金……大家知道在卅年前以一个无恒产的我,想创办一个具有规模的工商事业,首先要自问,资本从何而来,一般说来,资金来源不外三个方面。一、招人投资,二、向人贷款,三、逐渐经营累积。由于我出身宁波内地,对社会关系不够,更无专长技能。虽有主观愿望,想办有规模的工商事业,但客观条件,招人投资、向人贷款谈何容易,老实说是不可能的……

那么,最终是谁帮助了他呢?你不会想到,是陶朱公范蠡!既然前面所说的三条途径都走不通,那么——

> 因而不得不专重于开动脑筋根据陶朱公所说的三点:无财力足;少有斗智;既兆争时。朝向这唯一的道路,着重由小到大的经营中逐渐累积一途了。

关于陶朱公所说的三点:无财力足,少有斗智,既兆争时,大意是指:既然身上无钱,那就用勤劳来补不足;既然缺少资本,那就用知识和智谋来弥补它;商机一旦露头,那就要不失时机地抓住它,不要让它溜走……王宽诚一生在商战中的最漂亮的两记“高招”,一记是贱取港币,另一记是北角置地,就是活用了陶朱公妙计的显例。

正是这两记漂亮的重拳,奠定了王宽诚一生的基业。

抗战胜利后,王宽诚满怀希望地匆匆赶回上海,打算在上海好好大干一场,并先后在英国伦敦、美国纽约等地成立"维大"分公司。没想到在重庆的那些国民党政府的贪官污吏摇身一变都成为南下的"劫收大员",在上海巧取豪夺,横征暴敛。不久,国共谈判破裂,国民党政府发动全面内战,上海的市场环境越来越恶劣。在这种情况下,王宽诚决定将资产转移到香港,以图新的发展。

于是王宽诚于1947年7月来到香港。初到香港,王宽诚即注意到一个现象:日军占领香港时期,曾强迫香港汇丰银行发行500至10000港元大面值的新钞,在香港市面上流通。香港人称之为"新票",把原先在香港流通的纸币称为"老票"。随着日军在中国大陆和东南亚节节败退,败相逐渐显露,"新票"行情一跌再跌,最后竟跌至票面价值的20%。"老票"、"新票"之间的差价也随之越来越大。香港市民谁都想把新票早日脱手,免得成为废纸。日本投降后,市面纷传国民政府将收回香港,甚至港币也要作废。但王宽诚却不这样认为。按一般商业银行经营原则,只要在日军撤离香港时,汇丰银行账目清楚移交,已印出的港币不应作废。王宽诚又查阅大量资料,并从法律角度反复研究,看准了这是一个天赐良机,就罄其所有,还多方集资,大量收购新票。事后证明,王宽诚的判断完全正确,香港政府承认新票,与"老票"等量齐观,十足兑换,王宽诚的资产立即增值许多倍,大发其财。

王宽诚到香港时,港岛的市面远不及上海繁荣。尤其是沦陷时期,香港一些"冒险家"们纷纷离港,向加拿大等地移民,另觅"乐园",香港政府公开标售大批荒山荒地,价格非常便宜。

王宽诚对香港未来的前途有他自己的估计,他认为这又是一个良机。王宽诚注意到港岛北角有一座叫明园山的荒山,山不高,但面积很大。明园山与对面的九龙隔海相望,西面便是蔚为壮观的维多利亚湾,地理位置非常好,而且价格非常便宜。王宽诚经过几次察看,立即决定把它买下来。这一举动,全港瞩目。许多人大摇其头,说真是看不懂啦,别人舍弃唯恐不及,这个上海来的王老板却要在这荒山上白白扔钱。

王宽诚却气定神闲地按照他的计划开山整地,开出来的石头削高填低,又成了就地取材的极好材料。越是市面萧条,人工及开发费用越低,王宽诚左右逢源,处处顺手。按照规划蓝图,王宽诚在靠近马路一带建起了规模极大的新都城大厦,下层为百货、酒楼、超级市场;上层为住宅,共有1500多户,新都城大厦至今仍是香港最大的大厦之一。在明园山山顶部分,又盖起了一幢幢洋楼。整个北角地区因为明园山的开发,而逐渐兴旺起来。而王宽诚在这个基础上创立起自己的大元置业有限公司,成为香港最早的地产公司之一。

后来时局的发展,如王宽诚所预料,简直比有意设计的还要好:上海及江南地区相继解放,大批工商界人士转入香港,香港骤然间人满为患,大量外来人需要落脚,住房成了最必需的东西。王宽诚明园山大量的楼房立时炙手可热,用一句俏皮话——他不想发财也难。

就这样,运用陶朱公的这三条锦囊妙计,依靠自己的不懈努力,王宽诚终于获得了成功。

1989年4月22日上午,王宽诚骨灰安葬在宁波市郊风景秀丽的东钱湖畔。他的墓地与范蠡的归隐之地只隔着一湖春水。

宁波帮金融家在上海的兴起

秦亢宗

地域优势和历史机遇

宁波帮是以乡谊为纽带联结而成的民间商业集团,所指范围为旧宁波府所属鄞县、奉化、镇海、慈溪、定海、象山六县,后又包括余姚县。自明末以来,宁绍平原人口激增,至 1820 年宁波府人口已达 235 万之多。人稠地狭的矛盾是促使移民的一大动力,而宁波地处海滨,居南北洋中间,往返南北洋的船只多以它为停泊站,并以其所运载的南北各地物产与宁波土特产交换,便导致宁波、镇海、慈溪一带商人纷纷设立南北商号,自置船舶装运。形成许多南北货行业。由于宁波人长期积累航海经验,且富有商业的进取心和敏感性,而上海为八方商贾荟萃之地,与宁波可一苇通航,很自然地具有得天独厚的地域优势,导致宁波人骛趋上海经商,蔚然成风。

宁波人赴沪经商之盛,除了地域优势外,还有着特定的历史原因。鸦片战争后,上海于 1843 年成为开埠城市。"五口通商”是被迫的对外开放,中国政府和人民为此付出了丧权辱国的惨重代价,但另一方面,它为我国民族工商业的兴起,为我国经济近代化的发展,创造了必要的条件。宁波旅沪商人就是在这种历史机遇下逐步崛起。

1844 年,宁波辟为通商口岸,英、法、美等国在甬纷纷设立洋行,使宁波人擅长对外贸易的优势得以充分发挥。据《鄞县通志》记载,“至五口通商后,邑人足迹遍履全国,南洋、欧美等地,财富日增,甬人挈子携妻游申者更难悉数”。至清末,宁波人赴沪经商已达 40 万人,故有“无甬不成市”之美称。

上海钱庄业的发展与上海开埠有着密切的关系。当时外商银行、洋行在沪纷纷建立,而我国银行则迟未兴起,不得不依赖于钱庄开展商务活动,带动清末民初宁波帮钱庄得以迅速发展,直至 1914 年第一次世界大战以后,宁波帮之银行开始兴盛,已取代钱庄业之地位。据 1934 年浙江兴业银行调查报告称:“全国商业资本以上海居首位,上海商业资本以银行居首位,银行资本以宁波人居首位。”

宁波帮钱庄家族集团的崛起

上海开埠后,各地商人在沪开始按行业分帮,分别建立各业帮会组织。以钱庄业而言,已有宁波帮、绍兴帮、本地帮、洞庭帮、镇江帮等,其中以宁波帮独居其首。1889 年由宁波帮陈淦、罗秉荪、袁鎏、李汉绶等在上海市北创建占地 17 亩的钱业会馆足已显示其在沪声势赫赫的地位。当时在上海的九大钱庄家族集团中宁波帮即占有六家:

镇海方家。方介堂于清嘉庆年间来沪以经营糖业起家。

1830年,其侄方仁熙在南市开设第一家南履和钱庄,后又在市北租界开设北履和钱庄,南北两庄相互呼应,规模日益壮大。方仁熙之弟方性斋在沪开设同裕、尔康、元康、延康、义余等钱庄,其族弟方仰乔在沪先后开设元亨等8家钱庄,此时方家已发展至17家钱庄,被称为"清末商家巨擘"。方氏家族子孙繁衍,至第四代方伯椒,曾于1920年参与筹建上海证券交易所,受聘中国通商银行南市分行经理,并投资庶康、福隆等钱庄。次年任上海总商会副会长。

镇海李家。李也亭于1822年在上海以沙船起家,获得资金后在沪开设慎余、崇立、同余、会余、恒兴、仑余等8家钱庄。李也亭去世后,由孙辈李屑清、李云书等开设恒巽、渭源、敦余等钱庄,并购置大量房地产。李云书还投资四明银行、民信银行,出任上海总商会第三届总理。

镇海叶家。叶澄衷早年在黄浦江以摇舢板谋生,后经营五金起家,又经营丝绸、航运、火柴厂及房地产。为调度资金在沪开设大庆元票号及升大、衍大、大庆、怡庆等11家钱庄,至1899年去世时家产高达800万两。其后裔与湖州亲家许氏合办余大、瑞大、志大、承大"四大钱庄"。

宁波秦家。秦君安于1905年开设恒兴钱庄,后以经营颜料行发家,积累资产后在沪先后开设恒隆、恒兴等8家钱庄。1935年秦君安去世,几家钱庄相继倒闭,引起一场"钱业大恐慌"。

慈溪董家。董棣林早年以沙船起家,后往来于东北与上海之间采办参药,由此积累资产。后由其后裔董仰甫在沪开设泰吉钱庄,董子咸、董慎甫开设会大、晋大等钱庄。

慈溪严家。严信厚出身钱庄学徒,早年由承办盐务、创办纺织厂发家。1895年在沪任道库通官银号经理,开办润丰源票号,并在外地设分号10余处。1877年受盛宣怀委派筹备中国通商银行,并独自投资5万两。1897年,中国第一家新式银行中国通商银行正式成立,严信厚被委任为第一任总经理、总董。1902年首创上海商务总会,任总董,又投资自来水公司、造纸、五金等多种工商业,又开设恒隆恒赍、永聚、恒大、恒祥等7家钱庄,被称为宁波帮在金融界和工商界走向近代化道路上的"开路人"。1907年严信厚去世,后由其子严子均在沪开设源吉、德源两家钱庄,并承办源通海关银行。1910年卷入橡皮股票风潮,严氏家族家道中落。

上海开埠后金融事业历经多次风潮的打击,至1911年许多钱庄纷纷歇业,但宁波帮钱庄业在民国前所作出的历史贡献不容抹杀,它在为外商银行、洋行从事进出口贸易,流通中外商务资金,开创汇划制度,投资近代民族工商业等方面均起着重要的推进作用。这一时期涌现的金融人物除上述数家外,较为著名的还有陈笙郊、谢纶辉、林莲荪、赵朴斋、袁联青、庄尔乡等人。

鼎盛期金融界人才辈出

1914年欧战爆发,列强无暇东顾,在沪洋行资金大量外流,上海金融业在经过光复以后几年的恢复,随着民族工商业的迅速发展而重新崛起:资金投入成倍增长,银行与钱庄联袂兴起,近代化的经营管理制度趋于成熟,并出现了一批新型的金融行业,至1934年这20年间被称为金融业的"鼎盛时期"。其时宁波帮金融家涌现出一大批新人,并在上海继续保持其领导地位。

余姚宋汉章。出身电报局职员。1900年进中国通商银行从事洋务。1908年出任大清银行上海分行经理。1912年该行改组为中国银行,任上海分行经理,后在中国银行担任董事长兼总经理。宋汉章在与垄断金融市场的外商银行抗衡中,殚精竭虑,不断扩大外汇等业务范围,为中国银行在海内外之信誉奠定了基础,并树立了在上海银行界的领导地位。1918 年任上海银行公会首任会长,创办《银行月报》。1925 年出任上海总商会会长,兼任中和商业银行、新华信托商业储蓄银行董事、中国保险公司总经理。

慈溪秦润卿。出身钱庄学徒,后任福源钱庄经理,因博采银行与钱庄之长,改革钱庄经营方式而声誉鹊起。1920 年起任上海钱业公会会长达 20 余年之久,并创办《钱业月报》。1929 年与王伯元等接办中国垦业银行任首届董事长兼总经理,又任上海总商会副会长。1930 年后任交通银行上海分行经理、中央银行监事,上海市银行、上海银行公会理事,天一保险公司董事长。除主持福源、顺康、福康、鸿祥、恒大等钱庄外,又创办正明、棉业、辛泰等银行,并兼任嘉丰纱厂、大有余榨油厂董事长。1947 年任全国钱业同业公会联合会主席,为上海钱业界之著名领袖。

定海朱葆三。出身商铺学徒,后当洋行买办。1878 年因开办五金号,从事进出口贸易致富。1897 年任中国通商银行总董,后任中华商业银行董事长,并投资江南、四明、浙江兴业、浙江实业、中华懋业、浙江地方等 6 家银行和华安等 4 家保险公司。先后在工矿、航运、公用事业投资或兴办的企业达 20 余家。上海光复时任沪军都督府财政部长,后任上海商务公所会长、宁波旅沪同乡会会长、上海总商会会长,为上海工商界的著名领袖和金融界的元老。

镇海虞洽卿。出身颜料行学徒,后任德、俄、荷银行买办。1909 年集资创建宁绍轮船公司,任总经理。1914 年起先后开办三北轮埠公司及宁兴、鸿安三家轮船公司,出任上海轮航业公会理事长。1924年起，任上海总商会会长、全国工商协会会长、宁波旅沪同乡会终身会长。其间积极参加沪上政界、工商界活动，历任多种要职，为上海著名闻人，江浙财团领袖。在金融业方面，除投资创办惠通银行、四明银行、上海证券物品交易所外，还兼任中央银行监事、中华懋业银行和德商万国储蓄会董事等。

慈溪孙衡甫。出身鸦片行学徒，1906年任仑余钱庄账房。后因中奖券暴富。1911年由于四明银行经营不善，由孙出巨资盘进，出任董事长兼总经理20余年，大力进行业务整顿，除发行钞票，创办保险公司、储蓄会等外，还采用广告手段吸纳绍兴帮、广东帮及印度商人的大量存款，使该行存款总额猛增，信誉日益提高。同时又投资面粉厂、航运业、煤矿、国药、五金等多种行业以及益昌、成丰、恒赍、恒隆、信裕等钱庄。先后兼任中国企业银行、垦业银行董事长，明华商业银行总经理，通商银行常务董事等职，为上海金融界的著名人物。

镇海傅筱庵。出身船厂工头。1909年任华兴保险公司经理。1914年任中国通商银行董事、上海总商会议董，后与人创办五金号，经营五金进出口贸易致富。1926年当选上海总商会会长。1931年出任中国通商银行常务董事，后又兼中华、中法、懋业银行董事，华兴保险公司董事长，四明银行董事兼总经理，中国建设银行、中国国货银行监理等。上海沦陷后出任伪上海特别市市长，沦为汉奸，于1940年被锄奸团杀死。

鄞县胡孟嘉。1912年毕业于英国伯明翰大学，获经济学硕士学位。1928年任交通银行上海分行常务董事兼总经理，并将总行由北京迁入上海。1931年后与中央、中国两行联合领导华商行庄，任银行公会、银行学会主席。1933年，任中央银行国库局总经理，在平息发行“法币”风潮中兼任中国实业银行总经理。

鄞县袁履登。辛亥革命时任宁波军政府外交次长兼交通次长。1913 年后经营煤矿、轮船公司，后任德、美等国洋行买办。1920 年与黄楚九等合办上海夜市证券交易所。后任上海宁绍轮船公司总经理、上海国民商业银行董事长、上海总商会副会长。1940 年后出任伪上海市商会主任、米粮统制委员会主任。抗战胜利后被判徒刑 7 年。

镇海俞佐廷。早年任上海恒祥钱庄账房。1916 年起，任宁波慎德、天益钱庄经理，上海中易信托公司银行部经理，天津垦业银行经理。1927 年后任上海恒巽钱庄经理，上海钱业公会常委，1935 年赴日考察，先后兼任上海通商银行业务局经理，四明银行董事长、总经理，又兼任绸业、惠中，大来、汇海、国泰、大中、至中、浙江建业、两浙商业、统原等银行董事、董事长。

宁波帮金融资本家在这一时期活动中的特点是：他们一面经营金融事业，一面投资创办工商企业，在人事上兼职交流，在资金上互补相辅，既推动了金融行业又促进了民族工商业的发展。至 1935 年前后，由于官办银行加强对民营金融业的控制，宁波帮在上海金融界的势力逐渐萎顿。

浙江经济发展与浙江精神简议

邵鸿烈

胡锦涛总书记对浙江经济社会发展"走在前列"的要求,既是对浙江的充分肯定和极大鼓励,更是对浙江发展的新的殷切希望,这成为浙江今后长期发展的战略目标。

浙江是地域小省、资源小省,改革开放前,现代化的基础十分薄弱。但是经过二十多年改革开放和建设,一跃成为经济大省和经济强省,备受国内外关注。浙江经济社会的飞跃发展,根本原因在于全省上下贯彻落实党的改革开放、四化建设的大政方针,以民为本,一心一意谋发展,这同全国各省区的发展是一样的,但也同浙江独特的民俗民风、地域文化有密切关系,而这种民俗民风和地域文化,是几千年的历史积淀。省委省政府组织专家学者对浙江历史悠久的精神文化和优秀遗产精心提炼,概括出了与时俱进的浙江精神:求真务实,诚信和谐,开放图强。浙江精神和浙江发展从此开始了更加自觉地互相促进、和谐共荣的历史进程。

一、改革开放以来,浙江后来居上,突破资源禀赋局限,实现了历史性大跨越

浙江是个土地面积小省,全省 10 万平方公里,排在我国各省区的倒数第 4 位,仅高于海南、台湾和宁夏;人口总量则排在第 11 位,是全国人口密度最高、人口压力最大的省份之一。

浙江是资源贫乏小省。矿产资源只占全国平均数的4.9%,人均资源拥有量只相当于全国平均水平的 11.5%,尤其缺乏一次性能源,95%要靠从外部调入。

就农业而言,浙江"七山二水一分田",人均耕地不到 0.5 亩,只及全国平均水平的 1/3,不到世界平均水平的 1/9。

由于历史的原因,建国后到改革开放(1952—1978 年)的近 30 年时间,国家在浙江的直接投资很少,总共只有 77 亿元,人均 410 元,仅及全国人均获得中央政府投资额的 1/2,列各省区末位,更谈不上外资了。浙江省的基础工业国家投资几乎为零,因此国有工业的比重很小;基础性公共设施不足,国有经济不强,比重也不大。直至改革开放前夕,可以说浙江省是一个工业基础薄弱的农业省,其经济实力排在内地各省区的中后位置。

与此相应,浙江也不拥有雄厚的技术人才队伍。虽然浙江省民风历来重教笃学,有的市县有"博士之乡"、"教授之乡"的美誉,但是,由于浙江省高校少而且规模小、国有企业少,大学生就业困难,高考分数线长期居高不下,直到 20 世纪 90 年代中后期,不少市县仍然是高考"出去不止一火车",大学毕业"回来不足一汽车"。

这就是浙江省经济腾飞的起点和基础。由于党和政府新时期的路线、方针、政策、制度的驱动和指引,由于风云际会,由于浙江人杰地灵和历史文化积淀的迸发,在我国改革开放和现代化建设的大潮中,浙江实现了历史性的大跨越,成为“走在前列”的省区市之一。

如今,浙江 GDP 已达 13365 亿元,是连续多年列全国各省区第四的亿元经济大省;全省人均达 3400 美元,已经迈入中等收入国家和地区的门槛;进出口总额已跃居全国前列;城、乡居民可支配纯收入已分别连续 4 年和 20 年居全国各省区第一位,其中,农民年人均可支配纯收入为 6660 元;城市化率已经超过 55%;浙江省森林覆盖率达 60.5%,高于森林大省吉林,高出全国平均数近 40 个百分点,生态环境状况良好。

浙江经济的主体是民营经济。民营经济的产值已占全省 GDP 的 3/4 以上。

强大的县域经济是浙江经济发展的基础,全国百强县个数连续 5 年居全国第一,有浙江特色的“块状经济”已成体系。

浙江经济是开放经济。截至 2005 年,全省贸易顺差 462.1 亿美元,占全国贸易顺差总额的近一半;一般贸易出口首次突破 500 亿美元,达 602.4 亿美元,居全国第一位。浙江在省外经营发展的人数超过 390 万人,境外超过 100 万人,共 500 多万人在省外和国外创业,仅在青海省就超过 10 万人,在黑龙江省超过 15 万人。浙江人在境外设立市场主体近 80 万家,注册资本 2000 亿元,投资总额 6000 多亿元。全国 2000 多个县市区都有浙江人在投资办企业或经商,仅在湖北一省的投资就达 600 亿元。截至 2005 年,全省累计核准境外企业达到 2217 家,列全国各省市区第一。可以毫不夸张地说,有市场的地方就有浙商,有浙商的地方就有市场,创业的浙江人遍及五湖四海、五洲四洋。

二、在全国率先建立了现代经济结构是浙江经济走在前列的基础性原因

计划经济自然不是现代经济结构，但是也不能用现代市场经济概括现代经济结构，现代经济结构概念是指混合经济。这是1970年诺贝尔经济学奖得主萨缪尔森的老师、美国著名经济学家汉森在1941年首先提出来的。所谓混合经济，是市场经济和公共部门经济的有机统一体。

市场经济是产权多元经济、分散决策经济，是由市场机制引导经济主体自主决定为谁生产、生产什么、生产多少和怎样生产的经济，是以市场竞争为基本环境的激励与约束兼容、收益与风险对应的经济。法制是市场经济的基本保障，诚信是市场交易的主要纽带。邓小平说得深刻而又精辟：计划和市场都是发展经济的方法。历史已经证明，市场经济是人类几千年来筛选出来的最具普适性、最有效率的资源配置机制。世界上的发达国家无一不是市场经济高度发育的国家。我国经济体制改革的主要目标就是建立社会主义市场经济体制，把社会主义优越性同市场经济的效率机制有机结合起来，把有我国特色的人民性、效能性公共部门经济同我国的市场经济有机结合起来，建立有中国特色的社会主义的混合经济结构。

对于省区来说，谁的市场机制培育得快，发育得完善，谁的经济就发展得快。正是在市场的培育和完善上，浙江一直走在前列。浙江发放了第一批个体工商执照，建立了第一批闻名全国的农业专业市场，产生了第一座农民自建城市，建立了第一

批股份合作制企业，颁布了第一个关于私营企业的地方法规，等等。浙江最早建立了界定清晰的微观产权制度，成为个体私营经济发育最早、发展最充分的省区，浙江的产权市场居于领先地位，在改革开放初期产生了著名的"温州模式"。温州由计划经济时期的一个偏远落后地区一跃成为经济发达地区之一。

浙江是全国商品市场最早发展也最为发达的省区，是市场大省和强省。目前，浙江共有4000多个市场。我省商品市场成交额已连续15年列全国第一；全国最具竞争力的50个市场中，浙江就占19席，超亿元市场个数等多项指标至今已多年领跑全国。义乌中国小商品城高居榜首，绍兴中国轻纺城、海宁皮革城和永康科技五金城等名列前茅。据商务部统计，在与中国有贸易往来的220个国家和地区中，有212个同有5万个商位、经营面积达260多万平方米的义乌中国小商品城有贸易往来；每天从义乌出口的集装箱达1000多只，常驻外商8000多人，年境外游客20多万人次。

市场的主体是企业，企业是独立自主的生产经营者，是创新主体。巨大的财富意味着有强大的创新企业群和创业者。创新就是从无到有、从小到大，人无我有、人有我强、人有我优。有强大的、具有创新能力的企业，才能有强大的市场。温州的正泰、德力西、奥康和康奈，台州的吉利、飞跃，杭州的万向节、娃哈哈，宁波的雅戈尔、方太，等等，无一不是这样的创新者。

财富是企业创造的，是劳动者创造的，而浙江人特别能创业。据来自国家统计局的数据，全国各省区平均每万人的法人单位是46个，浙江是78个；每万人的产业活动单位是43.1个，浙江是93.5个，均高出全国平均水平近一倍。浙江没有木材基地，但是，小小的嘉善县，仅胶合板的产量就占据了全国1/3的市场份额;浙江没有畜牧业基地,但是浙江海宁有全国最大的皮革加工基地和皮装、皮具销售市场,桐乡市则有全国最早和最大的羊毛衫市场之一;嵊州是中国乃至世界最大的领带生产基地;永康是全国最大的小五金生产和销售基地;没有现代工业的农业县义乌如今成为亚洲最大的小商品集散中心,连续20多年雄踞全国乃至世界小商品交易市场的首位;缝纫机生产从无到有、后来居上的台州,因为有了"飞跃",已经超过上海成为最大的缝纫机生产和出口基地;还是在台州,吉利汽车已经成为拥有完全自主知识产权的两大民族汽车品牌之一;温州皮鞋自己主动打假,终于走出中国、闯进欧洲;还有喝遍天下的"娃哈哈"、"农夫山泉",获得美国免检资格的"万向节",全国十大西装名牌浙江有其五等等。

但是,市场并不是万能的,市场有失灵、有缺陷。在竞争领域,在私人产品的生产和销售领域,市场机制是高效率的;在公共产品的生产和提供上,市场是低效或无效的。因此,市场经济客观需要高效和有力的政府弥补市场缺陷,提供公共产品,满足公共需要。社会主义市场经济中的政府职能相应地要转变为提供物质性公共产品如基础教育、基础设施、城乡社会保障等,提供非物质性公共产品如公共服务、市场监管、社会管理和协调、制度创新和公共政策等,保障社会稳定和社会公平;并且按科学发展观实现"五个统筹",保障和促进和谐社会的实现。这些职能的综合及其运行体系便形成以政府为核心的公共部门经济。

我国的经济体制改革方向就是由计划经济体制转向社会主义的混合经济结构,用邓小平的话来概括:这是一场革命。在这场革命中,由于国有企业改革是我国经济体制改革的核心和难点,计划经济的影响根深蒂固,把它改造成现代社会主义市场经济,绝非一朝一夕之功。国有企业比重很大的老工业基地比如东北三省特别是辽宁,经历了国有企业改革、改组和改制的长期阵痛;处在内地的国有经济比重虽然不如东北老工业基地那样大,但传统体制及其观念同样根深蒂固,再加上几千年历史积淀所形成的封闭农耕意识,建立社会主义市场经济运行机制也有特殊的艰难。但是在这些方面,浙江具有得天独厚的优势,浙江有积淀深厚的商业文化传统,老百姓有很强的经商意识和丰富经验;国有经济改造的任务相对不重,具有建设市场经济的先发条件。由计划经济转为市场经济的关键之一是政府转变职能。浙江省委省政府重新为自己的职能定位,去做市场的培育者和公共产品的供应者;充分尊重人民群众的创造性,激发内源性机制变迁,让群众和企业成为市场的主体;抓住机遇,把握规律,有所为有所不为;创造市场,开拓市场,发展市场,运用市场机制配置资源,培育和发展强大的市场经济,从而最大程度地发挥两大效率:市场效率和政府效率。因而取得先机,由劣势而转为优势,后来居上。

一方面,改革开放以来的浙江省历届领导班子,以浙江深厚的商品经济历史积淀为基础,从浙江实际出发,大力培育市场体系,以邓小平的“三个有利于”为准绳,以相当大的胆识和勇气,对于温州模式这类当时争议相当大的有我国特色的社会主义市场经济的新事物,采取宽容、保护的政策。它是政府退出完全竞争领域这一历史过程的重大举措,而政府退出完全竞争领域,让市场在这里发挥基础性、主导性作用,正是我国经济体制改革的关键。因此,浙江能够率先建成较为完善的商品市场体系(如我省的各大专业性商品市场)和要素市场体系(劳动力市场、技术市场和资本市场),为持续快速发展开辟了广阔的空间。事实证明,只有在改革开放中、在现代市场建设中走在前列，才能在发展中走在前列；只有成为市场强省，才能成为经济强省。

另一方面，浙江省各级政府大刀阔斧地、大力地进入市场失灵的公共领域。既加强基础设施和基础工业领域的硬实力建设，如现代通讯网络、大学园区和高科技园区、沿海的石油化工和能源产业、高速运输体系建设等，又加强社会公正与和谐，缩小贫富差距与文化建设等软实力建设。这些体现为标志性的几大工程："法制浙江"、"诚信浙江"、"绿色浙江"、"数字浙江"、"平安浙江"、"文化大省"和"和谐浙江"。

现在，浙江省社会发展水平已从2000年的全国第5位跃升至2004年的第4位（列京、沪、津之后），省区第1位。国家科技部组织的全国科技进步统计监控综合评价结果表明，浙江省科技综合实力在全国各省市区中居第7位；医学科技综合实力位居全国前列。浙江人平均期望寿命已达74.97岁，基本达到发达国家水平。城乡社会保障走在全国前列；反映农民生活质量的农村"恩格尔系数"由2000年的43.5%下降到2005年的38.6%，低（优）于全国平均水平近7个百分点；浙江是全国唯一的农村改水先进省。据中科院研究分析，我省的环境支撑能力已连续三年居全国前列。

浙江的发展是科学发展，是以人为本，全面的可持续的发展。浙江发展的一条宝贵经验是，没有出现"软实力赤字"或者"文化赤字"。浙江在经济发展的同时，实现了社会的发展和精神文明的发扬。浙江不断挖掘具有地域特色的优秀文化传统，凝练成与时俱进的"浙江精神"，使浙江的经济发展植根于深厚的历史文化土壤，获得强大的精神文化支撑。

三、发扬优秀的历史文化传统,为建设社会主义和谐社会提供有力的精神支撑

浙江是中华民族农耕经济、渔猎经济和华夏文化的发祥地之一。浙江大地的河姆渡、良渚和跨湖桥遗址的考古研究表明,早在七八千年以前,浙江先民就在这里创造了和中原文化不同的光辉灿烂的稻耕文明、渔猎文明。这里是粳稻栽培的发源地,是有考古证明的最早的养蚕和丝织的发祥地,创造了早于并且不同于中原半穴居式的干栏木结构建筑艺术。浙江的这三大遗址有一脉相承的关系。考古学家和历史学家的结论是:这里是中华文明的一个源头,是中华文化多元统一的发祥地之一。从稻谷之源到今日鱼米之乡,从玉器之源到今日文化礼仪之邦,从蚕丝之源到今日丝绸工业基地,从瓷器之源到后来的南宋官窑青瓷,从中国近代最早的资本主义发源地之一到今日的社会主义市场经济强省,从最早的对外交流口岸到今日的外贸大省,浙江大地的文明史光辉灿烂、源远流长。

春秋时期的越国为浙江的早期开发奠定了浙江经济社会的最初基石并且给浙江人民留下了无比宝贵的精神财富。据《史记》记载,约在3900年以前,夏王朝开国者大禹的六世孙少康封自己的少子无余于越地会稽,以奉祀祖先大禹之陵,无余便成为一世越君。无余入乡随俗,“断发文身”,并把自己的姒姓赐予部分本地人。无余率领他们开辟草莱为城邑,开始了古城绍兴的建城史。无余传20世至允常,允常就是勾践之父。允常豪华的印山大墓已为前几年的考古挖掘验证,成为当年的一件考古大事。越国留给我们的精神财富一是卧薪尝胆、发愤图

强的精神，二是范蠡与他的老师计然提出来的“农末俱利”的经济思想。后者到了南宋经叶适、陈亮的创新和发挥，形成了比较系统的“农商一事”、“农末皆利”、“义利并举”的理论体系和倡导功利、“扶持商贾”的政策原则。在中国古代几千年的经济思想史中，儒家提出的“重义轻利”、“讳言利”的义利观和“重本抑末”的国策一直居于绝对主宰地位。唯独宋代的浙江学者提出了与之针锋相对的思想体系，在当时和其后都产生了深刻的影响，直至现代。这成为今日“温州模式”的重要思想来源，也是浙江最有价值和特色的地域文化的内容之一。

中国古代北方民众三次大规模南迁为浙江的经济社会发展持续地注入了新鲜血液和活力。第一次南迁发生在西晋末年。当时发生了“五胡乱华”即北方五个游牧民族进入长城以南烧杀抢掠，造成中原大乱；紧接着晋朝内部又发生“八王之乱”，导致中原民不聊生。于是许多氏族和庶民开始南下渡江避难，给江南带来了北方的各类人才以及先进的手工业和农业技术。隋朝统一全国，隋文帝首创科举制，促进了全国尤其是社会长期稳定的江浙一带的文化教育的发展，为中下层知识分子打开了一条读书做官、“兼济天下”之路。隋开皇年间在秦朝钱唐县的基础上置杭州并进行了城市基本建设，使杭州进入大都市之列。

第二次中原民众大规模南迁发生在唐朝末年安史之乱和接下来的五代十国。在近一百年的时间里，中原大地兵祸天灾纷繁，经济在动荡的环境中趋于凋敝。唯独吴越国在钱镠及其子孙统治下，招揽人才，发展经济，筑捍海大塘，发展国内和国际贸易，保存和发扬盛唐以来的文化事业，保持了八九十年平安稳定，成为战乱中的乐土，遂使中原人士和老百姓大量南迁。钱镠祖孙三代八十年的统治，留下了尊奉中央正统和保境安民两大优良政风;明大局,顺潮流,最后“纳土归宋”,实现了国家和平统一。钱氏后人秉承读书爱国家风,至今在科学文化界乃至政界群星璀璨,成为浙江人的一大亮点。

宋室南渡,迁都杭州,导致第三次北方民众大规模南迁。这次大规模南迁,非前两次可同日而语。这是一次各行、各业、各界空前的大迁移,使这时的浙江和杭州成为全国的经济、文化、政治的中心,形成了150年“直把杭州作汴州”的偏安繁荣局面。从那时开始的长期开发流泽至今。

一方水土养一方人。浙江山海大地特殊的人文地理环境养育了浙江人民特殊的习俗风气和文化心理结构。在浙江,人多地少的矛盾始终存在。而且浙江长期是外来人口净输入地区,紧张的耕地资源难以养活逐渐增多的人口。生存的压力迫使浙江人既重视农业,又重工商业。浙江有七千年久远的稻耕历史,造就了浙江农民精耕细作的卓越品质,这又影响到浙江人的生活方式的精细。同时,务工经商成为区域民俗民风的重要特征,而手工业和商业是密不可分的两大产业。所以,浙江人能工巧匠多,商业头脑特别发达,重商逐利,讲究务实,精于理财;勇于也善于创业,吃苦精神、风险意识和经营意识特别强,精明强干。这一点在温州和宁波地区表现得格外突出,“温州模式”的出现决非偶然,除了时代的现实机遇外,有其深刻的历史渊源。

人口压力巨大而又面临海洋,造就了浙江人民眼睛向外、面向大海,走出国门对外开拓的胸怀和胆识。改革开放又给了他们千载难逢的历史机遇,于是众多浙江人成为国际商海的弄潮儿,由海外“宁波帮”而扩展成为“温州帮”、“浙江帮”。无论从队伍、资本方面,还是从精神方面,都是浙江率先实现现代化的宝贵资源。

浙江在长期的历史中多次吸纳外地人才、技术和文化，也长期向外辐射和输送人才、文化和商品，从而形成了浙江人民海纳百川的包容意识，善于学习、博采众长的精神和为我所用的“拿来主义”(鲁迅语)。

浙江地域文化的重要形式特点是求真求善求美。这种美同浙江的自然环境非常协调一致，是一种阴柔的含蓄的美、委婉的精致的美；这种真善美中充盈着深厚的文化底蕴和品位。西湖烟雨、亭台楼阁、小桥流水，无不曲尽其妙；越窑青瓷、莫干龙泉之剑，无不精益求精；丝织印染、金石绘画、文学艺术，无不独步千古。华夏文化在浙江传承发展，使之在全国具有极为重要的贡献和地位。而浙江大地上孕育的爱国情怀、民主与科学精神，既慷慨激昂、壮怀激烈如钱江怒潮，又富于深刻的理性和人文精神，在王充、沈括、陆游、于谦、葛云飞、黄宗羲、龚自珍、秋瑾、蔡元培、鲁迅等等浙江先贤身上得到了充分的体现。

与此相依存，浙江地域文化还有一个重要特征：由重技术而尊重知识、尊重人才。在浙江，同中原地区一样根深蒂固的儒家思想本来就强调后天的人生修养，重德重教；而浙江更加重视手工业和商业，乃至于今日率先运用现代市场机制发展现代工业和现代商业、物流业，也就必然同时重技术、重知识、重人才、重教育。浙江因此成为我国乃至海外影响巨大的文明礼仪之邦。不同的是，这种重视带有强烈的经世致用、不图虚名的务实色彩。据有关专家统计，中国古代1300多年科举考试中，共取状元493名，出自浙江的状元数目仅次于江苏，居全国第二位，占1/5。培养状元需要经济基础，浙江自宋朝以后成为国家的粮仓和财源，培养状元这类高级知识分子需要发达的教育中介。宋朝以后，浙江官、私学校普及率最高，这一优势一直影响到现当代：浙江和江苏是出教授最多的两个省，也是教授净输出最多的两个省。截至20个世纪90年代,在外省工作的浙江籍教授2400多人,这是浙江对全国科技文化工作的重大贡献;现在,浙江又以其雄厚的经济基础和良好的社会、政策环境成为吸引外地高级知识分子前来创新的基地,这同样是为国家的科技文化和教育事业发展作贡献。

可以说,改革开放以来,特别是20个世纪90年代以来,浙江与全国的第四次历史性人才大交流已经开始。这次大交流与以往的三次有本质的不同,要深刻得多,因为这次不是单向而是双向互动、互相促进的。来到浙江主要是两部分人力资源:一部分是中高级知识分子,他们是各行各业的专业人才,他们融入浙江,为浙江的创新和经济社会发展增添了革命性力量。另一部分以农民工为主体,这部分农民工有的经过几年劳动,增长了才干,积累了资产,落户浙江,成为创业的浙江人的一部分;有的增长了才干,积累了资财,回故乡创业,带动本地经济发展。所以,第四次人力资源大交流是建设社会主义和谐社会的重要力量。

人类历史的灵魂在于创新和创造。浙江的发展正在由浙江制造跃升为浙江创造、浙江创新。这既包括物质经济的,更包括精神文化的。这也是“走在前列”的灵魂。

·文 史 散 论·

良渚方国及图腾源流考

柴海生

一、良渚文化的面目与特色

以杭州良渚为政治中心，北越长江南过浙江的东南沿海地区，在夏朝前后(约3500—5500年前)就有一个方国，持续了近2000年左右。半个世纪来，在这个方国统治的区域内，出土了大量的玉器、石器和陶器，以及祭坛、城址和居民遗存等等，这是良渚方国的有力物证，已被学术界命名为“良渚文化”，并引起了中外学者的关注。

已经发现的重要遗址有：杭州良渚的角膜山、汇观山祭坛，良渚的瑶山、反山大墓，余杭文家山墓群，上海福泉山遗址，江苏吴县草鞋山和张陵山、赵陵山遗址；平湖市庄桥坟、江苏武进县寺墩遗址，浙江桐乡新地里、上海马桥和吴兴钱山漾、海宁徐步桥、嘉兴雀墓桥、青浦福泉山、绍兴马鞍山、舟山孙家山及杭州萧山区的蜀山、茅草山等遗址约100个。已出土的玉器上万件，主要有琮、钺、璧、玦和冠饰等；石器有犁、斧、锛、刀等；陶器有罐、豆、鬲和尊等。这批器物外形特殊、造作精美,有的极为罕见。特别是玉器上的雕刻,其图案奇异纷繁,做工精致,有的刻纹细如毫发(约1—7丝),令当今玉雕大师们惊叹不已!当时采用何种工具雕琢如此硬的玉器,施何种加工技法来刻线钻孔?至今仍是一个大谜。(据推测和试验,需要石英刀、金刚刀、黑燧石和石英砂等工具。)

良渚文化中玉器的数量很多,质地也很好(青白玉),且大多有雕刻的图腾及细线纹,有的还打有马蹄孔和直孔(直孔长达50厘米),极具地域和时代特征。其中最令人着迷的是神人兽面纹图案(神徽),出现在各种良渚文化的玉礼器上。早期的兽面纹图案较简单,中晚期变得很繁复,如狮头虎首。其共同特点是,双重眼圈比较明显,人字形鼻梁突出,脸形怪异。专家们对良渚神人兽面图进行了长期的考证,目前有了比较一致的看法,认为这是良渚先民的始祖神,方国的最高统治者,它是古良渚人的集体崇拜偶像,在方国的各个大墓中均有发现。

良渚方国始祖神头像,大多出现在环太湖地区的贵族墓地及钱江北岸的高台祭坛中,器物主要有玉琮、玉钺、玉冠等玉礼器。这些器物均为"王家"或大酋长用于祭祀、执法或军事指挥的象征物,本身已无实用意义,仅仅表征拥有者的"权杖"与"法力",所以称为玉礼器或"法器"。

据专家们初步考证,"琮"是祖宗的意符文字,器物形状为外方内圆,长而有节。据载,它代表了古人"天圆地方"的观念。中间的圆形大孔表示天地间能通过孔洞来沟通,所以《天地之灵》一书中指出:"玉琮是中国古代宇宙观通天行为的理想象征物,是图腾制度的产物,是纯巫术与宗教的神器","这些政教合一的神职人员在人们观念中具有沟通天地法力,才使得后世的国王被称为天子或太阳神的儿子,也才能使王位得了世袭"(古方编著,四川人民出版社出版)。当然,也还有其他作用的几种说法,如祖型器崇拜。良渚玉琮上大多刻祖神像,具有明显的神祇色彩。据《史记》载:“日者阳精之宗。”表明琮上刻的就是“日神”,即太阳神的儿子,故称天子!

钺为大斧,是军事首领的“权印”,从新石器时代初到商周时期,钺是王权和军权的象征物。良渚反山大墓出土一件有神兽纹的玉钺,是王者所拥有的典型器物,同墓中还有刻着神兽纹的玉冠饰,也被认定为王者所拥有的法物。

三叉形玉冠饰等用大块玉材精心制作,上刻人兽纹图腾,它代表着王冠,为王者所特有。据专家们考证,三叉形冠饰与古汉字中的“皇”字的字义及字形相同,代表着帝王戴的羽冠帽,位于人体的顶端,皇帝在祭天祭地时须戴上它,以示隆重庄严。冠和钺同出一墓,说明墓主人是军政一统的国王或酋长。古经云:“夏执玄钺”,是说夏禹执掌黑色大钺。商周帝王也都用黄色大钺来指挥军队,而执钺者都是最高军事首领或部落首领。

二、神人兽面纹的源与流

良渚兽面纹神像虽有体积大小、刻纹繁简之别,但其相似的特征是:以两个双重圆表示眼睛,中间用人字纹或对称的卷云纹组成鼻子,下部用一个椭圆代表嘴巴,中刻一横线加入七短竖线表示牙齿,头上有的戴短羽冠(像光芒),梯形、倒梯形或方形、长方形脸庞。大琮上的神人下常有个虎头(有的说像猪头),象征神人骑飞虎上天和天神沟通,而此人就是替天治民的大巫师,也是方国的统治者(虎是天神之兽)。

在有些礼器上只刻着简单的人神兽面头像,面积小如蚕豆瓣。更简单的是方脸图案,脸的形态也较怪异,后人统称为饕餮纹图腾,有的人直说是蚩尤像(象龙),他曾是这个地区的方国首领,也有说是雒越王。奇怪的是饕餮纹图腾后来竟流散到各地,甚至国外也有。对此,考古学家苏秉琦指出:“有段石奔以及作为饕餮纹祖型的夸张,突出眼睛部位的神人兽面纹的艺术风格等因素,与环太平洋诸文化中同类因素可能有源流关系。”(《中国文明起源新探》,三联书店出版)

饕餮图纹在石器和青铜器上均有出现,如该区域内的嘉兴市,曾出土了许多商周青铜器,上有兽面纹图案。在山东省益都的一件青铜钺上有一方脸神兽纹图像;北京顺义出土的铜车辖上,也有一个方脸纹图。在商代妇好墓出土的漆杯上,用绿松石镶嵌了倒梯形人兽纹脸,眼和人字形鼻子较突出,为女性王者之神像。这些都是良渚文化神兽纹祖型的继承。

在河南密县,发现了一个7200年前的灰陶人头像,其形为“扁头方脸,平额宽鼻,塑土拙稚,初具形貌而已”(《文物与美术》,李力著,东方出版社)。这是华夏最早的方脸神人像之一,比良渚方脸神人图腾早1000多年,但它们之间或许有某种关系。特别是早期的方脸神人图案,是四方八棱之日神还是大巫神?其源流关系,尚待更进一步的探索和考证(中原和东夷地区此方脸图发现较多)。

良渚文化区域内另一崇拜物是神鸟。在江苏赵陵山遗址出土了阳鸟图腾,在良渚陶器上也有鸟形图腾(在良渚反山20、30号大墓玉钺上也有鸟图腾)。太阳和神鸟的结合,这是古代吴越地区东夷及鸣夷族的族徽。帝俊鸟头人身、玄鸟生商等传说,均说明鸟是上古帝王崇尚的图腾物,是方国和部落的象征物。

专家们对良渚文化的研究认为,中国文明之光出于良渚,因为5000年前良渚器物上的精美造作,说明人类已经有了明确分工,有了等级差别和地域差别。那么,古良渚文明的曙光又出现在哪里呢? 王明达、孙守道等专家认为,良渚文明的源头是在浙江南部乃至福建省,良渚人是从南方迁徙过来的。陈瑞苗先生说,崧泽和良渚文化是越过钱塘江的越人所创造的(《浙江学刊》1995年第1期)。陈桥驿教授在《越族的发展与流散》中也认为是海侵使浙东越人流散到了浙江北部的良渚地区。古方先生在研究了上海崧泽玉器后指出,从技艺上讲,崧泽玉器源于河姆渡玉器,它为良渚玉器奠定了工艺基础。萧山区跨湖桥遗址有玉璜二件,中空,约在七八千年前。从出土的陶器和玉石加工工具看,跨湖桥文化可能是良渚文化的始祖。萧山区金山遗址出土的石英器,茅草山4500年前的玉锥饰,也和良渚文化的迁徙相关,值得重视。

良渚人治玉的高超工艺是在制造石器中逐步成熟的。从石器到玉器的雕琢,中间可能有一个玉石阶段,比如石英砾石和晶黄玉、水晶等。它们在外观上较漂亮,且硬度很高。有的材料易得,如天然石英石(江苏某地坟中发现石英钻头,直径约1mm—5mm;山西发现2万—8万年前水晶刀;临安有10万年前切石刀),但是制造成工具不大容易,需用刚玉和金刚石才能攻琢。若制造成功,非神助莫能为! 于是,这个工匠便被看成是神的化身,也就成了统治者。然而方国的统治者必须持有权法的信物,此物如果采用普通砾石做成,显然不能适应氏族社会统治的需要。最后他们终于找到了大块坚硬的美玉,用以制成琮、钺、冠等大礼器,并加以刻纹,用做权杖信物。这种大礼器上,有的刻纹细如头发(1毫米中刻5根细线),有的小孔小如针尖,有的嵌入物大于孔径,用何种工具和方法加工,至今依然不可思议！有人曾猜想是鲨鱼骨工具，也有人说是解玉沙、水晶刀、金刚刀等，可至今尚未找到可信实物证据（已有少量石英小钻发现），这也是良渚文化最神奇之处。

良渚人之所以采用美玉制造礼法之器，应是彩石崇尚的结果，也是求美的结果。在太古时代（约6000年前），最崇尚的颜色是玄黑和紫红，其次是青黄白，良渚青白玉及黑陶就是彩石崇拜的结果。所记人类始祖女娲炼五色石补天，北京山顶洞人用彩石串珠都说明远古人类特别崇尚彩石。但彩色砾石很硬，钻孔极难，整琢不易。良渚人最终找到了大块的美玉，作为坚硬彩石的替代品，又创造了先进的加工工具和工艺，制成礼法神器，以迷惑他人，取得了绝对的统治地位。有的美石还用作妇女的装饰品，如马家浜文化、河姆渡文化已有这种饰品，它应是母系社会文化的产物。

三、良渚神兽纹是东夷族的日神

良渚贵族墓地出土的神兽纹浮雕玉器，代表了拥有者的地位，他们是方国的统治者或者神职人员，人兽纹图腾则是良渚人的始祖神像，或者是这一部落的保护天神，它是民族的旗帜，方国的“国徽”。关于良渚神兽图腾的起源，还要从良渚先宗的渔猎生活说起（吴县有个猎鱼部落，良渚文化时期的）。

古良渚人主要生活在天目山和苏南茅山间的太湖流域，南濒浙江口，北有长江，是一个面向大海的民族，是一个崇拜日出的民族，即太阳神（日神）的民族，故农业与渔猎生活是良渚先民的日常生活，而鱼鳍形鼎足就是良渚文化的一个表征。在已定居的渔猎部落里，每天出猎时要祭祀神灵。早晨八点左右，大海中升起一轮红日,太阳开始温暖万物,渔猎人要祭祀后才去狩猎,并确定出猎的方向,愿神保佑获得更多的猎物,这样就需要一个部落首领来进行分工和指挥。后来部落间的联合就形成了古国或方国,国王的统治权和指挥力采用玉制礼法之器来代表。而这种器物极难制造,也极难仿制,只有"天神"相助才能成功,制成者当然成了天神的代表及化身。为了世袭王权,他们选定了十分坚硬的玉石材料,并在上面雕刻天神的偶像,用于世代的祭奠和"沟通"。这位天神,就是掌管着天上雷电、阳光和风雨的天皇,他有着巨大的法力。古人称他为太阳神(此系稻作农业的产物)。太阳神又叫"日神",早期的图像是日字形脸,比较简单,但上部有冠,冠上刻光芒纹(一说为羽毛纹)。

在中国历史上,三皇的传说很早,长达数万年之久。三皇中的天皇本就是华族最崇拜的太阳神,太阳神主管日月的运行,他托着太阳从大海中升起,统治着天下万民,古人称他为"圣圣上君",后代的良渚国王可以通过玉琮圆孔听到天皇的声音,并代天皇发布命令,并借此巫术来愚弄人民,统治人民。

据有的古史记载,中国北方民族曾以伏羲为太阳神,东方民族则以帝喾为太阳神。现代史学家何新先生认为,伏羲和黄帝乃同一人,帝喾和帝俊也是同一个人,他们都曾是"晔"族的统治者。黄帝,本称光帝,阳光神之意。因太阳色金黄,故又称黄帝(《易经》:"日煌煌似黄",故名黄帝)。黄帝的世孙颛顼号高阳氏,他是一位大祭师,《国语·楚语》中说他能"通地通天",主管祭祀太阳神。他的裔孙就是夏王大禹,可见他们的族系以太阳神为图腾,并以此维持传世统治。

华夏族历史上还有一位日神——炎帝,"炎"即为火光燚燚之意,或谓"烈日炎炎",象征太阳的光芒。华字古文"晔",光华普照之意,所以说华夏族都是炎黄的子孙,他们共同崇拜一个天神——太阳神。实际上古人常以“天皇”或“皇天”来代替太阳神,并用神人兽怪图腾来表示,以便祭祀礼拜。

天皇的脸庞是怎样的?据《上古神话演义》载:“天皇怪脸”,活了10800岁。又说,天皇的臣子力牧为方脸。方脸、梯形脸、兽形脸统称怪脸,看上去很有神威,再戴上特制礼帽,就成了万人敬仰的祖神像。在法国巴赛努奇博物馆,有一玉雕怪脸人像,大圆眼睛,龇牙咧嘴,低帷羽冠,为龙山文化之物,有人认为它与良渚兽面纹有关(《论良渚玉器上的神人兽面纹》,见1993年全国考古会议论文集)。

据古代传说,黄帝一身四面,每一面管宇宙的四分之一(《诸神的起源》,何新著,光明日报出版社)。《淮南子·齐俗》:“四方上下谓之宇。”汉代经学家高诱注:“黄帝,古天神也。”良渚文化中期和黄帝的年代是相近的,这一时期仍有方脸雕像出现。

鸟与太阳神有着密切的关系。传说太阳是飞鸟驭着运行的,因此鸟代表了太阳神。东夷人(以鸣夷为代表)以鸟为图腾,把鸟头刻在黑色石上,用作权力之象征物。玄石,黑色石也。唐太宗修《晋书》诏文:“上启玄石之图”,玄石之图比青白玉上的图更珍贵。

帝舜是只重明鸟,盘王为鸡头等传说,均说明鸟图腾是王者的象征。鸡头图和鸟头图很相近,古代都是王权的象征。

地皇也曾被良渚人所崇拜,“玉璧礼天,玉琮祭地”,故有将玉琮埋于地下。这里的地皇亦即地母,生万物之母,亦即生人类之女娲(高媒神)。良渚人和河姆渡人均有高媒石崇拜之礼仪。良渚之先,河姆渡人已有蝶形石器,专家们初步认为是高媒石,或称为“后土”,“土即吐,‘后’,古代时为王”。吐人者后也,即生人之母也(母系社会)。王者古称“后”,则人类之母即王也。而女娲造人,故女娲称地母神。古代的帝王也要祭祀女娲石(又称女阴石、高禖石),今河姆渡发现的蝶形石,据认为就是女阴石(外形像女人的下部躯体)。

良渚人为什么生活在东海边?据考,他们与水神崇拜有关系,因日出东海之故也!他们祀大海之神,因崇拜水,将玉器埋祭在大海之旁。女娲为救人类,补天堵漏以治水,又“断鳌立极”,大兴农桑,成了世代祭拜的女娲娘娘。

神人兽面纹者,本是生活在大海中的动物,它双足有爪,有的像龙,有的像虎,能飞上天去。今人称的所谓“龙王”,古良渚人“自谓”是它的子孙!

大海中能出太阳,又生光芒,所以良渚人祭大海水神。跨湖桥人生活在大海边,可能是良渚人之祖先也。出土太阳纹彩陶和玉璜就是有力的证明。

有一西汉铜镜的背面铸有“见日之光,天下大明”八个字,能通过阳光投射到墙上,这是指太阳刚从海平面、地平线升起的光芒。所以良渚先祖冠帽上的刻纹就是光芒纹,代表太阳神。不过,东夷地区古代的羽人也不少,有的羽人甚至漂流到海外,故也许是羽毛冠,这尚待深入研考。

陆游为韩侂胄写“两记”而“见讥清议”之浅见

应守岩

陆游既有忧国忧民的抱负，又有能文能武的奇才。可是他一生不得志，先以“语触秦桧”(《渭南文集·放翁自赞》)而考试落第，后因诗句招致权贵嫉恨而屡屡罢官。尤其是他“位卑未敢忘忧国”(《剑南诗稿·病起书怀》)、“未敢随人说弭兵”(《剑南诗稿·书愤》)，为抗金北伐、收复失地、统一祖国的满腔爱国热情未能得到人们的认可和理解，反而招致非议，甚至成为冤案，更使他十分伤心。先是隆兴元年(1163)，作者39岁，时任镇江通判，宋孝宗用张浚之议，出师北伐，结果失利，主战派偃旗息鼓，投降派秋后算账，陆游以“鼓唱是非，力说张浚用兵”的罪名，被罢官还乡。后有嘉泰二年(1202)，陆游被力主抗金的韩侂胄以撰修国史的名义，招之复出，但《宋史·陆游传》却以“晚年再出，为韩侂胄撰《南园》、《阅古泉》记，见讥清议”的罪名，把他作为依附权奸，晚节不保的典型钉在历史的耻辱柱上，极大地损害了作者在读者心目中的形象。真是刀笔之辱严于斧钺之诛！但历史的真相究竟如何？我们应怎样看待陆游晚年复出并为韩侂胄作记的问题？笔者不揣浅陋，想谈一谈自己一些不成熟的看法，以求教于高明。

首先，陆游之所以被“见讥清议”是因为他晚年的再出是由韩侂胄的推荐而宣召，也就是说，他同韩侂胄扯上关系，站队错了。而韩侂胄是什么人呢？

韩侂胄（1151—1207），字节夫，相州安阳（今属河南）人。为宋名臣韩琦的曾孙。韩家世代都是皇亲国戚，祖父韩嘉彦娶宋神宗第三女，父韩诚娶宋高宗吴皇后之妹，韩侂胄本人也娶了吴皇后的侄女，以恩荫入仕。在宋光宗绍熙五年（1194），韩侂胄因同赵汝愚拥立宋宁宗赵扩即皇帝位有功而渐见亲幸，自宜州观察使兼枢密都承官，累迁少师，加开府仪同三司，后封平原郡王，任平章军国事，以外戚执政 14 年，序班左右丞相之上，权倾朝野。在执政期间，为了与宗室大臣赵汝愚争权，他培植亲信，打击异己，千方百计要把赵汝愚逐出朝廷。后又指理学为伪学，对朱熹一派全面清算，罢逐赵汝愚、周必大、朱熹、吕祖俭等 59 人，制造了著名的“庆元党禁”案，打击了一大批异己官员和知识分子，朝野为之侧目。

但不管韩侂胄在执政期间犯了多少错误，或者说多少罪行，笔者却认为：这是南宋统治集团内部之间的斗争。韩侂胄的一生不能完全否定，尤其是他坚持抗金、意图收复失地的主张和立场不是史书上所说的为“立盖世功名以自固，于是恢复之议兴”（见《宋史·奸臣传》）的一句话所能否定的。他的抗金是真诚的爱国义举。

据《宋史纪事本末·北伐更盟》所载：嘉泰四年（1204），韩侂胄议定伐金时，“金方北鄙鞑靼等部所扰，无岁不兴师讨伐，兵连祸结，士卒涂炭，府库空匮，国势日弱，民不堪命”。南宋大臣邓友龙使金还，也言“金有赂驿使求见者，具言金国困弱，王师若来,势如拉朽”。说明此时的局势对南宋朝廷相当有利。此时金国是金章宗在位,国势衰弱,更由于北方蒙古的崛起,大大削弱了它的统治。而沦陷在金人之手的中原遗民一直热切盼望宋军北伐,陆游的“遗民泪尽胡尘里,南望王师又一年”、“遗民忍死望恢复,几处今宵垂泪痕”等诗句,相当真实地反映了当时的民心状况。至于南方军民也有收复失地、重振纲纪的强烈愿望。因此可以说,这正是北伐的大好时机,北伐合乎全国人民的愿望,并不是韩侂胄一时的心血来潮。

为了讨伐开边,韩侂胄也在舆论上、物资上,以及组织和军事上做了一系列的准备工作。一是追封岳飞为鄂王,追封刘光世为鄜王,赠宇文虚中为少保,并立已亡抗金名将韩世忠庙于镇江;追论秦桧主和误国之罪,削夺王爵,改谥缪丑。陆游也在此时被召之复出。三是他拿出库银黄金万两,以备行赏;又输家财二十万以供军用。此外,在军事上也作了部署:早在嘉泰四年(1204)八月,命湖北安抚使增招神劲军,以郭倪为镇江都统,兼知扬州。开禧二年(1206)以薛叔似为京湖宣谕使,邓友龙为两淮宣谕使,吴曦兼陕西、河东招抚使,皇甫斌副之。一切准备就绪后,在开禧二年(1206)五月,请宁宗下诏出兵伐金。

结果出师不利。在取得初战的小胜之后,由于此时的南宋缺乏得力的军事将领,韩侂胄在北伐中所用非人,作为抗金名将吴璘之孙的吴曦非但没有继承祖先的忠勇品质,还为了一己私利,甘当可耻的卖国贼。他派人密通金朝,提出愿意献出阶、成、和、凤四州,以换取金人封他做蜀王。由于吴曦的叛变,使金军无西顾之忧,他们把军力全部部署东线战场。结果,宋军在东线接连战败,郭倬、李汝翼败于宿州(今安徽宿县)、王大节兵败蔡州(今河南汝南)、皇甫斌兵败唐州(今河南唐河)、李爽军溃寿州(今安徽凤台),等等。

韩侂胄因出兵无功,罢免指挥军事的苏师旦和邓友龙,用丘崈为两淮宣抚使。而丘崈也是一个孬种,一到任,便与金军秘密谈和。致使金人兵分九路,大举南下,开始了全面反攻,战线波及整个宋金边界。结果宋朝连连败退,形势颇为不利。其时金军由于战线过长,损失惨重,已经无力再战,如宋军能继续坚持,反败为胜并非不可能。但南宋朝廷内议和的呼声高涨,韩侂胄见宋军接连在军事上失利,罢免了丘崈,改命张岩督视江淮兵马,同时,又屈服于压力派使臣方信孺到开封向金人请和。金国却趁机对南宋朝廷开出了高昂的议和条件:割两淮、增岁币、赔军银,以及北伐首谋者韩侂胄的人头。韩侂胄大怒,决意再度整兵出战。然而,一场政变在朝廷内发生了。周密的《齐东野语·诛韩本末》详细地记载了这次以礼部侍郎史弥远为首的主和派勾结宋宁宗皇后杨氏、皇后兄杨次山密谋杀害韩侂胄为目的的政变过程。

先由史弥远上书弹劾韩侂胄,指责其北伐以来百姓死伤无数、公私物力非常困难、给国家造成祸害的罪名。接着由皇后使皇子荣王赵曮上疏告发,说韩侂胄再启兵端,将危害国家。但宋宁宗依然信任韩侂胄。于是他们决定铤而走险,在开禧三年(1207)十一月初三,史弥远在杨皇后的支持下,矫称有密旨,令主管殿前司公事夏震统兵三百,埋伏在太庙前的六部桥侧,等韩侂胄入朝时,将其截至玉津园夹墙内活活打死。

韩侂胄死后,投降派一统天下,史弥远大权独揽,知枢密院事,兼参知政事,后拜右丞相。嘉定元年(1208)三月,他们恢复秦桧的王爵和赠谥,以赏其主和的功劳。而后派王楠出使金国,完全遵照金国的无理要求,依靖康故事,世为伯侄之国,增岁币为三十万,犒师银三百万贯。并把韩侂胄的头割下函送金国,以续淮南地。这就是宋金和议史上最为屈辱的“嘉定和议”。当时有人写诗道:“自古和议有大权,未闻函首可安边。生灵肝脑空涂地,祖父冤仇共戴天。晁错既诛终叛汉,于期未遣尚存燕。庙堂自谓万全策,却恐防胡未必然。”(见《齐东野语·诛韩本末》)为韩侂胄鸣不平,对屈膝媚敌的朝政进行讥讽。

从上面的史实可知,在抗金的问题上,韩侂胄是个坚定的抗金派,但他志大才疏,又用人不当,终于落得个兵败命丧的下场。但这并不能因此认为抗金北伐就是错误的,把失败的原因都算在他的账上。至于韩侂胄忠君为国的气节,却连敌国的君臣也不得不加以肯定。在《齐东野语》中记载了这样一件事:当南宋的使者把韩头送到金国后,金国赐以忠缪侯墓葬之。金主尝令引南使观察忠缪侯墓,并解释说:“忠于为国,缪于为身。”这种错位的褒贬,岂不令人深思?

后来史弥远因诛韩有功,在宁宗朝为相17年,后因立理宗,又独相9年。

由于韩侂胄是“奸臣”,因此与“奸人”搭上关系的人会清白吗?这种株连式的惯性思维推导,陆游因其被韩侂胄召之复出,所谓“为有力者所牵挽”(朱熹语),于是就难免一身“骚”了。但我认为不能这么简单地看问题。这是因为,当韩侂胄在“申严道学之禁”,罢逐理学家,制造“庆元党禁”时(1195—1200),陆游因被谏议大夫何澹所劾(淳熙十六年,1189年),一直罢官在山阴老家,因此他与伪学党禁迫害案无关。而且,当他的好友朱熹在庆元六年(1200)殁后,76岁的陆游还写文遥祭:“某有捐百身,起九原之心;有倾长河,注东海之泪。路修齿耄,神往形留。公殁不亡,尚其来飨。”(《渭南文集·祭朱元晦侍讲文》)从中可见他的悲痛之情,透露出他对“庆元党禁”的不满。

那么他为什么又接受韩侂胄的推荐而应召复出呢？那是因为抗金北伐、收复失地的民族大义和神圣使命使陆游和韩侂胄走到了一起。我们知道，陆游所生活的年代，正是宋金战火持续燃烧，人民备尝苦难的时期。他把抗金复国作为自己神圣的使命，终生奋斗的目标。因此虽然多次贬官，受无情打击，他从不因挫折而消磨斗志，因年老而改变初衷，“双鬓多年作雪，寸心至死如丹”（《感事六言》），“壮心未与年俱老，死去犹能作鬼雄”（《书愤》）。这种心愿可以用“鞠躬尽瘁，死而后已”来形容，但他一直没有表现的机会，施展的舞台。嘉泰二年（1202），力主抗金的韩侂胄解除伪学党禁，并起用一批抗金志士和老臣，如辛弃疾、叶适等人。是年五月，朝廷以孝宗、光宗两朝实录及三朝史未就，宣召陆游以原官提举佑神观兼实录院同修撰兼同修国史，因考虑到他年老，所以特赐免奉朝请，这就给他发挥余热最后一次的表现机会。他是多么激动！他把韩侂胄引为同调，怀有感激之情，这有什么好奇怪的呢？由此可见，陆游的复出，不是攀附权臣，不是为了一己私利，升官发财，而是为朝廷修史，跟韩侂胄参加抗金斗争，何错之有？由此我想到，我们常说，不要因人废言，也不要因言废人。在此我想补上一句：不要因交废人。

其次，陆游之所以“见讥清议”是因为他为韩侂胄写过两篇文章，即《南园记》和《阅古泉记》，为大奸臣韩侂胄歌功颂德。据《宋史·杨万里传》记载：韩侂胄权势正盛之时，想网罗四方名士作为羽翼，就建造了南园，想请杨万里写题记，并许诺封赏杨万里“掖垣”这个官职。杨万里对韩侂胄擅权颇有微词，就回答说：“官可弃，记不可作也。”真是铁骨铮铮。韩侂胄很是生气，就改让他人写。这个“他人”就是陆游。于是朝野间多褒杨而贬陆，说杨万里志不可夺，不阿附权贵。而陆游则成了奴颜婢膝、趋炎附势之徒。其实呢，杨万里断然拒绝，其气节诚然可嘉，但陆游安然接受，其人品未必就低下。这是两人对韩侂胄看法的角度不同而已：杨万里断然拒绝，是对韩侂胄制造“庆元党禁”的不满；陆游安然接受，是有感于韩侂胄抗金的作为。当然这只是就动机而言，更主要的是要看文章怎么写。

《阅古泉记》的前半部分主要介绍阅古泉的地理位置、优美景色，以及泉水的优良水质，语言华丽优美，描写富有想象力。在后半部分中，一写自己因从游而被命题作记，二写“阅古”之泉名由忠献公（韩侂胄之曾祖、北宋名臣韩琦）的阅古堂而来。文中虽有借写泉而寄称颂，并流露出因受宠而喜、以从游为荣的思想，但不明显。更主要的是下面这句话：“游起于告老之后，视道士为有愧，其视泉尤有愧也”，这是作者见泉壁的题名和古泉的再现，不禁触景生情，借题发挥：道士几百年后犹见其“题名”，古泉“堙伏”四百年后尚能再荣复耀，而自己却是历经沧桑，老大无成（作者时年已 79 岁），可见其苍凉之感。这是借他人之酒杯浇胸中之块垒的手法。因此从总体上来看，这是一篇很实在很一般的亭台楼阁记。既无溜须拍马之意，更无阿谀奉承之词。有何可指责之处？

非议较多的是《南园记》。明代弘治时的一位名叫唐锦的学者在他的《龙江梦余录》里指责说：陆游在《南园记》中称颂韩侂胄“勤劳王家，勋在社稷，复如忠献之盛，而又谦恭抑畏，拳拳于忠献之志，不忘如此”。这不是奉承之谀辞、夸饰之侈语吗？这话似乎也有一定道理，但请不要断章取义。为了说明问题，我们不妨来看看全文，看作者是怎么写的，唐公所引的话，作者是怎么说的。

《南园记》写了三部分内容：第一部分，在作者简要地交代南园的来历和位置后，着重地介绍韩公精心经营南园及南园亭堂的布局构建情况，并指出“自绍兴以来，王公将相之园林相望，莫能及南园之仿佛者”。（笔者认为：在国土未复、外患未除之时，作者以淋漓之笔来描写韩公的这种建造私家花园的“政绩”，这是对“暖风熏得游人醉，直把杭州作汴州”的南宋统治者的又一揭露，因此在张扬的描写中隐含着讥讽。）第二部分，作者通过“然公之志岂在于登临游观之美哉？始曰‘许闲’，终曰‘归耕’，是公之志也”。用非常巧妙的方法把它转到谈论志向的问题上来。文章接着写道：“公之为此名，皆取于忠献王之诗，则公之志，忠献之志也。与忠献同时，功名富贵累将相者岂无其人？今百四十五年，其后往往寂寥无闻，而韩氏子孙功足以铭彝鼎、被弦歌者，独相踵也。迄至于公，勤劳王家，勋在社稷，复如忠献之盛，而又谦恭抑畏，拳拳于忠献之志，不忘如此。公之子孙又将嗣公之志而不敢忘，则韩氏之昌将与宋无极，虽周之齐、鲁，尚何加哉！或曰：上方倚公若济川之舟，公虽欲遂其志，其可得哉？是不然，上之倚公，公之自处，本自不侔，唯有此志然后足以当上之倚，而齐忠献之功名。天下知上之倚公，而不知公之自处，知公之勋业，而不知公之志，此南园之所以不可无述。”文章围绕“志”字做文章：从对大堂、山庄的取名中说明“公之志，即忠献之志”；韩氏子孙，人才辈出，功业相踵，是他们不忘“忠献之志”、“勤劳王家，勋在社稷”之故；今“上方倚公”，而“唯有此志然后足以当上之倚，而齐忠献之功名”。由此可见，文中虽有对韩侂胄的称颂之意，而其用意和重点显而易见是希望和勉励韩公继承其曾祖父忠献王韩琦的反抗西夏、契丹入侵的精神，做一个像忠献王那样匡护皇室、折节下士、威震敌国，从而担当起抗金复国的重任，以建不世之功业的美好愿望。正如《宋稗类钞》所说的：“所作《南园》、《阅古泉》二记，时虽称颂，而有规劝之意焉。”南宋的罗大经在《鹤林玉露》中也说,陆游为韩侂胄撰《南园记》"唯勉以忠献之事业,无谀词"。可见,官家虽有文字诛,民间自有公道心。最后部分交代自己写本文的缘由,可见其良苦用心。一是说"公手书来示"要我写《南园记》,说明我复出并不是我"趋炎附势";二是说韩指定我写是因为我"无谀词,无侈言,而足以道公之志",这就是说,我写本文是遵命之作,不得已而为之。至于我这样写,是否做到"无谀词,无侈言,而足以道公之志",读者是否理解,后人如何评价,"死后是非谁管得?满村听说蔡中郎"(陆游:《小舟游近村,舍舟步归》),谁能管得了呢?

北伐的失败,韩侂胄的被杀,嘉定和议的签订,使南宋朝廷的主战派又受到一次致命的打击,而我们这位把毕生的精力和心血献给抗金事业、被称为"集中什九从军乐,亘古南儿一放翁(梁启超语)"的伟大爱国诗人,终因抵不住生老病死的自然规律,经不起被劾而罢官除薪的沉重打击,于嘉定二年十二月二十九日(公元1210年1月26日)怀有"零落成泥碾作尘,只有香如故"的自信、带着"死去元知万事空,但悲不见九州同"的遗憾、留下"王师北定中原日,家祭毋忘告乃翁"的遗言,在山阴鉴湖边溘然长逝,时年85岁。

山水之间

——关于《富春山居图》

蔡　琴

在 2010 年 3 月 14 日举行的记者招待会上,温家宝总理在回答台湾记者提问时讲了一个故事:“元朝有一位画家叫黄公望,他画了一幅著名的《富春山居图》,79 岁完成,完成之后不久就去世了。几百年来,这幅画辗转流失,但现在我知道,一半放在杭州的博物馆,一半放在台北故宫博物院,我希望两幅画什么时候能合成一幅画。画是如此,人何以堪。”一时间,分藏海峡两岸的中国传世名画《富春山居图》,吸引了海内外的广泛关注。

黄公望(1269—1354),本名陆坚,是江苏常熟人,幼年父母双亡,被寓居虞山的浙江永嘉人黄乐收为养子。据传当时黄乐已年逾九十,看到这个聪明伶俐的孩子,喜出望外地说:“黄公望子久矣!”从此,陆坚便改姓换名为黄公望,字子久。黄公望 11 岁时,宋王朝覆灭(1279)。青年时代的黄公望曾想投身仕途干一番事业,但当时元朝不采用科举考试,规定汉人做官必须从吏开始。一直到 40 岁,黄公望才得到浙西廉访使徐琰的引荐,担任管理田粮的浙西宪吏。因为黄公望的上司张闾贪污犯案,他被连累入狱。经历了这件事情,黄公望断绝了走仕途的念想,开始了隐士生活。他云游四方,以诗画自娱。明人李日华《六研斋笔记》中写道:“黄子久终日只在荒山乱石丛木深篠中坐,意态忽忽,人莫测其所为。又居泖中通海处,看激流轰浪,风雨骤至,虽水怪悲诧,亦不顾。”黄公望的艺术生涯从此开始。

黄公望初学董源、巨然一派,后来由好友王蒙介绍,得到画坛名宿赵孟頫的亲自指导,当时黄公望已经 50 岁了。他自称“松雪斋中小学生”(松雪斋为赵孟頫书斋名),友人柳贯则称他为“吴兴室中大弟子”。60 岁后,黄公望加入了全真教,受金月岩大师的指导,并与张三丰、莫月鼎、冷谦等道友交往,在全真教中,威望很高,追随者很多,被誉为“能诗齐杜甫,分道逼周庄”。

黄公望与吴镇、王蒙、倪瓒并称元四家,他一生画了许多画,流传至今的有《富春山居图》、《天池石壁图》、《快雪时晴图》、《富春大岭图》、《九峰雪霁图》、《江山胜览图》、《秋山幽居图》、《雨岩仙观图》等名作,代表元代山水画成熟时期的新面貌。其中《富春山居图》尤为人们称道,被誉为“圣而神”之作。

公元 1347 年,黄公望 79 岁,偕好友无用禅师从松江回到富春江畔。在《富春山居图》作者题款中这样写道:“至正七年仆归富春山居,无用师偕往,暇日于南楼援笔写成此卷,兴之所至,不觉亹亹布置如许,逐旋填札,阅三四载未得完备,盖因留在山中而云游在外故尔。今特取回行李中,早晚得暇当为着笔。无用过虑有巧取豪夺者,俾先识卷末庶使知其成就之难也。十年青龙在庚寅歜节前一日大痴学人书于云间夏氏知止堂。”黄公望在他的山居南楼援笔作《富春山居图》,由于他经常云游在外,经过三四年之后才题款,但最后何时完成,不得而知。清人王原祁在《麓台题画稿》中说是经营七年而成,如果是这样,黄公望自动笔至去世也就只有七年,堪称呕心沥血之作。

《富春山居图》为纸本水墨画,以长卷的形式,描绘了富春江两岸秋初翠薇杳霭的优美景色。开卷描绘坡岸水色,远山隐约,接着是连绵起伏,群峰争奇的山峦,再下是茫茫江水,天水一色,最后则高峰突起,远岫渺茫。在构图方面,黄公望运用了平远、阔远和高远的"三远"方法,布局疏密有致,层次分明,变幻无穷,画中峰峦旷野、丛林村舍、渔舟小桥、飞泉茂林,令人目不暇接。董其昌称道:"展之得三丈许,应接不暇。"尺素绢纸,山回水转,给人咫尺千里之感。在构成上,黄公望在由赵孟頫所消化过的董巨风格基础上,发展出由堆叠块状的小单位来构成山水的方法,但更为简约利落。在笔墨上,全图用墨淡雅,仅在山石上普染一层极淡墨色,用稍深墨色染出远山及江边沙碛、波影,只有点苔、点叶时用上浓墨。若明若暗的墨色,超越了随形赋彩的传统观念,自然地笼罩在景物之上,化为一种明媚的氛围,详尽地表现了山水树石的灵气和神韵,也充分反映了黄公望以山川树石寄兴抒情的倾向。笔法既有湿笔披麻,另施长短干笔擦,山石的勾、皴,用笔顿挫转折,随意而似天成,在坡峰之间还采用了近似米点的笔法,将文人书法式用笔可以变化的程度发挥到极致,"凡数十峰,一峰一状,数百树,一树一态,雄秀苍茫,变化极矣"。藉由这种丰富的变化,既表现出山水充沛的内在生命力,又展示了画家思静意淡、平和自由的心境。无论布局、构成、笔墨,《富春山居图》以简远的意境、清润的笔墨,把浩渺连绵的江南山水表现得淋漓尽致,达到了"山川浑厚,草木华滋"的境界。"今观其画,想见其标致笔法墨法,深得巨然之妙,此卷全在巨然风韵中来。……翁笔特因其人品可尚,不然岂无涂朱抹绿者。其水墨淡淡,安足致节推重如此。……以画名家者,亦须看人品如何耳,人品高则画亦高。古人论书法亦然。"(沈周《富春山居图》,《无用师本》跋文)董其昌见了惊呼:"吾师乎!吾师乎!一丘五岳,都具是矣!"

元代绘画,延续了中国历史绘画的发展脉络,但是,文人们通过绘画寄托思想成为风尚,给元代绘画带来了以文人画为主要特征的重要变化,这种变化使得元代山水画成为中国山水画史上的一个重大的转折点,达到了文人山水画的新高峰。黄公望《富春山居图》在明清两代被尊奉为自元代以来的经典之作,一些画家希望通过临仿作品学习黄公望对自然的理解与表达。因此,黄公望的《富春山居图》对明清两代的山水画产生了巨大的影响。

黄公望的画风,经沈周、董其昌倡导,"吴门"、"华亭"、"四王"、"新安"等各派以及浙江地区一些画家的努力耕耘,风靡明清乃至民国达600年。1954年吴湖帆临写《黄公望富春山居图卷》,这个临写卷是根据他所藏的中间一段真迹,同时参照了故宫所藏后段部分的照片所临摹,并根据相关史料描绘而成前段烧毁的部分,使黄公望《富春山居图》的全貌重现于世。吴湖帆在临写时,在尽量保持黄公望《富春山居图》的原有风貌的基础上,也融入了自己的风格。

《富春山居图》堪称中国文人山水绘画的巅峰之作,在后来的数百年间被世人竞相收藏。1350年黄公望将此图题款送给无用师,此画作成之初,无用上人就"顾虑有巧取豪夺者",不幸被他言中。

明成化年间沈周藏此图时便遭遇"巧取"者,沈周请人在此图上题字,却被这人儿子藏匿而失。之后,经樊舜举、谈志伊、董其昌、吴正志,于清顺治七年(1650)前辗转传到宜兴收藏家吴洪裕手中。收藏家纷纷题跋、识语，收藏家吴洪裕得之后更是珍爱之极。恽南田《瓯香馆画跋》中记：吴洪裕于“国变时”置其家藏于不顾，唯独随身带了《富春山居图》和《智永法师千字文真迹》逃难。

吴洪裕临终之际，竟想仿唐太宗以《兰亭集序》殉葬之例，“先一日焚《千字文真迹》，自己亲视其焚尽。翌日即焚《富春山居图》，当祭酒以付火，到得火盛，洪裕便还卧内”。就在《富春山居图》这幅在吴府传承了三代人、被吴家老少视为传家之宝的画作，即将付之一炬之际，吴洪裕的侄儿吴静庵猛地把画从火中取出，为掩老人耳目，他又往火中投入了另外一幅画，用偷梁换柱的办法，救出了《富春山居图》。救出来的《富春山居图》一分为二被吴家分别加以装裱。前段过火部分，图形无重大影响的尚有 51.4 厘米，恰有一山一水一丘一壑，画面虽小，但比较完整，被称为《剩山图》。而保留了原画主体内容的另外一段，在修复装裱时为掩盖火烧痕迹，特意将原本位于画尾的董其昌题跋切割下来放在画首，这便是《富春山居图·无用师卷》，长为 636.9 厘米。至此，原《富春山居图》被分割成《剩山图》和无用师卷《富春山居图》长短两部分。

《剩山图》经吴其贞，于清康熙八年(1669)归广陵王廷宾所有，辑入《三朝宝绘册》，后经陈氏，到曹友卿手中，曹拆册数页转售。20 世纪 30 年代，著名画家、鉴赏家吴湖帆在审查赴英国展出的中国古物时发现，黄公望《富春山居图》“无用本”实为真迹，“子明本”为伪本。1938 年秋，吴湖帆卧病于上海家中。汲古阁老板曹友卿前来看望他，随身带了《剩山图》请他鉴赏。吴湖帆捧画赏识良久，从画风、笔意、火烧痕迹等，又与故宫博物院藏《富春山居图》影印本比对，发现竟是黄公望《富春山居图》的前段真迹，不由得脱口而出：“乱世出奇迹，真没想到三百年后又能见到大痴道人的火中之宝。”曹友卿一听，知是至宝，不肯转手了。几番交涉，吴湖帆拿出家中珍藏的商周古铜器，将这个残卷换了下来。吴湖帆发现，换下的只是残卷中的残卷，题跋也没有了。后来，由曹友卿再向原卖主寻索，终于在废纸篓中找到，重新装裱成卷，恢复了原貌。自此，《剩山图》归入吴湖帆的“梅景书屋”，他自称“大痴富春山图一角人家”。

现在看到的装裱《剩山图》的《富春一角》长卷，即为吴湖帆整理制作。《富春一角》长卷的画心《剩山图》，不过长宽几十厘米，但吴湖帆收藏时，在画卷上添加引首、抄录前人题跋、画黄公望像、自述流传经过及题诗等等，整幅画卷已长达数米，堪称《剩山图》的全景介绍。在著名书法家沈尹默楷书题写的引首中，我们可以窥见这幅画作的离奇身世：“元黄子久富春山居图卷真迹火烬余残本。”引首后另有加注：“此为荆溪吴氏云起楼所藏之本也，前幅尚有数尺已罹劫灰，其后幅久归清内府。”注中所说“荆溪吴氏”，指的是明末清初大收藏家吴洪裕。“云起楼”乃吴家藏书楼。1956 年，著名书法家沙孟海在浙江省博物馆供职，当他得知《剩山图》在吴湖帆手上后，多次去上海与吴湖帆商洽，想将此图收归浙博。吴湖帆好不容易得到如此宝物，无意转让。沙孟海并不放弃，仍不断来往于沪杭之间，又请出钱镜塘、谢稚柳等名家从中周旋。最后，吴湖帆终于同意割爱。1956 年，《剩山图》落户浙江省博物馆，成为该馆“镇馆之宝”之一。

《富春山居图》后段先归丹阳张范我，后转入泰兴季寓庸之手，再后则被画家兼鉴赏家高士奇于康熙二十九年(1690)前后以六百金购得，后又被松江王鸿绪以原价买进。雍正六年(1728)，王鸿绪病故，此卷流落扬州，索价高达千金。天津盐商安岐，于雍正十三年前后购进。安岐落魄后，乾隆十一年

(1746)，被收进清宫。在此之前，清宫曾藏有一幅黄公望的《山居图》，经比较两幅实为同一幅图。旧藏有黄公望题赠子明字样，称“子明本”；新藏有黄公望赠无用字样，称“无用本”。乾隆皇帝请梁诗正等人进行鉴定，认定“子明本”为真，“无用本”为赝，但考虑“无用本”古香清韵，花二千金购下，划入“石渠宝笈次等”。嘉庆年间，胡敬校阅石渠旧藏，编入“石渠宝笈三编”。实际上，子明本是一个摹本，作伪者将原作者题款去掉，伪造了黄公望题款和邹之麟等人的题跋。进入清宫后，乾隆皇帝一直把它当作真品，并在上面一再加以题跋，写了很多赞美之词。当无用师卷入宫后，乾隆皇帝一边坚定地宣布无用师卷是赝品，一边又以不菲的价格将这幅所谓的赝品买下，还特意请大臣来，在两卷《富春山居图》上题跋留念。乾隆自己是这样写的：“乙丑夏，沈德潜进其所为诗文稿，几暇披阅，则跋黄子久《富春山居图》在焉，所记题跋收藏始末甚详。是年冬，偶得黄子久《山居图》，笔墨苍古，的系真迹。而德潜文中所载沈（周）、文（彭）、王（稺登）、董（其昌）、邹（之麟）五跋，有董、邹而缺其三，且多孔谔一跋，以为《山居》与《富春》自两图也。然爱其谿壑天成，动我吟兴，乃有长言，亦命德潜和之，且询其较《富春》为何如。……越明年冬，安氏家中落，将出所藏古人旧迹求售于人，持《富春山居》卷……试将以来，剪烛粗观，则居然黄子久《富春山居图》也。王跋与德潜文吻合。偶忆董跋与予旧题所谓《山居图》者同，则命内侍出旧图视之，果同。次日命梁诗正等辨其真伪。反复详览，始知灯下骇以为更得《富春》者乃误也。……而（无用本）古香清韵，堪以继武《石渠宝笈》者，概以二千金留之。”

清亡以后，真伪两卷《富春山居图》后段，一直保存在故宫。直到 1933 年，日军攻占了山海关。故宫博物院决定将馆藏精品转移南迁,万余箱的珍贵文物分5批先运抵上海,后又运至南京,以避战火浩劫。文物停放上海期间,徐邦达在库房里看到了这两幅真假《富春山居图》,经过仔细考证,他发现乾隆御笔题说是假的那张,实际是真的,而乾隆题了很多字说是真的那张却是假的,推翻了先人的定论,还它一个真实的面目。这真伪两卷《富春山居图》与其他珍贵文物,自此之后的15年中,历尽艰辛坎坷,行程数万公里,经南京辗转运抵四川、贵州,至抗战结束后,陆续运回南京,颠沛流离,在1948年至1949年期间,漂洋过海来到台湾。从第一批文物定居台中糖厂仓库,到1965年12月台北故宫博物院建成,在那个仓库里呆了17个年头。在稀世珍宝数以百万计的台北故宫博物院,《富春山居图》同样是"十大镇院之宝"之一。

两段图天各一方,人们无缘一睹这幅名作的全貌。这不仅是两岸中国人的遗憾,也是全世界爱好中国艺术的人们的遗憾。为了满足这种渴望,1985年日本朝日新闻记者疋田桂一郎在台北拍摄了《富春图》前半段636.9厘米,1985年11月30日在浙江省博物馆拍摄后半段51.4厘米的《剩山图》,复制了这幅完整的《富春山居图》。1993年中秋之夜,上海电视台曾与台湾的"华视"联合举办中秋晚会,把这件传世名作采用现代技术,在电视屏幕上给拼接起来了。1999年7月"黄公望《富春山居图》圆合活动"在当年黄公望《富春山居图》的原创作地——风景秀丽的富春江畔举行,30多位海峡两岸著名书画家联手临摹了《富春山居图》长卷。2010年3月,来自海峡两岸的9位山水画家在富春江畔将《富春山居图》临摹于长卷上,同时还体味古意,试补了原图的残缺部分。与此同时,他们发出了希望两岸《富春山居图》真迹能够在这一名画诞生地浙江富阳合璧展出的邀约。

《富春山居图》问世已有660年,烧成两段则有360周年,分藏海峡两岸也有60年,人们希望"剩山图"和"无用师卷"能够合璧展出。对纸张脆弱的古画来说,温度、湿度的变化和灯光直射,乃至每一次展卷,都可能造成无可弥补的损害。因此,两卷《富春山居图》长久以来被深锁库房,妥善保存,很少有人能够一睹其真容。为庆祝浙江省博物馆建馆80周年和浙江省博物馆武林馆区建成开放,去年12月,浙江省博物馆举办特展"山水之间——黄公望《富春山居图》与馆藏《明清山水画》",是《富春山居图》入藏浙博50余年来第4次公开展示。此前,《富春山居图》公开展出最长的一次为10天,最短的一次,仅仅1天而已。安放《富春山居图》的展柜是24小时恒温恒湿,连展厅的灯光都选用了光线柔和的冷光源LED灯。有这样的展出条件,《富春山居图》才得以"破天荒"地公开展示3个月。全国"两会"之后,参观者骤增,浙博又临时决定,将展期从3月20日延长到5月20日。在"台北故宫博物院",《富春山居图》是70件限展书画精品之一,据周功鑫院长介绍,民众若想看到《富春山居图》,计划要等到2012年举办"黄公望特展"时,才能一睹其芳容,上一次该画与公众见面还是在2001年。

至于合璧展出,新中国成立以后,浙江方面曾通过各种渠道和台湾沟通,希望两岸《富春山居图》能合璧展出。2005年,《富春山居图》合璧一事出现转机。凤凰卫视刘长乐总裁曾几次到台湾努力促成这件事情,也得到了台湾方面的反馈:浙江省博物馆《剩山图》先去台湾展览,台北故宫博物院的无用师卷来大陆展览的事先不谈。浙江省文化厅长杨建新当时表态,希望实现两岸《富春山居图》的交流,有来有往。浙江省博物馆的《剩山图》去台湾展览没有任何问题,但希望台湾方面承诺在适当的时候《无用师卷》能赴大陆和浙江省博物馆的《剩山图》合璧展出。2009 年,两岸故宫博物院在台北故宫博物院合办"雍正——清世宗文物大展"。这是两岸故宫博物院 60 年来第一次合展,其中来自北京故宫博物院的文物有 37 件,包括多幅表现清宫生活的珍贵画像。在这个背景下,台湾方面多次托人带口信或者书面来信,他们准备办一个黄公望与《富春山居图》特展,希望能借浙江省博物馆的《剩山图》展出。杨建新厅长态度依旧:浙江方面过去没问题,现在和未来都没问题,但是希望能和台北故宫博物院实现双向交流,《富春山居图》"无用师卷"在未来也能赴大陆展览。他认为,台湾的同胞渴望看到合璧的《富春山居图》,大陆的同胞更是翘首以待,两岸文化交流只有双向互动,才可能行之长远。

我们拭目以待。

胡三省的卓识才华及其对政论史学的贡献

叶哲明

胡三省(1230—1302),自署天台后学胡三省,字身之,一字景参,号梅涧,浙江台州宁海(今属宁波地区)人。他是浙江杰出的文史大家,也是我国宋元时期的著名史学家。他生当我国历史上阶级矛盾、民族矛盾错综复杂,南北纷争、战事频繁的宋、元之交。出生之前,我国北部已沦为金人统治,战火纷飞,赤地千里;宋亡之后,两浙一带,"阖门饥死,十室九空,蔓草颓垣"。三省自少随父攻读史学,"读史不暂置,洒血渍书";锐意科举,入仕为官,"著生民之休戚",躬遭国危,关心国家的兴亡而奋斗一生。宝祐四年(1256)27岁的胡三省和文天祥、陆秀夫、谢枋得同科进士及第,出任扬州江都丞、江陵县令、怀宁县令等职。咸淳十年(1274),宋元在两淮军事争夺激烈,三省出辅两淮制置使李庭芳幕府,主管"沿江制置的制宜文字",出谋划策,竭尽心力。时权相贾似道当政,又是同乡,三省力献"御敌三策","贾不以为然,置之不理"。"望断援军无信息,声声骂杀贾平章"。三省也因"参似道军于江上,言即不用,既而军溃,间道返归乡里”。其后文天祥被俘,陆秀夫背负帝昺投海,胡三省激愤悲痛之极,“躬遭国变,不禁奋起”,倾其全力,专心完成鸿篇巨制《资治通鉴音注》与《释文辩证》等。

胡三省耗尽整整29年的时间,二毁其书,殚精竭虑,以“洒血渍书”的精神完成了史学巨著《资治通鉴音注》与《释文辩证》等等。三省的非凡卓见和渊博学识,赢得了古今史家高度的评价和广泛赞誉。学者称是书为宋元崛起的“浙东史学学派一部杰出政论史学传注,为我国史学史增添了一部辉煌的文化珍品”。胡三省无愧为杰出的政论史学家,优秀的地理学家、考据学家、民俗学家、军防学家、文史大家,他的政论史学成就,为我国史学史树立了历史性的丰碑。《四库全书提要》称:“《资治通鉴》294卷,宋司马光撰、胡三省注。其书网罗宏富,体大思精,为前古之所未有。三省乃汇合群书,订讹补漏,以成此注,名物训诂,浩博奥衍,非浅学所能通……其命意所在,特发其凡,可谓能见其大矣。”《通鉴后序》赞三省称:“宋司马温公《资治通鉴》为史家绝作;天台胡身之音注、弘通博洽、学者奉为宝书……身之别为考证,以质来兹。由此书以博征千三百六十二年治忽之迹,固益以仰窥,睿裁予夺之公,识千古劝惩之旨,其裨益人心学术者甚大矣!”近代著名史学家陈垣赞叹胡三省“才华著称于世”,“民族气节和爱国之忧”光耀史册。他在《通鉴胡注表微》中称:“身之所传《鉴注》及《释文辩误》,生平抱负,锐意兴国,爱国精神,均可察见;其忠爱之忱,见于鉴注者不一而足也。”胡三省一生为官、为学,勤奋廉洁,以身力行,卓识高瞻,学有创新;撰写史著,奋不顾身,尤以《通鉴音注》付出一生心血,其所展示的“渍血”献身精神,独放异彩,为我国著名的爱国主义史学家。

胡三省作为政论史学家,他的政论史学成就,主要有五个方面：

其一，古为今用，崇尚实学，展示正在崛起的浙东史学学派的创新精神。他研究论评史学，弘通博洽，汇合群书，并密切地和当时重大政治事变结合起来，在得失成败之迹中，探求"盛衰之相因，治乱之相易"，梳理出一整套封建统治者施政治国、长治久安的完整理论。陈垣在《表微·治术》中引三省："足下为中国人，背父母之国，不念坟墓宗族，是为反天性也。"又称："身之生平不常上书言时事，国变之后，尤以政治绝缘。然其注《通鉴》，不能舍政治不谈，且时陈古证今，谈言微中，颇得风人之旨。"《通鉴·周显王三十五年》："屈宜臼谓韩昭侯曰：前年秦拔宜阳，今年旱，君不以此时恤民之急，而顾益奢，引所谓时诎举赢者也。"胡三省注曰："时衰耗而作奢侈，失其所以为国之道也。"此盖直接讽刺宋徽宗扰民杰作"花石纲"，其云"崇观以来，天下珍异，悉归禁中，四方梯航，殆无虚日"。再如南朝武帝齐永明十一年："魏主至肆州，见道路民有跛眇者，停驾慰劳，给衣食终身。"胡注曰："此可谓惠而不知为政矣。"这也是应时而发：南朝魏主在兵荒马乱中，尚能有"停驾慰劳"，虽难为"知政"，仍不惜为"惠民"；而北宋后期冗官、冗费、冗兵等三冗，已经逼得劳苦百姓流亡道路，倾家荡产，四壁皆空；还以"天下珍异，四方梯航"，进奉朝廷，荒淫奢靡，此不为残暴虐政！三省借史讥讽统治者，不知百姓劳苦，只知奢侈浪费，此一派道学虚情，荒淫乱政，实为宋亡之一大统治弊端。故谚曰："不养健儿，却养今儿；不营管人，只管死尸。"北宋经此走上一败涂地的道路。

胡三省论政治国，强调"国以民本，君臣一体"，协力同心；并以"武以克敌，文以治国"，为立国方略之本，认为这是历代王朝治国成功的标本。他认为唐初结束隋朝暴政之后，推行文治，开拓进取，赢得我国历史上旷古未有的"贞观治世"。他赞唐太宗重视文士："听朝之隙，引入内殿，讲论前言往行，商榷政事，或至夜分乃罢。"胡注曰："太宗以武定祸乱，至天下既定，精选弘文馆学士，日久与之讨论商榷，故天下而大治。"借以影射抨击元初蒙古统治者穷兵黩武，残暴虐政，以武力得天下，而不知以文治天下，至成宗以后，乱政肆行，残压人民，生产破坏，农田抛荒，尤以歧视汉人，贱视儒术，有"九儒十丐"之谣，元的覆亡，"此为传本"。

其二，胡三省论政"民为国本"，内容深刻，颇为创新，且形成一套完整理论。一方面他从政治、经济、军事、文化、民族和人才任用等方面，论证君主治国必须"以民为先"、"民为国本"；并进而指出君主、人臣、人子(民)各有治国之本，且为君、事君、谋身，必须遵循理论、制度、政策等一套完整的规范，构建修身治国平天下的封建大厦。诚如他在《通鉴胡注序》中所说："为人君不知《通鉴》，则欲治而不知自治之源，恶乱而不知忘乱之术；为人臣不知《通鉴》，则上无以事君，下无以治民；为人子而不知《通鉴》，则谋身必至于辱先，作事不足以垂后。"

他以宋初颁行的政治、经济、军事措施为题：中央建制过于集权，政策、制度过于繁杂，不利于"民为国本"的治国思想和理论；要精兵简政，轻徭薄赋，由民富而致国富，"遂致于天下太平"。他以陈宣帝十三年，"制征税法颇重。凡人自十八以老六十四与生癃者皆赋之"，注曰："民财有限，取之以时，今刻剥无遗，叹当时聚敛之臣之不恤民也。"

胡三省认为民为国本，而国家兴亡，君道为治国的要害，胡三省发挥和开拓了我国儒家民主政治的精品。宋代是我国中央集权发展到前所未有的一个时期，赵匡胤开国采取了一系列中央集权和君主专制的政治措施：一是中央把秦汉以来宰相拥有权力大大缩小，并取消谏官直面君主的制度。二是把州县经济、政治、军事的权力，收归中央，集于皇帝一人之身。胡三省认为，君主治国不在集权于一身，首先是发挥整个统治集团的集体智慧和力量，二是中央和地方建置和制度，体现民心、民意、民本，倾听民间的“街谈巷议”。三是精兵简政，轻徭薄赋；“民有余力”，“民食有余”。要做到这一点，英明君主要民主施政，知人善任、善于纳谏、戒淫戒奢，才能赢得“治平天下”。同时还扩大到民族之间平等相处、和合共存：要有实力，要有政策，文攻武略，自强自治，当然，他侧重君道，认为君是中心，是为臣、为民的“三为”之首，把君道中的“以民为本”提到“中华民族一统”的高度，形成一套完整的理论、规范，这是胡三省政论史学的核心。

他借秦、隋暴亡的历史教训，说：“善为国者，不负人民”；“民族不和，何有安宁”；“不能绳法于权贵，诚为国之乱政也。”君、臣、民三者，其本是“不负人民”，不然“何有天下安宁”！继而又指出君主治政要用“民之英才”，他说：“人各有能有不能，用人不能违其材”，否则“害其人、害其民、害其国、害其事”。三省纵论古今，“为国不负人民”，实为影射与指斥南宋君主无能，权臣当道，政治腐败，国势一落千丈。是时正值贾似道当国，独揽大权：“惟恐有分其势者”，起用迂腐庸俗，尊崇道学，“其才愦愦，毫无作为”；抨击地方吏治败坏，上行下效，贪赃枉法，内忧外患，民怨沸腾，终致丧身亡国。

其三，胡三省评注《通鉴》，其政论史学的一个重要论题是，方针政策、战略的制定是治国平天下的要害，他认为统治者为政治国，要针对形势，调整和制定适合时宜的方针、政策和战略，这是历代统治者英明与治国成功的关键，也是智慧和才华的集中体现。英明君主，能根据形势变化，制定正确适时的方针政策，然后制定制度，督察臣民贯彻执行。南宋统治者的误国,在于一开始就错误推行对外妥协投降、对内压制的国策方针,而且到后期愈演愈烈,因此中枢不振,名将殒落,政局动荡,吏治败坏,酿成民变四起、外族侵凌,终致陷入内忧外患之中。胡三省还强调,政策贯彻应有主次先后,要在切实施行。《通鉴》卷八二引孔明之辅刘备注云:“孔明治蜀法制修明,虽后嗣昏愚,有所据依,则其治犹若明智也。孔明死,则治蜀之法则虽存,以刘禅之庸,道不虚行,故禅不能守之也。”《通鉴》卷一〇八载:“晋武帝太元二十一年,燕主宝定士族旧籍,分辨清浊,校阅户口。”胡注云,“斯事行之未必非也,但慕容宝即位之初,国师新败,又遭大丧,天下怀反侧者多,未可遽行耳!”又引《大学》曰:“物有本末,事有终始,知所先后,则近道矣。”政权初建,又临“国师新败”,制定政策,缓急有序,切合时势,以防为主,以治为次;其要害还在于“善为国者不负人民”,在制定和贯彻执行政策中更应讲求官吏大臣的“以民为本”。

胡三省进而强调执行政策公平,其关键要赏罚分明,严惩官吏贪污。《通鉴》卷五载周赧王四十四年,“赵田部吏名将赵奢以平原君家事”为题,正面指出赵奢治家犹如治国,“持平而抑私念”。胡注云:“观此,则赵奢岂特善兵哉,可使治国也。”反面抨击梁武帝治家,“也已荒乱”,“不能绳权贵以法,君子是以知梁政之乱矣”(《通鉴》卷一四七)。赵奢治国、治军、治家执法公正,富国强兵;梁武帝治家、治臣乱法,而亡国乱政,一褒一贬,可见三省在为君、为官、为民三者关系中,高度重视执法公平,“此亦为治乱的关键”。对此,他还十分难得地引申出民之为盗,是由于“执法不公,官吏贪求”所造成的进步观点。隋文帝开皇十七年,“帝以盗贼繁多,命盗一钱以上者皆弃市,于是天下懔懔”。胡三省评说:“自古以来,天下之富,一钱之积,是以古为政,欲其平易近民。闾里奸豪持吏短长者则有之矣……

未闻将其上至此者,宜隋季之多盗也。"

其四,胡三省君臣论政中,认为民主施政要逐步做好三个基点。一是基础,经济上要有富民的政策、制度,使"民食有余";二是惠民善政,轻徭薄赋,休养生息,民有余粮。在其两个基点上提出不过分剥削压迫人民的思想和理论。三省深察财政收入对国家之重要,其在《通鉴·太宗贞观十三年》太子少师房玄龄以"度支系天下利害,乃自领之"为题,注云:"度支,国之大计所关也。度支郎中,掌天下租赋,物产丰约之宜,水陆道资之利,岁计所出而支调之……故唐中世以后,宰相多判度支,盖昉于此。"《通鉴》卷二三七载:"唐宪宗元和元年,杜佑请解财赋之职,以李巽为度支盐铁转运使。自刘晏之后,居财赋者莫能继之。巽掌使一年,征课所入,类晏之多,明年过之,又一年加一百八十万缗。"胡注云:"然则李巽胜刘晏乎?曰不如也!晏犹有遗利在民,巽则尽取之也。""欲以一岁之期,致十年之积,危百民之命,易一世之荣,将见民间由此凋耗,天下由此空虚。"唐后期宦官当权,藩镇跋扈,外族入侵,战乱纷纷,赋税繁重,民不聊生,哪有天下的"国泰民安"!从保民的角度,提出统治者不可过分压迫和剥削人民,这是三省对我国儒家民主政治思想理论开拓的重要发挥,是他卓识才华的充分展示。

三省还有一个可贵的政论观点,就是对历代人民起义、"暴乱",能从统治者为政及其政策中探求因果,辨正是非,在我国史学家中是极为难得的识见。其引后汉高祖东方群盗大起为题,"《通鉴》卷二八六载:后汉高祖天福十年,东方群盗大起,契丹主谓左右曰:我不知中国之人,难制如此"。胡注云:"中国之人,困于契丹之陵暴掊克,咸不聊生,起而为盗,焉有难制者乎!盍亦反其本矣。"不是中国人之难制,而是契丹统治者政策黑暗,凌辱横暴,故"中国之人",才"起而为盗"。胡三省进而影射离他生活时代不远的两浙方腊起义，是由于赋役繁重，官吏贪酷所致：农民因迫于饥寒，“无路可走，才铤而走险。”既然“盗”之起于社会不平，官吏贪求，赋役酷重，人民就会起来造反，“焉有难制者乎”！他的保民、安民、惠民的民本思想，是我国儒家民主政治实现的前提，也应是为君治国“三为”最终的政治目标。总之，胡在《通鉴音注》中，从政治、经济两个方面，一再提到统治者如何对待人民的问题，并毫不厌烦地加以注释、深解，从深层次剖析“为君之道，必须先存百姓”的儒家至理名言，这是胡三省政论史学的中心部分，也是对中国政论史学的突出贡献。

其五，胡三省知识渊博，体大思精，史论结合，旁征博引，使国情、民情和史识、史才融于一体，使政论史学成为一门学术，并且从中提升出中华民族伟大精神和高尚品格。

著名哲学家黑格尔云，“一个人，离不开他的时代，正如一个人的肉体离不开他的皮肤一样”。胡三省生活在宋元之交，民族关系十分复杂，战乱频仍，宋朝是以“积贫积弱”的面目被载入史册的。胡三省的史识、史才、史论，也充分展示出当时的时代特征。三省举外族友好地称呼中国人为“汉人”、“唐人”，说明汉、唐王朝强大，国力充实；“忧喜者，视国力盈虚，不系乎一时之胜败”。他认为汉唐统治者有治国平天下的政治胸怀，两宋国势孱弱，朝廷在和战问题上，屈辱求和，抑制抗战，打击主战将帅，结果和战两失，至于亡国。胡三省以汉武太初四年的“自大宛破后，而城震惧”为题讽刺南宋君臣无大志：“宋南渡之初，使臣（求和）聘金者，每被抑留，余谓天子之命不行于夷狄，诏不行为伤命，为损中国之威。”汉武帝胸怀天下，国势强大，推行改革，颁行“推恩令”，削弱王国势力，打击地方强宗大姓，“内实京师，外销奸猾”；以均输、平准、盐铁官营，而“民不益赋,天下用饶”;对于北方强敌,以张骞通西域,断匈奴其右臂,并以卫青、霍去病向匈奴大规模出击,彻底昭雪了汉初高祖平城七日七夜“被困之耻”,赢得“和战两利”之大效。到了汉成帝时,国力不振,为邻国所蔑视,三省据之而论曰:民族关系,“必欲自强自立”,才有地位、才有平等。

胡三省史识、史论和国情、民情结合,最醒目而有卓见的是“君道在民心”,即统治者要真正懂得“得天下者在于得民心”。皇帝大权独揽,日理万机,然而,个人能力毕竟有限,要兼听博采,从谏如流,集思广益。三省借《鉴注》抒发政论主张:以周厉王监谤言,秦始皇焚书坑儒、禁耦语而亡国,以示儆戒。他说“秦始皇焚书乃焚天下所藏之书,坑乃坑街谈巷议的天下儒生”,这是秦为“天下之乱张本”。又说扶苏谏始皇,“诸生皆诵孔子,今上绵重法绳之,臣恐天下不安。始皇怒,使扶苏北监于上郡”,胡注云:此为“胡亥夺嫡张本,乱亡之始”。借以抨击赵构、秦桧投降和议,“大兴文字狱,许人告讦,凡私议朝政,皆贬斥之,于是密探遍布京城,少涉讥议,即令捕治”。抗金忠臣良将,“被他们诛锄殆尽;以致人心惶惶,朝政混乱”。三省提出,有道之君应纳重谏,纳谏,不纳无关痛痒之伪谏。《通鉴》卷一一四“晋安帝义熙元年,尚书殷仲文以朝廷嗜音未备,言于刘裕(武帝)请治之”。裕曰:“今日不暇给,且性所不解。仲文曰:好之自解。裕曰:正以解则好云,故不习耳。”三省注云:“英雄之言,政自度常流,世之嗜音者可自省矣。”三省之意,刘裕真为英雄,以奢靡音色为戒,实乃“惩南宋歌舞湖山而丧国之习也”。

胡三省才华横溢,学识渊博,史识、史才、史论,能和国情、民情充分结合,所以他是有多方面成就的史学家。他是精于校勘的地理学家、民俗学家、民族学家、军防学家、水利专家,并且在文学、文字学方面也是很有成就的文史大家。他在《通鉴音注》中涉及的领域很广，举凡《通鉴》正文所述及的典章制度，如赋税、职官、舆服、刑法的变迁，天文、历法、乐律、郡县的沿革，以及文学、史学、地理学、民俗学和少数民族的来历、域外各国的政治、经济物产等情况，甚至微细到草木虫鱼的名状，天时变异的状况，举凡材料所能搜集到的，他都把它注录下来，并予以明确的解释和注解。尤以历史地理、历史沿革、山川江海、地域特产和地方风物民情，更是不惮厌烦，极其准确地予以注录和阐释，其成就确已达到我国史家史注的最高水平，令人惊叹不已。

三省的历史地理学，造诣尤高，他熟悉古今典籍，如《水经》、《山海经》、《禹贡》、《水经注》、《洛阳伽蓝记》、《史记》、《汉书·地理志》等，皆有深入研究，大者如国境、国界、山川江海、国名、族名；小者一乡、一地，都细小入微，准确无误。《通鉴》卷二二："汉武征和四年，匈奴也言：秦人，我匄若焉。"胡注云："据汉时匈奴谓中国人为秦人，至唐及国朝，则谓中国人为汉，如汉人、汉儿之类，皆习故而言。"再如卷二八："汉元帝初元二年，贾捐之弃珠崖疏。"胡注云："采珠崖蜒丁，死于采珠者多矣，此我太祖皇帝所以罢刘氏媚川郡也。"媚川郡是五代南汉刘氏置，当地酷吏定其重课，令人入海五百尺出珠，此事见《宋史·南汉世家》。后梁龙德二年，高丽海军统帅王建杀王而自立，事见徐竞《高丽图征》，叙述模糊，三省注曰："高丽王建之先，高丽大族也。高氏政衰，国人以建贤立为君。后唐长兴二年，自称权知国事，请命于明宗，乃拜建为大义军使，封高丽王。"又云："徐竞宣和之使高丽，记载疏略，因其国人传闻，而不知建实舍仁义而得国也。"陈垣《表微》赞三省所注不误，称："徐竞《图经》所载并不足据。"

三省作为文人、文史学者，在军防（事）学方面亦有一定造诣:陈垣著《胡注表微》有《边事篇》、《夷夏篇》、《治术篇》等,涉及三省军事思想和谋略。在论及汉唐军防强国时,称“边镇将帅,以至于偏裨,详于身谋,略于国事”,颇有灼见。唐朝“以武定天下”,君臣深通文韬武略,在急转为“以文治天下”时,仍关注南北军防,故“大唐混一,天下自安”。《钱塘遗事》引《鉴注自序》称,咸淳间汪紫原立信于襄樊军危之际,“以书抵贾(似道)相陈三策”,疑三策即出自三省:当时三省为李庭芳沿江制置使,专管“制宜文字”,其“谓内地何因兵之多,尽抽之过江,得六十万;百里一屯,皆设都统,缓急上下(流),久之虽进亦可。再谓久拘使者何益,遣使偕行,缓其师期,半岁间我江外之藩垣成,气象固。三谓南北上下联络之势已成,江南之兵日益也”,此三策应出于三省之口。不仅是面对强敌的应急之策,更是南宋由弱图强,由被动转为主动现实可行之计。若以其三策坚决执行,切实贯彻,“江外藩垣已成”,南宋亦免于亡国也!后元军统帅在宋亡后,曾感叹称:“江南有这般言论,若遂用之,故我难得此焉。”

胡三省擅长地方史、校勘学、文字学,利用地方史志资料详注考证,这在我国史学家中是出色的。《通鉴》卷一一五记晋安帝义熙四年注曰:“乞伏炽磐筑城于嵻崀山,当在苑川西南。宋朝西境尽秦渭,嵻崀始在西羌中。”《通鉴》卷二一〇:“唐睿宗景云二年,召天台山道士司马承祯来京。”胡注曰:“《临海记》载:天台山超然秀出,山有八重,视之如一,高一万八千丈,周回八百里。又有飞泉,垂流千仞。时属台州唐兴县界,我朝太祖建隆元年,始以唐兴县为天台县。”胡三省于历史、地理考证之严谨,即一字之误,他也予以辨释订正。《通鉴》卷二二四:“唐代宗大历四年,涪州守促使王守仙,伏兵黄葛峡。”胡注云:“《水经注》涪州之西,有黄葛峡,山高绝险,无人居,意即此峡也。”又按杜甫有诗:“草峡西舡不归语。”三省细致入微,以地方史志,注云黄草峡,又以唐人诗句,证《水经注》传本之误字,实在高明。

总之,胡三省以“渍血精神”所阐发的政论史学思想,几已成为理论体系;尤对我国传统儒家治国、平天下的理论有析有评,开拓创新,给人以耳目一新的感觉,达到一定的历史和理论的高度,而为时代丰碑。如提倡君道、臣道、民道中强调治国以文、开明政治、执法公平、戒奢禁暴、轻徭薄赋,自强自立,与少数民族和睦相处等,都对我国封建政论有很大开拓和创新。特别是能针对当时现实一针见血指出调整军机、政策战略,确有“独到之处”。总之三省的这些理论,总结了历代封建王朝盛衰兴亡的教训,提升出治国施政的规律性的思想和理论,丰富和发展了儒家“民主政治”。这正如我在《论唐太宗君臣贞观治世的历史地位》一文所指出的:“从历史事变中探索出一套既要统治人民,又不要激起他们反抗;既要统治者长守富贵、长治久安,又要保证人民正常生产生活;既要少数民族和合相处,又要他们诚称臣属的既统治又服从的封建治国的完整理论。”所以我们说胡三省是我国封建时代杰出的史学家,开明的政论家,还是著名的文史大家。

从“三言二拍”看宋元时期的杭州城

郭 梅

“三言二拍”是宋元明三代最重要的五部白话短篇小说总集，其中有39篇话本以艺术的形式再现了宋元时期的杭州，为我们研究和考察宋元时期的杭州提供了许多重要的资料。本文拟重点描述三言二拍里的杭州城。

杭州的富庶繁华

自隋唐以来，由于东南经济的逐渐开发，杭州已成为全国经济的中心。隋朝时，杭州已是“珍异所聚，商贾并辏”(1)的都市。到了唐朝，贸易更盛，杭州成为国内外通商口岸，“骈樯二十里，开肆三万室”(2)。宋代杭州被称为“东南第一州”(3)，这时就有谚语“上有天堂，下有苏杭”。杭州在白话小说中就经常作为“天堂”的代名词而出现，尤其是靖康之难后宋王朝迁都临安，杭州极尽繁华富庶之盛。《喻世明言》第二十三卷《张舜美灯宵得丽女》中说:“杭州是个热闹去处。”《喻世明言》第二十七卷《金玉奴棒打薄情郎》中说:“临安是个建都之地,富庶之乡。”《醒世恒言》第三十三卷《十五贯戏言成巧祸》云:“却说南宋时,建都临安,繁华富贵,不减那汴京故国。”——南宋王朝之所以选择以当时的杭州为“行在”,是由当时的军事形势以及杭州自身的经济、文化和地理自然等条件促成的,与杭州在宋代的富庶繁荣有重要关系。

1. 杭州的商业贸易

杭州的商业盛况在“三言二拍”中有不少体现。宋元时期杭州商品体系更系统化,流通更广泛,城市内外的贸易十分兴盛,据《喻世明言》第三十八卷《任孝子烈性为神》记载,当时杭州每天清晨在城门口都聚集着进出城赶趁的生意人:“城门未开。城边无数经纪行贩,挑着盐担,坐在门下等开门。也有唱曲儿的,也有说闲话的,也有做小买卖的。”当时杭州的商业活动十分热闹,大街小巷,大小铺面比比皆是,昼夜不息,“自大街及诸坊巷,大小铺席,连门俱是,即无虚空之屋”(4)。

杭州当时的手工业分工也更细,出现了各种各样的店铺:

(1) 生药铺,《喻世明言》第三十八卷《任孝子烈性为神》中张员外“门首开个川广生药铺”,任珪是生药铺主管。《警世通言》第二十八卷《白娘子永镇雷峰塔》中的许宣也是生药铺主管。

(2) 丝绵铺,《喻世明言》第三卷《新桥市韩五卖春情》中:“吴防御门首开个丝绵铺,家中放债积谷,果然是金银满箧,米谷成仓。”

(3) 酒楼。由于市场商品交换发达,为了适应市民阶层的需要,里弄坊巷设有许多酒楼。酒楼有两种,一种为官库酒楼,即政府创办的酒库所附设的。宋元时期的杭州共有 13 座官酒库，各库都设有酒楼，如东库的太和楼、西库的西楼、南库的和乐楼等。西湖边的丰乐楼就是官库酒楼，《警世通言》第六卷《俞仲举题诗遇上皇》中这样描写丰乐楼：“（俞仲举）当下一径走出涌金门外西湖边，见座高楼，上面一面大牌，朱红大书‘丰乐楼’。只听得笙簧缠绕，鼓乐喧天。”另一种为私营酒楼，当时有包子酒店、肥羊酒店、花园酒店等几类，当时最著名的私营酒楼有中瓦子前的武林园，“店门首彩画欢门，设红绿杈子，绯绿帘幕，贴金红纱栀子灯，装饰庭院廊庑，花木森茂，酒座潇洒”[(5)]。装潢考究，生意兴旺。“三言二拍”中也有很多私营酒楼：《警世通言》第十四卷《一窟鬼癞道人除怪》中写吴秀才“一程走将来梅家桥下酒店里时，远远地王婆早接见了”。又如同书记载，净慈寺对门也开有酒店，主要面向平时游寺庙的客人。《警世通言》第三十三卷乔彦杰家中也开着一个小酒店。《警世通言》第六卷《俞仲举题诗遇上皇》中有个孙婆店。

（4）茶坊。茶坊在当时也很流行，著名的有八仙、清乐、珠子、连二、连三等。当时还有一个茶坊巷，是茶坊集中之处，可见茶坊之多。这些茶坊环境布置各有特色，或张挂名人字画，或摆放名木盆景，案插四时鲜花，供茶客品茗欣赏，还因季节不同出售各种不同的茶汤，除清茶外，冬季卖七宝擂茶、馓子葱茶、盐豉汤，盛夏则卖雪泡梅花酒、缩脾饮暑药之类，因此生意兴隆。“三言二拍”中曾多次提及众安桥茶坊，众安桥也是当时的一个繁华所在，那里的茶坊自然相当热闹。此外，自从《警世通言》中的《一窟鬼癞道人除怪》这个话本流行之后，在杭州中瓦内出现了一家一窟鬼茶坊，应时而开，甚是有趣。

当时临安城里还有许多手工业组织，这些组织在当时称为“作”或“作分”，也称“行”，如碾玉作、钻卷作、铺翠作、裱褙作、泥水作、石作、裁缝作、箍桶行等。“三言二拍”中也写到许多

“作”和“行”:裱褙作,《警世通言》第八卷中璩家开着一个裱褙铺。碾玉作,同书同卷中崔宁开着一间碾玉铺。皮匠,《警世通言》第三十三卷《乔彦杰一妾破家》中“武林门外清湖闸边有个做靴的皮匠,姓陈名文,浑家程氏五娘,夫妻两口儿止靠做靴鞋度日”。箍桶行,《喻世明言》第二十六卷《沈小官一鸟害七命》中有一张一李两个箍桶匠。

最能说明当时杭州商业繁荣,同时也最能体现杭州特色的是丝织行业。丝织业在“三言二拍”中也有比较充分的体现:《喻世明言》第三卷《新桥市韩五卖春情》中“(吴)防御门首开个丝绵铺,家中放债积谷,果然是金银满箧,米谷成仓。去新桥五里,地名灰桥市上,新造一所房屋,令子吴山,再拨主管帮扶,也好开一个铺。家中收下的丝绵,发到铺中,卖与在城机户”。吴家铺子经营收丝发卖生意,由于城中机户增多,所以规模扩大了。又如《警世通言》第三十三卷《乔彦杰一妾破家》中乔彦杰“专一在长安崇德收丝,往东京贩卖了,贩枣子、胡桃、杂货回家来卖”。《醒世恒言》第三十三卷《十五贯戏言成巧祸》中有个卖丝的后生崔宁,卖丝得来的十五贯钱却凑巧成为被判定杀人的证据。当时也有很多机户,《喻世明言》第三卷《新桥市韩五卖春情》中提到的与吴家铺子有业务往来的“织熟绢人家”就是机户。《喻世明言》第二十六卷《沈小官一鸟害七命》中也提到了当时的机户沈昱。这些都足见当时杭州丝织业的发达。

2. 杭州的娱乐场所

作为杭州富庶繁华的另一个表现是当时出现了大量的娱乐场所。这些娱乐场所在当时称为“瓦舍”,“瓦舍”即“来时瓦合,去时瓦解”之意,易聚易散。城内外合计有 17 处,最著名的有清冷桥西熙春楼下的南瓦子、市南坊北三元楼前的中瓦子、市西坊内三桥巷的大瓦子、众安桥南羊棚楼前的北瓦子、盐桥下蒲桥东的东瓦子,其中以北瓦子规模最大。娱乐项目除杂剧外,还有说书、小唱、相扑、傀儡、说经、打谜等,应有尽有。瓦子内又分为许多勾栏,如北瓦子内有勾栏13座最盛,即分门别类的游乐场地。《喻世明言》第二十九卷《月明和尚度柳翠》云:“原来南渡时,临安府最盛。只这通和坊这条街,金波桥下,有座花月楼;又东去为熙春楼、南瓦子;又南去为抱剑营、漆器墙、沙皮巷、融和坊;其西为太平坊、巾子巷、狮子巷,这几个去处都是瓦子。”这些瓦子勾栏也有专门的管理机构,城内隶修内司,城外隶殿前司。瓦子勾栏既是娱乐场所,也是商业最兴盛的地方。

此外还有许多妓院,当时临安城的妓院已遍布城内外,“三言二拍”中就有不少发生在妓院,与妓女有关的故事。如《醒世恒言》第三卷《卖油郎独占花魁》,《初刻拍案惊奇》第二十五卷《赵司户千里遗音苏小娟一诗正果》,《喻世明言》第三卷《新桥市韩五卖春情》,《喻世明言》第二十九卷《月明和尚度柳翠》等。

杭州的山水之美

1. 杭州西湖

西湖是杭州胜景中最美丽最具个性的景点,从古至今受到无数文人墨客的喜爱,他们纷纷为西湖泼墨题咏,西湖诗词成千上万,不可胜数。西湖一直以来都是文化人心中向往的胜地。“三言二拍”中描写到的杭州景致也以对西湖的描写为最。

《武林旧事》第三卷说:“西湖天下景,朝昏晴雨,四序总宜,杭人亦无时而不游。”(6)早在宋元时期,西湖可供游览的著名风景点就有100多处。这就使得宋元时期的杭州人上至皇帝、下至平民无不经常倾城出游，万人空巷，都民士女，罗绮如云。这种游览活动又极大地刺激了消费，因此，当时西湖有“销金锅儿”(7)之称。“三言二拍”对杭州西湖的描写，主要集中于对人们游湖的描写以及对西湖山水的赞美。《醒世恒言》第十六卷写张荩游湖：“那一日天色晴明，堤上桃花含笑，柳叶舒眉。”又引用宋人林升题在临安城一家旅店墙壁上的诗“山外青山楼外楼，西湖歌舞几时休。暖风熏得游人醉，直把杭州作汴州”，来极写西湖之美之繁华。《警世通言》第十四卷描写苏堤景致“和风扇景，丽日增明，流莺啭绿柳荫中，粉蝶戏奇花枝上”。（具体的西湖游览盛况后文有专门论述，在此不再展开。）此外还有许多篇目写到西湖，“三言二拍”中涉及游西湖的篇目共12篇，由此可见西湖的分量了。从这些描写中我们可以看到宋元时期的西湖风景已是美不胜收，吸引着无数游客了。文人对西湖的题咏以及话本小说作者对西湖的描写从各个侧面反映了西湖的山水之美。南宋的迁都给西湖带来了前所未有的繁华，出现了名传千载的“西湖十景”，现有的“西湖十景”早在南宋时期就已定名。元人又效仿宋代设了六桥烟柳、九里云松、灵石樵歌、孤山霁雪、北关夜市、葛岭朝暾、浙江秋涛、冷泉猿啸、两峰白云和西湖夜月这个元十景。因此宋元时期西湖景区已有不小的规模了。

西湖在杭州人的宠爱下已不再仅仅作为一个湖而存在，它已经和杭州融为一体，成为杭州的代名词。它衍生出了一系列的文化：旅游、饮食、诗词、歌舞、品茶……现在人们已弄不清是杭州造就了西湖，还是西湖成全了杭州。西湖作为杭州的代表景观，带给了杭州无穷无尽的魅力。

2. 杭州其他景点

杭州的山水自古就美，宋元时期杭州就形成了许多著名景点。“三言二拍”中提到的杭州景点有西湖、苏堤、白堤、断桥、孤山、钱塘江、西溪、南高峰、南屏山藕花居、万松岭、栖霞岭、翠屏山、冷泉亭、玉泉、六一泉、龙井、保俶塔、灵隐寺、林和靖坟、雷峰塔等。除了西湖,“三言二拍”也对其他景点进行了描写和展现:《警世通言》第六卷《俞仲举题诗遇上皇》写太上皇宋高宗游西湖、灵隐寺、冷泉亭,冷泉亭外“朵朵峰峦拥翠华,倚云楼阁是僧家。凭栏尽日无人语,濯足寒泉数落花”。《警世通言》第十一卷《苏知县罗衫再合》头回中写杭州才子李宏从钱塘往严州访友,看钱塘江秋江景致,有苏东坡词《江城子》为证:“凤凰山下雨初晴,水风清,晚霞明。一朵芙蓉开过尚盈盈。何处飞来双白鹭?如有意,慕娉婷。忽闻江上弄哀筝,苦含情,遣谁听?烟敛云收依约是湘灵。欲待曲终寻问取,人不见,数峰青。”《初刻拍案惊奇》第三十四卷《闻人生野战浮翠庵静观尼昼锦黄沙弄》写闻人生西溪看梅花,只见“烂银一片,碎玉千重。幽馥袭和风,贾午异香还较逊;素光映丽日,西子靓妆应不如。绰约干龙傲冰霜,参差影偏宜风月。骚人题咏安能尽,韵客杯盘何日休?”“三言二拍”对这些景点的描写尽管比较简略,但也足见杭州之美了。

“三言二拍”通过人们游览杭州以及对杭州山水的赞美来展现其山水之美,宋元时期,杭州的山水就已驰名全国,西湖也从此成了杭州一颗璀璨的明珠,杭州的旅游业迅速发展起来。

杭州的风物传说

杭州风物景观众多,早在古代就演绎出许多传说,有的一直流传至今。杭州的风物传说可分为名胜古迹传说和历史人物传说。“三言二拍”中也记载了许多杭州的风物传说。

1. 杭州的名胜古迹传说

《喻世明言》第三十卷《明悟禅师赶五戒》头回有“三生石”的传说,讲的是李源与圆泽三生相会的故事,其后录有多首咏此古迹的诗:“清波下映紫裆鲜,邂逅相逢峡口船。身后身前多少事,三生石上说因缘。”“处世分明一梦魂,身前身后孰能论?夕阳山下三生石,遗得荒唐迹尚存。”如今斯人已去,古迹尚存,这块神奇的石头现仍在下天竺寺西、莲花峰东麓静静地立着,石体高大峭拔,玲珑巉削,韵味无穷,留给人无限的遐想。《警世通言》第二十八卷《白娘子永镇雷峰塔》开头就汇集了许多临安景物传说,从金牛寺到金华将军庙,从飞来峰到孤山路,从白公堤到苏公堤,介绍了许多景观的来历,后文许仙与白娘子的故事又产生了关于雷峰塔的美丽传说。

2. 杭州的历史人物传说

“三言二拍”中介绍的杭州历史人物传说则有钱王传说。《喻世明言》第二十一卷《临安里钱婆留发迹》讲了钱王成长发迹的故事。《警世通言》第二十三卷《乐小舍拚生觅偶》头回讲了钱王救龙王,制服潮水的故事。

这些传说是对杭州人情风物的亲切描写和刻画,表现出对杭州风物的赞美以及杭州人自赏自豪的情绪。这些传说具有十分积极的意义,它们给如诗如画的杭州增添了几分传奇色彩,为各个美丽的景观增添了几分古韵和趣味,增添了杭州城市的文化内涵,促进了现代杭州旅游的发展。正是因为杭州有这么多的名胜古迹和风物传说,杭州才会有“人间天堂”之誉,现代杭州才会被评为中国最佳旅游城市。自古至今,人们对传说的兴趣毫不减弱,宋元时代,小说家津津乐道于风物传说,现在大部分传说都家喻户晓了。

总之,“三言二拍”主要是从富庶繁华的市景、如诗如画的山水、丰富美丽的景观三个层面来描写杭州城,建构杭州这个立体空间场景的。这种描写和建构通过对人们熟悉的场景的再现或详细介绍,让我们真切地感受到了宋元时期杭州的城市风貌,具有重大的史料价值和美学意义。

注释:

(1) 周峰:《南宋京城杭州》,浙江人民出版社1988年10月第1版,第85页。

(2) 周峰:《南宋京城杭州》,浙江人民出版社1988年10月第1版,第85页。

(3)《全宋诗》第七册卷三五四《宋仁宗》,北京大学出版社1998年12月第1版,第4399页。

(4)(南宋)吴自牧:《梦粱录》卷十三《铺席》,山东友谊出版社2001年5月第1版,第178页。

(5)(南宋)吴自牧:《梦粱录》卷十六《酒肆》,山东友谊出版社2001年5月第1版,第211页。

(6)(南宋)周密:《武林旧事》卷三《西湖游幸》,山东友谊出版社2001年5月第1版,第46页。

(7)(南宋)周密:《武林旧事》卷三《西湖游幸》,山东友谊出版社2001年5月第1版,第46页。

“钱塘书会才人”施耐庵

龚玉和　单金发

一、《水浒传》创作，施耐庵的贡献最大

众所周知，施耐庵为元末明初作家（1296—1370）。历代以来，各种版本的书籍对此都有明确记载。明代，高儒《百川书志》载：“《忠义水浒传》一百卷，钱塘施耐庵的本，罗贯中编次。”不难看出，《水浒传》的作者为施耐庵，而书中所署的罗贯中，称之“编次”，想来“编次”大抵是做编辑、厘订、校点之类工作的人。

1.《水浒传》是众多民间艺人与“书会才人”智慧的结晶

从记载来看，确认《水浒传》作者为施耐庵的记载较多，郎瑛的《七修类稿》所记与《百川书志》的记述大致相同；胡应麟《少室山房笔丛》指出：“武林施某所编水浒传，特为盛行，今人一致认为施耐庵是《水浒传》作者”，并谓罗贯中本为其门人。

王圻《续文献通考》称《水浒》为罗贯中所著，学术界对此颇多争议。明嘉靖年间刊印《水浒传》载有“钱塘施耐庵”字样。各种研究表明，明代以前，关于《水浒传》的主要情节是由“先贤书会留传，零散的、一些没有贯穿起来的片断”。包括民间江南地区的一些戏剧、说唱、话本等，经过“钱塘书会才人施耐庵”的精心整理，并在《大宋宣和遗事》等基础上，把一个个零星片断串联起来，再经过“书会才人”的艺术加工创作而成为一部文学巨著。

换句话说，小说《水浒传》是集南宋以来民间艺人和书会才人智慧大成的结晶。

2.“书会才人”是什么

元代，杂剧中心南移杭州，作者多数是下层知识分子，从事话本、杂剧的创作和演出，他们组织创作的团体，称之“书会”，所谓“书会才人”，也就是书会中的剧作家。这些人多数是怀才不遇的下层官吏，或不得志的文人，其地位与身份决定了他们的作品能够真实地反映大众的心声。元《钱塘遗事》卷六记载：“那时把编撰南戏的穷书生称为书会才人。”

现代出版的《文学遗产》杂志中《水浒祖本新议》一文也有：“南戏产生于民间，作者多为穷困潦倒的下层知识分子，他们迫于生计而从事戏剧编撰活动。这些人聚集于城市而成立书会组织，因而，把这些穷书生称为‘书会才人’。他们除编撰戏曲外，同时也创作话本、诸宫调等市民喜闻乐见的文艺作品。”

3. 施耐庵贡献最大

施耐庵自称是钱塘人。但是，有关他的生平事迹，旧籍记载不多，传说亦多参差。《兴化县续志》载明人王道生撰《施耐庵墓志》，谓其原籍姑苏（苏州），后迁淮安。元至顺进士。因不满官场腐败，弃官归乡，从此，自绝仕途，闭门著书。

从近年研究成果来看，关于施先生的生平事迹记载，也相当有限。即使材料有明确记载，但材料本身的真伪与可信程度并没有得到公认。可以认为，施耐庵在杭州做过官，或者说，至少曾经若干年生活在杭州或余杭一带。因而，也有人推测他可能是一个专门为说书艺人编写话本的书会才人，或者本身就是一个粗通文墨、技艺精湛的说书艺人。

众说纷纭，但是从诸多材料的搜集上考察，《水浒传》作为一部文学巨著，并非成于一时之作，也非作于一人之手。自宋至明，这部文学作品是经众多通俗文学家、说唱艺人和“书会才人”呕心沥血艺术创作的成果。

其中，以施耐庵的贡献最大、影响也最深远，这一点则是毫无疑问的。

二、施耐庵与钱塘渊源

1. 施耐庵生平

施耐庵，名彦端，江苏兴化人。出身船家，父操舟为业，家境贫寒，自幼聪明好学，才气过人，事亲至孝，为人仗义。童年时，随父至苏州，13岁时在浒墅关读私塾。19岁考中秀才，娶季氏为妻。29岁中举人。30岁赴元大都会试，结果落第。经友人推荐，到山东郓城任训导，遍搜梁山泊英雄事迹，并熟悉了山东风土人情。35岁与刘伯温为同榜中进士，授任钱塘县尹，任职期间，他对杭州的山水地理、历史典故及风土人文等诸多方面作了考察。只是施耐庵在杭州只当了两三年官，便受不了上司达鲁花赤(官职)的骄横专断，愤然悬印他走，辞官回归故里。后来，以授徒、著书自遣，闭门著述。

2. 何谓“钱塘县尹”

那么,这个“县尹”究竟是一个什么样的官职,当道权贵的“达鲁花赤”又是何许人也,施县尹为何要“悬印他走”,把一个来之不易的仕途给断送了呢?

古时,一个县的长官,称县尹,或称县令。元代,县的大小依户数多寡分上、中、下三等,上县,须六千户以上;两千户以上称中县;不足两千户统称下县。“上县”的官职又分几个等级,坐第一把交椅的官员称“达鲁花赤”;下设“县尹”一员,官位从六品;县丞一员,正八品;主簿一员,从八品;再下便是县尉一员,从九品官衔,等等,不一一叙。换句话说,施耐庵考中进士后,当了杭州的县尹,也就是钱塘县令,或者说,用现代人的话来讲,当上了钱塘县的“副县长”。自南宋以来,当年钱塘之繁华,人口之稠密,先生做的官也算不小了。可是施县尹为何要“悬印他走”呢?况且,从小说《水浒传》文本来看,先生精于词曲,擅长写作,可是,为什么有关《水浒传》之外,很少见到施先生的其他作品流传于世呢?

因此,如果不仔细研究施先生所处的时代,是很难有一个圆满的答案的。

3. 何谓“达鲁花赤”

这里边,施耐庵也许有难言的苦衷。原来,县尹之上,还有一个官员,称之“达鲁花赤”,达鲁花赤是蒙语,汉语称“县监”。据《谭公神道碑》载:“太宗八年(1236)丙申,州县守令上皆置‘监’,‘监’,就是达鲁花赤的别称。”

元代,蒙古统治者虽然用武力征服了中原大地,但是,汉人居住区的反抗之声仍然此起彼伏。因而,他们对汉人官民仍怀有根深蒂固的不信任感。另一方面,蒙古当权者在人力、物力、武力上又无力治理幅员辽阔的汉族地区,及征服占优势地位的汉文化。百般无奈之下,只好任用汉族官员,可是他们又不放心这些汉族官员。于是,蒙古人就派出了诸如“达鲁花赤”一类的官员,对汉族官民进行监管。“县监”由蒙古人或色目人担任,主要负责掌管印信、居上监督县尹以下汉族官民的所作所为。如记载所说:“国朝监官郡邑,咸设达鲁花赤,于官属为最长……其职秩甚尊,而职任甚优。朝家近令以六事责守令,达鲁花赤任与令等。昔之尊而优者,转烦剧矣。”

因而,表面上县尹虽是庶政的实际操作者,裁断庶务,指画政务,判署案牍等。但是,实际上,在蒙古人监管下,作为汉人的“县尹”,只是一个吃力不讨好的职位。不仅要受达鲁花赤的监督制约,而且,事无巨细,都要身负其责,事成了,功劳属蒙古人达鲁花赤,事败了,则要县尹承担一切责任。

换句话说,在元代县级官府中,县尹之职虽充任主持政务角色,但因上司、辟官、莅政、理财、治军等方侵扰,其境处于进退两难的地步。

4. 施耐庵“悬印他走”

虽然元代后期推行科举制度,进士出身的官员进了官府。但是,在深刻的民族矛盾中,种族、等级制度依然牢固,这样的情形并没有得到多大的改变。因而,在县级官员的任用中,同样体现种族分职和民族歧视,或许县级官府品秩太低、蒙古人数量过少等缘故,“达鲁花赤”这一职位由蒙古人、色目人担任,而“县尹”以下的官员则多用汉人及南人。

还有一点,如上所述,在县尹、县簿、县尉等中、下级官员中多用汉人,但同样是汉人,北方的汉人数量远远超过“南人”(“南人”也就是过去南宋统治下的臣民,特别是作为南宋首都临安的钱塘人)。这又是蒙古统治者分化汉族精英中的北方汉人与南方汉人的一种策略。以“北人”制约“南人”,从而维护蒙古人、色目人的特权，坐收渔翁之利。依照蒙古习俗，县尹、县丞、主簿、县尉等又都是长官“达鲁花赤”的那可儿（伴当）。作为蒙古人的“达鲁花赤”多半恃此旧俗，“横暴自恣、盛气立威”，对僚佐“以奴隶蓄之，狗马使之”。从当时的记载来看，施耐庵“悬印他走”，也就不难理解了。

三、“钱塘施耐庵”历史背景

综上所述，施先生在小说《水浒传》中的署名是“钱塘书会才人施耐庵”或者“钱塘施耐庵”字样。显而易见，他是把自己与小说置身于一个普通“杭州人”的地位，这是有其深刻的历史背景的。众所周知，施耐庵身处的时代，与苏东坡或白居易截然相反，后者正是在北宋或盛唐时期，我国社会相对安定，政治相对宽松，经济相对发达。而施耐庵则不然，身处元末明初时期，那是一个民族矛盾深重，并且激烈动荡战乱的年代。

从某种意义上来说，施耐庵虽然才气逼人，但是“生不逢时”。

1. “南北反差”

自南北朝开始，我国经济中心南移，持续了将近七个世纪。北宋亡后，形成了又一次南北对峙。北方是金、西夏和蒙元政权，南部则是南宋。从汉唐到北宋，北方中原地区生产力相当先进。元朝统一前后，由于女真、蒙古入主中原，战乱频繁，北方的社会经济发展水平相对于南方显著落后了，黄河流域的大批人才纷纷南迁到了东南一带。

南宋占据的广大地区，特别是江南经济得以发展繁荣。不仅江南地区经济富庶发达，湖广、江西等地的经济也得到了长足的开发和进步。据初步统计，当时包括今河北、山东、山西和内蒙古等的元腹里地区，其年度税粮数为2271449石；而江南江浙、湖广、江西三省年度税粮数为6496018石，仅江南数省就相当于腹里的2.86倍（不包括江南三省130103锭的夏税）。北方腹里地区年度商税额数为303368锭，江南江浙、湖广、江西三省年度商税额数为400383锭，江南比腹里多出近1/4。显然，元统一后，南、北区域经济差距更为明显。

中原地区经过长期战乱，社会残破，户口凋零，经济发展缓慢，国家财赋不得不更多地仰赖东南地区。从元世祖开始，因为过度依赖江南粮食供给，元大都城内居民吃的粮食也由粟麦改为稻米为主。于是，就有了每年上百万石的稻米海运北上，形成了南方被极度榨取，造成了所谓"穷极江南，富夸塞北"的局面，这也是最终导致南方各省民众大规模反叛的主要原因之一。但是，与经济上北方过度依赖南方形成鲜明对比的是，政治上北方支配南方。蒙古人大举入侵，他们将国都自漠北和林南移到上都和大都，政治中心一直在北方，而经济命脉却远在江南。于是，南北关系上，元朝便呈现了经济上"北依赖南"，政治上"北支配南"的格局，从而造成了汉人，特别是南方各省居民（也就是所谓"南人"）的长期抗拒心理。

2. "族群等级"

蒙元帝国建立后，统治者将社会等级分为蒙古、色目、汉人、南人四个族群等级。

但是，汉族毕竟地域宽广，人口众多，文化、社会生活等比其他民族要先进得多。蒙古人为离间分化汉人，又将汉人区域划分为"北人"与"南人"。所谓"南人"，即原先居住在南宋统治地区的人民，特别是作为南宋首府杭州的居民，即所谓"钱塘人"。

可想而知,在元代等级顺序中,处于最低微、最下贱位置的是“南人”,而在“南人”中,又以“钱塘人”最得不到蒙古统治者的信任。种族与社会等级的交错复合,导致社会秩序的混杂变乱,最终激化了社会矛盾和统治民族、被统治民族的矛盾,逼迫南方各省民众纷纷揭竿而起,造成了激烈的社会动乱。在这样的背景下,作为汉文化代表的施耐庵“悬印他走”,也就不会令人奇怪了。

四、施耐庵离开钱塘后

施耐庵离开钱塘后,回到故里闭门著书。此时,张士诚起兵反元,在平江(苏州)称吴王,张士诚的一名部将与施交情不错,便向张推荐施耐庵为其幕僚。但是在多次延请后,施仍不肯应征,张士诚只好亲自登门拜访,邀请其出山。此时,他来到施耐庵的宅第,见到他正在书房里撰写《江湖豪客传》一书,也就是《水浒传》初稿。施耐庵成为其军师后,未久,张士诚降元,施屡谏不从,料张日后必败。于是,便弃官他去,到了江阴祝塘东林庵坐馆教书。

未久,张士诚果然兵败。朱元璋在苏州搜捕张士诚部属,施耐庵曾为张士诚的军师,只得避祸而回到大丰市的白驹镇定居。后来,朱元璋发兵围攻平江,战乱波及江阴。施耐庵想到兴化地处偏僻,四周环水,一向有“自古昭阳(兴化)好避兵”之说。

于是,施耐庵带着续娶妻申氏、二弟彦才和门人罗贯中,冒着烽烟,渡江北上,在那里隐居著书,过一种恬淡安逸的生活。未料,生活并不如施耐庵所想。《水浒》成书后不胫而走,传入宫中,朱元璋阅后,颇有不悦之色,曰:“此乃倡乱之书也,此人定有逆谋。”下令将施耐庵关进大牢,后经刘伯温多方营救,才于明洪武三年释归,途中客逝淮安。

五、杭州人的骄傲

我们可以这样设想一下,施耐庵自幼勤奋苦读,到了 19 岁,考上了秀才,一直熬到 36 岁才中进士,好不容易博得一个功名,做了钱塘“县尹”。可谓千辛万苦,总算“媳妇熬成婆”,原本可光宗耀祖了。他会如同别人一样,珍惜这份来之不易的职位。但是,施耐庵偏偏只做了两三年官,就挂冠他走了,实在是有万不得已的苦衷(虽然史书上没有这种记录)。附带说一句,作为汉族官员施耐庵,在蒙古贵族的淫威之下,本来可以自称为“北人”(他的出生地在苏北兴化,后期不属南宋疆土),这样,他的族群背景不就可以提高一个档次了?但是,他没有这样做,而是自称“钱塘书会才人施耐庵”。

“钱塘书会才人”何许人也?

如上文所说,“书会才人”只是穷困潦倒的书生、说书人的代名词而已。

由此不难推想,施先生对于钱塘百姓、对于西湖的山水怀有深深的眷恋之情。他为维护钱塘人(“南人”)的利益,不惜敢于冒犯上司“达鲁花赤”,甚至“弃官他走”。

这让人想到,施先生或许才真正是一条汉子、杭州人的骄傲。同时,施耐庵的人品,正是作为后代的杭州人要引以为榜样和荣耀的。当我们从他的小说《水浒传》中清楚地看到,大量对钱塘山水风貌景观的描述,并将西溪的地理特征、人文风貌等绘声绘色地写进小说之中,也就不令人感到意外了。

而西溪旅游,古往今来,一向以杭州的"副西湖"自居,它的代表人物——施耐庵,曾作为"钱塘县尹"而留下了古今传诵的文学巨著《水浒传》。施先生将西溪的山水风貌特色,融进了他的作品之中,令西溪山水更添人文灵气。套句行话,"县尹",就是杭州的"副县长",就地理范围而言,当年钱塘县管辖的范围远大于后来的杭州府、临安府,施耐庵作为"副西湖"西溪文化的代表人物,应该是顺理成章的事。

西湖,因苏、白二公诗文更具魅力,苏、白二人也因杭州人的世代怀念而流芳百世;那么,西溪以施耐庵的文学作品《水浒传》对西溪的描述,而令山水更加增辉添彩。游客来到西溪,睹物思人,施氏及他的巨著《水浒传》也将在西溪旅游业的腾飞中更加深入人心。

毫无疑问,西溪旅游极具开发潜力,其发展前景不可估量。不久的将来,西溪旅游将与西湖并驾齐驱,形成杭州的两大钱塘文化旅游品牌。近期,西溪湿地作为杭州"副西湖"定位。远期,将与西湖旅游并驾齐驱,成为江南旅游业的两支劲旅。可想而知,西溪旅游的地域文化内涵的注入,以及施耐庵及《水浒》人文的添加,将令西溪山水锦上添花,成为西湖景区之外的另一个江南著名旅游胜地。

《金瓶梅》中宋元杭州吴语方言考

杨子华

说起杭州吴语方言乃渊源于南宋,当时北方大量移民的南迁,使北方的官话与原来的杭州吴语方言融合成了半官话混合型吴语方言。事实上正是由于杭州半官话吴语方言,兼有北方官话和南方吴语的双重性质,便很自然地成了宋元兴起于杭州的宋元话本小说的“通语”。《金瓶梅》所运用的方言主要不是北方方言和山东方言,而是杭州吴语方言。

《水浒传》就是由元末明初杭州书会才人施耐庵在杭州“小说”和“讲史”话本的基础上成书的。而《金瓶梅》虽然不像《水浒传》那样是积累型集体创作,但《金瓶梅》却是承袭了《水浒传》以及宋元话本小说的杭州吴语方言的传统。据黄霖先生的考证《金瓶梅》的作者屠隆是浙江鄞县(宁波)人(此为一说),因此“这部以山东为背景的小说还是流露了不少南方,特别是浙江的方言和习俗”(见氏著《〈金瓶梅〉作者屠隆考》,《复旦学报》1983年第三期)。万历四年屠隆在杭州中举,之后曾一度寓居在杭州。因此他对杭州的风土人情、方言口语非常精通。可以说屠隆正是娴熟地运用了杭州吴语方言,出色地描写了不少市井化、平民化、个性化的鲜明人物形象。笔者还认为"《金瓶梅》在语言艺术上的最大特色便是大量运用独具杭州地方风味、民俗色彩和轻快悦耳音韵的'儿尾'方言来描写市井人物的语言"(见《〈金瓶梅〉用"儿尾"方言来描写人物》,《郧阳师范高等专科学校学报》2005年第二期)。本文仅对《金瓶梅》如何从《水浒传》中承袭了以及从宋元话本小说中吸取了大量的宋元杭州吴语方言作一些举例引证。

称 谓 方 言

市井社会纷繁复杂的民俗文化在方言方面的集中表现便是称谓方言;而《金瓶梅》正是由于准确地、巧妙地运用各种不同的称谓方言来描写人物,特别是人物的对话,从而突出了《金瓶梅》语言的这种市井化、平民化、个性化的特点。

【经纪人】

例①《金瓶梅》第三回:

> 西门庆道:"原来就是武大的娘子。小人只认的大郎,是个养家经纪人。"

"经纪",经营买卖;"经纪人",指商贩。"经纪人"这个称谓方言最早出现在南宋商业经济非常发达的都城杭州,据杭人吴自牧的《梦粱录》卷十三"夜市"条下所载:"杭城大街,买卖昼夜不绝……又有经纪人担瑜石钉铰金装架儿。"南宋长期寓居于杭州癸辛街的周密的《武林旧事》卷六还专门辟了"小经纪"

这个条目。而且“经纪人”这个当时很时兴的称谓方言也广泛地被吸收到了宋元杭州的话本小说里。如《错斩崔宁》(《京本通俗小说》第十五卷):“不若改行从善,做个小小经纪,也得过养身活命。”

《金瓶梅》中,如例①,这个“经纪人”的称谓方言连同西门庆的这句话都是从《水浒传》第二十四回移植过来。由于《金瓶梅》里的西门庆在《水浒传》的“破落户财主”的基础上还增加了一个大富商的身份,因此《金瓶梅》中也频频出现了“经纪人”这个称谓方言。如第九十四回:“等我替你寻个单夫独妻,或嫁个小本经纪人家。”

【破落户】

例②《金瓶梅》第二回:

原是清河县一个破落户财主,就县门前开着个生药铺。

“破落户”,原来指衰落破败的富贵人家,后来也指地方上的无赖子弟和流氓痞子。据《西湖游览志余》第二十五卷:“撒泼无赖者,谓之破落户。”“破落户”乃是宋元杭州独有的称谓方言,据南宋《咸淳临安志》卷八十九:“绍兴二十三年四月甲戌,上谓大臣曰:‘近令临安府收捕破落户,编置州外。’”“破落户”这一称谓方言也被运用到宋元的话本小说中去,如《错认尸》:“浙江宁海军(即杭州)……有一个破落户,叫名王酒酒,专一在街市上帮闲打哄,赌骗人财。”《水浒传》中也多处运用了“破落户”。还说高俅也原是个“浮浪破落户子弟”(第二回)。

《金瓶梅》中,如例②,这一句介绍西门庆出身的话,也是移植自《水浒传》第二十四回。此外,《金瓶梅》第十一回介绍西门庆结识的十个朋友中,“头一个唤应伯爵,是个破落户出身”。

第三十三回介绍西门庆新搭识的开绒线铺的伙计韩道国“乃是破落户韩光头的儿子”。

娼妓方言

作为一部在中国小说史上开人情小说先河的《金瓶梅》,用大量篇幅来描写嫖妓宿娼与娼妓宴集游乐,因此娼妓方言在整部《金瓶梅》中占有非常显眼的地位。

【角妓】

例③《金瓶梅》第五十五回:

> 那些小优们、戏子们,个个借他钱钞,服他差使;平康巷、青水巷这些角伎,人人受他恩惠。

“角伎”,即角妓。出色的妓女或艺妓。明徐渭批《西厢记》:“宋人谓风流蕴藉为角,故有角妓之名。”据《西湖游览志余》第十六卷:“淳熙初,行都角妓陶师儿与荡子王生狎。”又如宋元杭州“讲史”话本,即《水浒传》蓝本《大宋宣和遗事》:“这个佳人,名冠天下,乃是东京角妓,姓李,小名师师。”而《大宋宣和遗事》中的“角妓”李师师,被后来的《水浒传》移用到了第七十二回:“问茶博士道:‘前面角妓是谁家?’”

《金瓶梅》中,如例③,这个“角妓”可能与《水浒传》中的“角妓”有关,但是《水浒传》中宋江背后称色艺双绝的歌妓李师师为“角妓”,是很合适的,而《金瓶梅》中,却称“平康巷、青水巷”的这些无名私娼为“角妓”那就有些不当了。

【行院】

例④《金瓶梅》第二十回：

想着先前，乞小妇奴才压枉造舌我那一行院，我陪下十二分小心，还乞他奈何的我那等哭哩。

“行院”，指妓女与妓院。据王国维《宋元戏曲考》：“行院，大抵金元人谓娼妓所居。”在宋元时，杭州就已经有“翠锦社（行院）”那样的属于歌妓的社会组织了（见《武林旧事》卷三）。自南宋一直流传至明代的讲述济公的平话（即评话）《济颠语录》（乃现代杭州评话艺人说的《济公传》的前身）：“叫当直的来分付：‘叫三个唱的行院来。’不多时，三个唱的来到。”“行院”这一娼妓方言在《水浒传》中也多处被运用。如第五十一回：“不知此处近日有个东京新来打踅的行院。”

《金瓶梅》中，如例④，这里潘金莲说的“那一行院”，便是指妓女出身的李娇儿。《金瓶梅》中经常出现的“院中”、“院里”，即指行院（妓院），如第六十回：“那日伯爵领了黄四家人，具帖初七日在院中郑爱月家置酒请西门庆。”

饮食方言

《金瓶梅》是一部以叙述西门庆家庭生活为主要内容的人情小说，因此，有关日常饮食生活也占了不少的篇幅。

【点茶】

例⑤《金瓶梅》第二回：

西门庆叫道：“干娘，点两杯茶来我吃！”……不多时，便浓浓点两盏茶放在桌子上。

"点茶",是流行于宋时杭州等地的用沸水泡茶的一种方法。据蔡襄《茶录》"点茶"一节记点茶法:"茶多汤少,则云脚散;汤少茶多,则粥面聚。钞茶一钱七,先注汤调令极匀,又添注入,环回击拂,汤上盏可四分则止。"按南宋时杭州民间有"点茶"的习俗。据《梦粱录》卷十六"茶肆"条:"巷陌街坊,自有提茶瓶沿门点茶,或朔望日,如遇吉凶二事,点送邻里茶水,倩其往来传语。"南宋杭州话本小说《快嘴李翠莲记》(《清平山堂话本》):"三朝点茶请姨姨。"

《金瓶梅》中,如例⑤,此处王婆为西门庆点茶这一段故事情节,乃由《水浒传》第二十四回移植过来。《水浒传》中的"点茶"在茶坊,而《金瓶梅》中的"点茶"却多在妓院。如第十一回:

虔婆让三位上首坐了,一面点了茶,一面下去打抹春台。

【炊饼】

例⑥《金瓶梅》第五回:

转了两条街巷,又见武大挑着炊饼担儿,正从那条街过来。

"炊饼",是南宋时杭州市民的一种主食点心。在《梦粱录》卷十六:"沿街及巷陌盘卖点心、馒头、炊饼及糖蜜酥皮烧饼。"宋元杭州的话本小说《郑节使立功神臂弓》(《醒世恒言》第三十一卷):"郑信唱了喏,把酒肉和炊饼吃了,披挂衣甲,仗了剑。"

《金瓶梅》中,如例⑥,在《金瓶梅》的前几回中多处写到武大以及他卖炊饼的情节,都是从《水浒传》里承袭过来,但由于

情节的改变,因此,比《水浒传》增添了几段有关武大及他卖炊饼的描述,如第一回:

这武大自从娶的金莲来家,大户甚是看顾他。若武大没本钱做炊饼,大户私与银五两,与他做本钱。

有些人将《金瓶梅》以及《水浒传》中武大郎卖的炊饼,说成是烧饼,那是错误的,因为炊饼是放在蒸笼里蒸熟的,而烧饼却是用火烤熟的。

穿戴方言

既为了反映市井生活的需要,又为了描写人物形象的需要,《金瓶梅》所描绘人物的穿戴,可谓绚丽多姿、花样翻新。

【头巾】

例⑦《金瓶梅》第二回:

妇人正手里拿着叉竿放帘子,忽被一阵风将叉竿刮倒,妇人手擎不牢,不端不正却打在那人头巾上。

"头巾",宋代侍宦或职官和普通百姓都戴头巾,但戴的头巾式样不同,普通百姓戴的头巾是用两带系在脑后。据《梦粱录》卷十三"铺席"条载:南宋时,杭州各处多开设"头巾"的专卖店,著名的如保佑坊前孔家头巾铺、沙皮巷孔八郎头巾铺、三桥河下杨三郎头巾铺。而且杭州的这种穿戴习俗也反映到宋元的杭州话本小说中,如《错斩崔宁》(《京本通俗小说》第十五卷）："却见一个后生头带万字头巾，身穿直缝宽衫。"

《金瓶梅》中，见例⑦，这一段写潘金莲拿着的叉竿打在西门庆头巾上的非常关键的细节描写，也是从《水浒传》第二十四回按原样移植过来。"巾帻"是头巾中的一种，其裹束比较简便，乃是平民的装束。《金瓶梅》第五回：

与他梳了头，戴上巾帻，穿了衣裳，取双鞋袜与他穿了……

【头面】

例⑧《金瓶梅》第二十回：

见他头上戴着一副金玲珑草虫头面，并金累丝松竹梅岁寒三友梳背儿。

"头面"，妇女头上的饰物。《梦粱录》卷十三载，南宋时杭州有一家著名的头面专卖店："小市里舒家体真头面铺。"据清杭人翟灏《通俗编》二五："《乾淳起居注》：'太上太后幸聚景园，皇后先到宫中起居，入幕次，换头面。'按俗呼妇女首饰曰头面。据此，则宋已然矣。……今杭俗女子初嫁有所谓大头面，当本于此，盖亦宋俗之遗也。"《水浒传》中也频频出现"头面"这一服饰方言，如第二十一回："宋江又过几日，连那婆子也有若干头面衣服，端的养的婆惜丰衣足食。"

《金瓶梅》中，如例⑧，李瓶儿头上戴的"金头面"，经工艺加工成精巧剔透的草虫造型。第七回写到孟玉楼就有用金镶嵌宝石极为贵重的"金宝石头面"。

民俗学视野中的罗隐及其传说、故事

吕洪年

我读已故上海作家、资深报人刘金先生的《吹沙居杂文》，发现有一篇《由罗隐的故事想到的》，其中开头这样说：罗隐"是个才子，诗和文都写得好，在当时颇有名气。不知什么原因，在他身后，浙江民间流传了许多关于他的传奇故事"。

这里有两个问题，一直萦绕在我的心头：一个是在1984年7月，刘金先生写这篇文章时，他到底想到了什么？一个是在罗隐身后出现那么多传奇故事与他一生的历史并不相符，这到底是什么原因？

时间已经过去了二十多年，刘金先生想到的和所问的问题，至今似乎并没有得到解决。为此，我提交给富阳市罗隐研究会成立大会的文章，便写了《民俗学视野中的罗隐及其传说、故事》这个题目，试图解决至少在二十多年前便已存在的问题，并就教于各位专家学者。

一、罗隐个人历史的出格

刘金先生由罗隐的故事所想到的,其实是这样的一个问题:对于至今尚在口头流传的罗隐故事,我们应该怎么办?我们既不能将它的糟粕连同精华一起保存下来,又不能将它的精华连同糟粕一齐抛掉,怎样才能严格地做到剔除糟粕,细心地保留精华,使这个故事不致在时光的流逝中连同糟粕一起湮没无闻。其实,精华与糟粕是一个事物的两方面,它们同属于历史,只要我们知道它产生的过程,进行科学的处理,两者都是可以成为有用的东西的。

罗隐一生是不平常的一生,可谓磊砢英多的一生。查询他的生平事迹,便可知他之所以引起当时人与后世人的感叹与同情,而自然而然地进入民间传说领域的原因。罗隐的一生有以下三个特点:

一是他才学出众却仕途失意。据有关的史书记载,罗隐自小孤贫,长而有才,但潦倒了大半生,竟未曾中得进士。据元大德六年紫阳山人方回的《谗书·跋文》说:唐懿宗咸通元年(860),“隐在京师举进士,留七载,不第。咸通八年著《谗书》。”仕途失意,并非他没有才学,反因他是才艺超群,卓尔不凡。这便令人不解与感叹,成为人们关注、议论、推测与探求、解说的聚焦点了。他的人生遭际与坎坷历史,便成为人们进行口头文学创作的丰厚土壤了。

二是有人对他倾心却因其貌不扬而婚姻不遂。据有关的史书记载,罗隐虽20年没有中得进士,但文名很盛,时人有“江南第一才子”之称。姚士麟在《两同书·跋》中说:隐在长安,“为宰相令狐绹、郑畋所知。畋女览隐诗,讽诵不已。畋疑女有慕才意。隐貌寝陋,使女一日帘窥之。自此(女)绝不咏其诗。绹子滈登进士,隐以诗贺之。绹谓滈曰:‘吾不喜汝及第,喜汝得罗公一篇耳!’”罗隐的婚姻失败,让人叹惜,失就失在人家重貌而不重才也,失就失在自己全然不知却让人窥而弃之也。这不禁让好事者而且也让普通人都顿生“奇而传示”之心。

三是他不遇于当世而语多讥讽。因为“不遇于当世”,所以诗文中多“愤闷不平之言”,而这又使他越遭忌,越不能飞黄腾达。据姚士麟说:昭宗闻罗隐之名,“欲以科甲处之。有大臣奏曰:‘隐虽有才,然多轻易。明皇圣德,犹横遭讥。将相臣僚,岂能免乎凌轹?’帝问讥谤之词,对曰:‘隐有《华清诗》曰,楼殿层层佳气多,开元时节好笙歌。也知道德胜尧舜,争奈杨妃解笑何!’其事遂寝”。

罗隐的才学不光光是他自负,也是后来他在吴越王钱镠手下做事时所实际证明了的。钱镠初授镇海军节度使时,叫沈崧起草谢表。沈崧舞文弄墨,“盛言浙西繁富”。罗隐看了说:“事实上,浙西兵火之余,并没有这样繁富。而且,如今朝廷执政正急于聚敛财货,见你浙西如此繁富,岂不要来需索?”他便提笔将有关文字改为:“天寒而麋鹿常游,日暮而牛羊不下。”看去好像繁富,又好像荒凉,教人捉摸不定。朝廷看谢表至此,说:“此罗隐辞也。”

钱镠待罗隐很好。由于他的提拔和举荐,罗隐由节度判官、盐铁发运副使、著作佐郎、司勋郎中一直做到谏议大夫、给事中。“一日,罗隐寝疾,王亲临抚问,因题其壁云:‘黄河信有澄清日,后世应难继此才。’隐起而续末句云:‘门外旌旗屯虎豹,壁间章句动风雷。’”

由于以上这些真实的史实，使罗隐这个人的名声不胫而走。无论当时的士人与普通人，还是后世的知识阶层与知道他的乡人，都自觉不自觉地关心起他的身世经历、曲折起伏以至于终老结局等等，所以在他身后便有许多关于罗隐出世、出格、出奇、出神的传说和故事。这是符合社会学与传播学乃至于民众心理学之规律的必然结果。

二、罗隐民间传说的出奇

由于罗隐这个人的特殊身世与超凡脱俗的才学与文思，使许多人探寻他的不平常来历，因而在其故事的流传过程中，由于许多民众艺术家的想像与创造，同时对某些地方文化、人情世风的吸纳、继承与弘扬，便有种种关于罗隐秀才的传说。这里，“秀才”两字，应是褒义与昵称，而不是贬义与谑称。俗云：“秀才遇见兵，有理说不清。”罗隐在当时那个黑暗、不公的时代，即使有天大的理，也是没处可以申说的。而知道他、熟悉他、了解他或者对他有所风闻的人，却为之津津乐道，并演绎出许多美丽而神异的传说来。

传说之一：关于罗隐出世的故事。据前人记录的资料与复述的文本，罗隐的父亲是个农民，夏日上山守望庄稼，与一个化成美女的老虎精相爱。此事被哥哥发觉，将它脱在草棚外面的虎皮偷走，压于粪缸之下。老虎精没了虎皮，再也不能回复原形，遂与罗父相偕回家，结为夫妇，生下罗隐。后来妯娌间发生争吵，嫂子一气之下，将虎皮从粪缸下挖出扔在她面前。她便就地一滚，依然变作一只老虎，将嫂嫂、哥哥、丈夫都咬死。再要咬孩子时，老祖母急忙用一只谷箩罩住孩子，并用拐杖敲打它的额头,骂道:“畜生!连自己的亲骨血也要咬吗?”老虎即眼中出泪,大吼一声,出门而去。这孩子因是谷箩保护下来的,所以就取名罗隐。

凡是研读民间文学作品和修习民间文艺学、民俗文化学的人,几乎一看便知:这是把石器时代和原始社会时期,人们对动物、植物等自然物的崇拜、信仰和口碑照搬到奇人、文士、智者罗隐身上了,用现存的民间口头传说来渲染、点化和强化罗隐,这是人们对罗隐“不平凡”来历的解释与评赞。

传说之二:关于罗隐“出格”的故事。说罗隐成了孤儿,和祖母相依为命,日子过得很难。长到六七岁时,祖母要送他到附近的蒙馆去读书。从家里到蒙馆,要经过一座庙宇。罗隐每次打从庙门走过,总看见里面的菩萨会站起来,好像对他致敬的样子。他感到很奇怪,回家告诉祖母。第二天,祖母跟了罗隐去,想亲眼看个明白。到了庙门口,罗隐说菩萨又站起来了,但祖母看不见。第三天,祖母预先在菩萨的膝头放一把剪刀。罗隐刚过去,就听见当的一声,剪刀掉在地上。祖母终于相信菩萨见了罗隐会站起来是真的,并且认定,罗隐将来有帝王的福分。

在今天看来,这也许是“迷信”,但如果我们把它放到过去的时代去分析,这也是情理中事。根据马克思主义的观点,“神,是人按照人自身而造成的”,这其实是当时人对罗隐所作的最好评赞,是赞美词中的“极致”,因为当时人认为“成道成佛”是至高无上的。这一说法,正是人们对罗隐在旧时代不幸遭遇的抗争与泄愤。这一传说不仅为民众所乐道,而且也为人们所信仰。信仰是人的一种精神动力,人要是没有信仰,便如同行尸走肉般丧失了灵魂。

传说之三:关于罗隐出奇的故事。根据采风所得与参考前人记录,可知罗隐之奇就奇在“讨饭骨头圣旨口”。故事这样说:罗隐家里很穷,常常要向左邻右舍借米借盐。借的次数多了,加上有借无还,邻居们渐渐地不愿意了。他祖母是心地褊狭的人,一次次借东西碰了壁,她都记恨在心。上灶的时候,她常常一面切菜,一面唠叨:“跟张三借米,张三不借,一遭;跟李四借盐,李四不借,又是一遭……”灶司菩萨耳朵有点重听。祖母说“一遭”,他误听为“一刀”。听的次数多了,灶司菩萨未免有点担心:如果罗隐做了皇帝,动不动就是“一刀”,要杀掉多少人?他就上天去奏闻玉帝。玉帝是个糊涂神,灶司菩萨说什么,他就信什么。他马上传旨,差雷公菩萨去把罗隐的“龙骨”拆掉。祖母看这阵势,急忙叫罗隐去咬住马桶盖。结果,罗隐一身“龙骨”全给雷公拆光。只因雷公怕脏,没拆他的嘴巴骨。因此罗隐剩下一张所谓的“圣旨口”,他说什么就能“应”什么(包括应声、应验)。

这个故事其实是表达了人民群众对于天才罗隐“夭折”的惋惜,其中还掺杂进了传统的对“灶王爷”的口碑与信仰,虽说是带有神话色彩的传说,但却从中可以照见人们“哭天抢地”的“鸣冤”之声。民众没有把天才“夭折”的原因归咎于当时的现实社会,而归咎于“上天言好事、下地降吉祥”的灶神的“耳背”。这看上去好像是“糟粕”,其实却非常合理,使讲述者与听众都不必“剑拔弩张”,而是感到十分诙谐、幽默,切合生活的意趣。

以上的分析与评论,是对传说故事背后“民心民意”的管窥蠡测,是否真有一点道理,留待学者与读者去评议了。但我想,这样的分析与评论,也许正是我们今天对待民间口头文学遗产应有的理念与态度。

三、罗隐"出口成谶"故事的出神

从罗隐的传说进入罗隐的故事,经历了一个漫长的历史过程。传说,是历史的影子与同路人,不管它怎样地传奇与浪漫,甚至于怪诞,但它毕竟还有一定的历史的真实因素。然而,故事却不同了,故事是随着编创人为表现主题的需要,任意地虚构与编造,使之典型化。所以罗隐的故事在漫长的历史演进中,经历了出世、出格、出奇直到出神这样一个"出史"的过程。罗隐故事的出神,神就神在主人公的"出口成谶",因为他是"讨饭骨头圣旨口",因此只要他出过口的,便能事事应验。

故事中的罗隐,不是真实的历史人物罗隐,而是"圣旨口"的典型,这大约始于元明时期。下面举个例子:传说有一次,罗隐沿河走去,碰到河岸上架着一部水车,拦住了去路。罗隐要正在车水的农夫拆掉水车,好让他通过,农夫不肯。罗隐恼恨农夫不给他面子,说:"人在车上走,水在车底漏。你不要后悔。"罗隐过去以后,果然水都从车底漏走了,再也戽不上来。农夫急得要命,连忙追上去跟他赔礼道歉,央求他把话重新说过。罗隐余怒未息,回到田边,改口说:"日日三百担,夜夜三百担,一日不担水,田土当即干。"说完扬长而去。从此,这块田每天得挑六百担水灌溉它。一天不挑,它就干涸了。

这则故事中的罗隐与历史上真实的罗隐就完全不同了。罗隐对劳动者总是富于同情心和正义感,绝不会蛮横地要他们拆去水车而让自己过路。但是为了表达罗隐的"圣旨口",能"出口成谶",就不得不脱离历史上真实的罗隐而按创编者个人的意愿来塑造罗隐了。这里重要的问题是:这些塑造到底有什么意义和价值？从民俗文化的视角出发，基层群众创编故事，说主人公是“圣旨口”，体现了人民大众在贫穷落后的生活环境中想达到与实现自己“随心所求”的意愿，这对他们悲苦生活的精神慰藉是很大的。即使有些不合理或者根本无法实现与达到的意愿，在故事中一时得以实现与达到，也是精神上的快乐与享受。当然这不过是一种暂时的“陶醉”罢了。这虽有消极的一面，但对在苦难中的大众来说，这种慰藉与陶醉是使自己在“绝望”中得以维系生命，另图生存所必需的。因此从历史唯物主义与辩证唯物主义的观点来看，它还是起了一定的健康、积极的作用的。

罗隐的这类故事在民间流传得相当多，是一个数量众多、长短不一、意趣各异的庞大的“故事群”。这是一种十分可贵并且也不多见的民间文化现象。这类故事的娱乐性、趣味性、宣泄性都非常强，劳动者与穷苦人往往在这类故事中得到一种“快慰”，从而在情绪上得以调整与得到平衡。

最后，应当再论述一下罗隐的传说、故事这一大宗宝贵的口头文学遗产应如何保护与传承的问题，因本文篇幅所限，只好等待机会再作详细的讨论了。以上所论，不当与谬误之处，一定不少，敬请方家指正。

一代儒宗马一浮先生的家史补订

马大成

梁漱溟先生誉为“千年国粹，一代儒宗”的马一浮先生，是浙江省文史馆第一任馆长。他的家史扑朔迷离。滕复先生在2007年8月由浙江人民出版社出版的《一代儒宗——马一浮》中，根据马一浮自述中“明以上世系不可考”一句，就对马氏的家史不作考证，这对了解儒学大师马一浮先生是一个很大的缺憾。现今在介绍马一浮先生的文章中，其家史一段都没马一浮先生自述清楚。更有甚者，1995年12月，由高文德先生主编，吉林教育出版社出版的《中国少数民族史大辞典》竟将“一代儒宗”马一浮收入该辞典中，定马一浮为回族，这更是毫无根据也是不负责任的。其实马一浮先生的家史信息非常清晰，在此我作一些简略的介绍，以供方家研究和进一步考订。

先看看马一浮本人对家史的两次叙述。1901年5月，马一浮先生撰写的《先考马公行状》记载：“府君马氏，讳廷培，字冠臣，浙江绍兴府会稽县东墅里人。其先盖出于汉会稽太守马棱，明初始由嵊迁会稽之吴融，继迁东墅。明以上世系不可考，自府君溯始迁东墅，凡十六世，代有清德。我高祖俊生公，累赠通奉大夫，江南徽州府知府。我曾祖人骥公，以府君贵，貤封朝议大夫。我大父楚材公，追赠盐运使知事，与我本生大父丙鑫公，均诰封朝议大夫。”1947 年 3 月，马一浮在《会稽马氏皋亭山先茔记》一文中说：“马氏之先出于伯益。六国时赵奢为赵将，号马服君，子孙因以为氏。在汉居扶风茂陵，世次绵邈，谱牒散缺。自五代时，讳维升者避梁后唐之乱，实始居嵊，为大族。后徙会稽，初居吴融。明洪武间，讳思德者，复由吴融徙东墅，别为东墅马氏，世世以儒学者著。明亡，三世不应举，至清乾、嘉时始预乡会试。先高祖讳俊生，赠中宪大夫。先曾祖讳人骥，赠朝议大夫。道光元年，先曾伯祖讳步蟾，官御史，特疏请以先儒刘宗周从祀文庙。明儒得从祀者始此。先祖兰舫公讳楚材，先本生祖厚山公讳尚坤，并居敬慎独，服膺刘子。厚山公以经术教授乡里，早卒。兰舫公优长吏事，屈在簿尉。咸丰十一年，滇寇略四川，连陷十余县。公拒守仁寿，死事甚烈，清廷褒异，县人祠之。先考冠臣公讳廷培，以序宜为后，入川佐幕，遂从禄养。大吏重其才行，光绪初署潼川府通判、仁寿县知县。”

根据《马氏文英堂家谱》、《马氏齿德堂家谱》、《马氏诚忍堂家谱》等记载，马氏家族以陕西扶风茂陵为宗。马一浮的远祖要追溯到后唐、五代时期。东汉时马融，字季长，宦越，设绛帐于会稽（今绍兴）玉东山，命名此地叫“马家埠”。唐明宗时，马融第三十三世孙马华，字湘茂，因避“鼎革之乱”，从距绍兴城南十里的马家埠迁往今嵊州市谷来镇马村，并命名此地为“马村”。《嵊州志》记载：“马姓先祖最早到村安居落户，以姓氏命名。”马华的儿子马福，字维升，唐天成二年（927）在金华做官，晚年也居住在马村。马福因无子，继古虞县（今上虞）书法家虞世南第九世孙虞天佑的第四子虞团为嗣，取名继宗（虞天佑之妻吴氏是马福妻姐)。马氏家谱记载:“马继宗,号湘水,行悠四。天福二年丁酉乡举,后汉乾祐二年为杭州右厢二干办,周显德二年转都干办累官至学士,娶妻赵氏,诰赠夫人。”今绍兴一带马姓多以虞团为世祖。马继宗即是马一浮家族的始祖。考《马氏人和堂家谱》,族规中第五条有“虞马不结婚姻以我世祖自出于虞也”的记载。因为这支马姓实出于虞姓,所以有此一禁。

马继宗去世后葬于“龟山”。龟山,一名飞来山,亦称怪山。《越绝书》载:“龟山者,句践起怪游台也。东南司马门,因此昭龟。又仰望天气,观天怪也。高四十六丈五尺二寸,周五百三十二步。”传说龟山风水好,能保佑子孙兴旺、科甲绵绵。马继宗生一子珂,字仁禹,珂生一子鸾,卒后皆葬绍兴平水日铸山,即“昔欧冶之铸五剑,采金铜之精于山下”的日铸山。范仲淹在绍兴做官时曾到马珂墓,并为马珂写有墓志。墓志铭曰:“既丰其德,亦有其技,历仕三朝,政绩优异;闻公之名,慕公之义,千载一心,濡毫志契。”据《嘉泰会稽志》载,唐大书法家永兴公虞世南终老于绍兴,葬在今绍兴山南镇,唐封虞世南为会稽山神。贞元元年四月奉诏在绍兴山南镇立永兴公庙,碑由羊士谔撰,韩杍材书,韩方明刻。马继宗子孙三代死后都葬在绍兴,是因为马氏本是从绍兴马家埠迁往嵊州,还是与虞世南墓和永兴祠有关,诸家谱没有提及。

马氏既是宋时绍兴望族,早在周显德四年,马氏为表彰马珂高中进士,在嵊州马村就建有一坊叫“进士坊”。后马氏甲第绵绵,又将“进士坊”改名为“联桂坊”。山阴状元王佐说,“联桂”即“倡之前而培之后,使之越世更新,而绳绳不绝”的意思。明正学方孝孺稽其家乘,据其实绩写下“丛贵堂”三字,与“修天爵而人爵从之”。南宋时,马氏在马村建有一座名园,名曰“梅园”,内置梅亭、清吟斋、育鳞池、伴月楼等,其建筑气势恢弘名动江南,江南文士纷纷前往,漫步梅园、悠闲怡乐、偶作诗赋。进士周之纲、商又新、高宗商、劳崇之、王复明等都留有诗篇。南宋著名诗人王十朋的《梅园赋》有“越中佳境甚多,而剡邑之北都马村之梅园最著,予至其村,见山川之秀丽,徘徊不忍去,因偶赋其事焉……”之句。遗憾的是在元延祐间,蔡五九作乱殃及马村,梅园变成废墟,于是被人们所遗忘。今嵊州谷来马村仍遗留有马氏祠堂,该祠堂,1943 年 9 月日寇攻入嵊州时,曾作为嵊县中学二分院历时两年。马村的“马氏宗祠”坐东朝西,面积 600 多平方米,其中轴线自西向东依次为门厅、戏台、正厅,两侧各有厢房。

马氏历代重视修家谱,嵊州马氏家谱始修于南宋乾道四年,即公元 1168 年,由马继宗第八世孙、礼部尚书马廷璧撰写,资政殿学士马廷鸾会集纂辑。编撰时,给马氏共定四十传,其行次字义为:“五常垂世德,三礼振家声,威望标东汉,勋猷建北平,贻谋光大肇,庆善本源明,施惠承先志,传经启俊英。”

元朝时,马继宗第十一世孙马方从嵊州马村迁到绍兴吴融。明时柯家溇有墓志记载:“马方,行荣一,字卓锋,谥号乐古,生于至元庚辰年(1278)三月二十八日,卒于至元己亥年(1338)八月初三日。”马方自幼资禀聪颖,喜诗词,善文艺,性耽山水,好交游且仗义疏财,结交皆当世名流。其文“沉浸浓郁,含英咀华,朴茂如两汉,纵横如三苏”,当世誉为奇才。元末四海纷争,需才孔亟。朝廷知马方有才,又是簪缨之后,屡诏责以宏济艰难,马方终不就职,吟诗赋,咏庙堂,骋怀山水之间,托足士林之内。浙中人士比之如“华顶青松,云中白鹤”,好不钦慕。明亡后,马氏子孙循祖训,守耕耘,恂恂醇恪,三世不仕。纵观马氏各支全谱,元代马氏无人做官。明末为官最晚的记录是,万历年间举人马文耀和《明一统志》称文章太守的马文璧及天启、崇祯年间的进士马维陛、马权奇和马如蛟，清顺治、康熙、雍正三朝无一人入仕，连秀才都没有一个。由此可见，马一浮在叙述其祖上行状时说的“明亡，三世不应举，至清乾、嘉时始预乡会试”之言不虚。

据《绍兴县志》和《马氏文英堂家谱》记载，马方偶游会稽至吴融村，见吴融水清山幽，俗厚风纯，人文荟萃，遂卜居于吴融。吴融村原名芙蓉村。唐时大诗人、大学士吴融，字子华，避居芙蓉村后，“劝耕读，兴孝悌，遐迩化之俗，皆成仁里也”。后人思之，又吴融与芙蓉同音，遂以吴融名其村。吴融村口原立一牌坊，上书“子华故里”，系宋代所建，清咸丰十一年毁于太平军。光绪丙戌年钟之英重立石碑，上刻“唐吴子华故里”，民国十二年换成钟寿康写的“唐吴子华先生故里”，此碑于“文化大革命”时作为“四旧”被破除，吴融村也改为“融洽村”，但人们仍一直以吴融称它。今吴融村委又专门在子华桥西侧建造了“子华亭”。吴融纪念物的屡毁屡建，可知老百姓心中自有一杆秤。马方到吴融后在吴融村牌下建起宗祠，名曰“文英堂”。“文英”就是希望后世子孙科甲绵绵、簪缨不绝的意思。明翰林院编修陶望龄寄语：“盖马氏固积善之家也……庶几文英之子孙或有继起于后者，而文英堂之名可以历百世而不朽。”《绍兴县志》记载：“马方居吴融后，即在吴融建书堂，藏书数千卷，故吴融之人皆好文艺。”

马方娶妻陈氏，生六子：德润、德祥、德良、德常、德亨、德明。长子德润因迁外地无考，四子、五子早逝无后。后吴融马氏分为三大支，即马德祥下的文英堂牌下派，马德良下的文英堂西溇派齿德堂，马德明下的文英堂溇下派四维堂三支。吴融马氏在绍兴绳绳熙熙、绵延迄今已近700年的历史，绍兴马姓多以吴融为宗，马姓已成为绍兴县三大姓氏之首。

马方次子马德祥,行厚二,号环水,博闻强识,交友满天下,往来其家者皆是天下名士。元顺帝时,群雄纷起,天下溃沸。浙东名士如宋景濂、王子充、刘青田(伯温)、章三益纷纷邀他并驱中原。他不愿为了功名而抛下老父,直至老父去世,马德祥才应诏为南京兵部典牧所提轮。马德祥生一子名国璋,任大同中屯卫军统领,在雁门关守关数十年,卒于任上。三子马德良生二子:国珍、国友。国友另立宗祠称"文英堂西溇派"。国珍生有三子,他希望儿子们能和他叔父一样有德、有才、有成就,于是给他们取名为思祥、思德、思荣。思祥迁后桑盆,即今绍兴车家弄,为马叙伦祖上。马叙伦与马寅初在1946年年关时,曾排过辈分属于同族兄弟,所以马叙伦应属善字辈,而马一浮要晚一辈。现今很多书中在介绍马叙伦时说"高祖是农民,曾祖是鞋匠……"这些话虽可能出自马叙伦本人之口,但这话有历史和场合的因素,这样的介绍是不妥的。明亡后马氏子孙大多务农,且中国古时以农为本,即使是马氏这样的书香门第也是农为本,以读书入仕为荣。马思德,行琼二,字德诚,号勉夫,"性气耿挺,行方志圆",晚年寓居东墅,死后葬东墅庙背后蜘蛛岗。他有一子名仅能,字可庵,因守墓迁居东墅,遂为家。仅能生二子马涓、马沼。马仅能一支后在东墅另立祠堂称为"文英堂东墅派"。马一浮先生说的"明以上世系不可考,自府君溯始迁东墅,凡十六世,代有清德",有些模糊。以马继宗为一世计算,马方是第十一世,马思德是第十四世,马步蟾是第二十五世。根据马一浮的自述,马一浮应该是第二十八世。从马思德到马廷培是十四世,而不是十六世。从马氏绍兴始迁祖马方算起的话,是十七世,若从"文英堂齿德堂派"始祖马德良算起才是十六世。从马氏家谱记载,"东墅派"始迁祖应该是思德的儿子仅能,而不是思德。

明亡后，马氏三世不仕。这一点马一浮曾伯祖马步蟾在《中宪大夫春畦公传》中也说到。康熙时始，马氏一些子孙进入商界，如马元杰从贾后，铢积寸累家道渐裕。其子即马寅初的高祖马子明是乾隆时的太学生，以国子监生的身份经营酒业，不几年堂构辉煌，仓庾充实，是绍兴远近有名的富室。今绍兴名酒香雪、善酿即出自马子明酒坊。马步蟾文中的春畦公，名光椿，字壮年，号春畦，是清道光时称为"江南贤守第一"的马志夔的父亲。马春畦早年因乡试不举，初随族兄马子明习贸易。乾隆甲辰年(1784)，马春畦运酒至通潞，途经清江时船搁浅，入住客栈，次日不见船只，所运之酒被盗卖，家业遂衰，从此再无心从商。其妻沈氏出自书香望族，劝马春畦要重振家声不如走科举之路。马春畦此后在家悉心调教子侄，数十年后，其子马志夔字慎庵于嘉庆戊午年(1798)中举人，己巳年(1809)高中进士。1831年马志夔应叔父马光瀛之命回乡修家谱时，嘱族侄马步蟾为其父马春畦作传。马步蟾在文中说："乾、嘉时始预乡会试……吾族由科第通显者，皆慎庵叔启之，实公与沈太君督教之力也。"在1809年至1907年的近百年间，马氏族中科甲绵绵，入仕为官者不胜数，光有史可证中进士的就有八位。马百庆、马志夔、马光澜马传煦爷孙、马叙伦高祖马文华、马一浮曾伯祖马步蟾、马赓良儿子马炯章等皆出此族。

马氏还有很多戒律。如居官贪污的，削其姓；虐待奴仆的，削其姓；为偷盗的，削其姓，以及奖励生育等。我觉得马一浮作为绝代儒宗，要研究他是有必要弄清他的家史的。只要用心去查找，马一浮的家史及世系脉络是能够理清楚的。

光影千年说源起
——对皮影戏产生的多角度考察

沈　珉

每一个皮影研究者都会惊诧于宋代皮影的突然繁荣:"每一坊巷口,无乐棚去处,多设影戏棚子",演出"不以风雨寒暑,一年四季,日日如是"——说的是北宋汴京(今开封)的皮影演出;"其杭之瓦舍,城内外合计有十七处",事实上临安(今杭州)皮影戏棚的数量恐怕还不只17个,周密《武林旧事》中计有23个,此外还有专门的影戏行业组织"绘革社"——这是南宋的影戏。所有这一切,用岑参的一句诗描述可谓贴切:"忽如一夜春风来,千树万树梨花开。"的确,查阅浩瀚的唐代诗文,就是找不到影戏的只字片语,而有宋一代,影戏突兀而现,而且表现如此活跃与成熟,岂不让人感到不可思议?

影戏究竟起于何时呢?除文字的记载外,民间还有众多的传说,而时间跨度从史前的殷商时期一直到宋代,皮影的祖师爷也由不同性别与身份的人员担当。虽然求证因为资料的缺失而显得分外艰难,但是学界一般将起源锁定在唐宋之间。比如孙楷第先生认为:"影戏在宋以前既无可考,则论影戏宜自宋始。”周贻白先生说:“影戏起源于宋较为可信。”而顾颉刚先生认为宋代影戏的繁荣,必有一段培植期,所以影戏应在唐代盛行比较合理。虽有大家的推断在前,但本文还想作这样一个尝试,就是多角度地来考察皮影存活的条件以便更精确地推断影戏产生的年代。

一、从影戏的属性角度考察

明清以降,习惯把影戏与偶戏称傀儡戏,即不以人来进行装扮表演,而是用人的替代物从事类似于人的演出活动。偶戏发展早于影戏。偶戏的道具木偶最早出现在《山海经》中,具有驱祟逐邪的巫术功能。后木偶作为陪葬品用于丧葬之仪,《列子·汤问》记载的“偃师造神奇木偶”机关甚多,而现西汉墓葬中发现偶人手腿诸关节穿孔的,说明当时木偶的操纵技巧已经很高。在汉以后的记录中,偶人的记录呈现在两个系统之中,一是仍保持其神秘性,继续出现在百戏幻术之中;另一方面,朝着娱乐化的方向发展,于是既有雕木作术的魔术,也有“郭郎”(木偶中一角色名)之舞。从巫术性转为娱乐性的标志,是其神秘性的消退和审美性的加强,而木偶在汉代即完成了这一过程。戏偶也衍生出相关的活动,木偶之戏在汉末即用于丧仪嘉会,后来又加入情节与人物设置,成为木偶戏,并用于商业表演。在偶戏成熟的唐代,除幻术表演之外,更出现了丧礼之用的木偶、盛行的傀儡戏与作为童玩的偶人并现的局面。

影戏的发展也应该遵循这样的轨迹。影戏的道具,按《都城纪胜》的说法,“先以素纸雕镞”,即用纸雕镂而成,而后发展用皮。纸的出现较晚,剪纸招魂的巫术记录在晋代盛行,而弄影招魂算是古代方士的一项“专利”。在司马迁《史记·孝武帝本纪》中记载汉武帝时李夫人卒,齐人少翁设帐招魂的故事,其中有灯烛、有帷帐、有影像,已经具备了影戏的雏形,只不过我们不知道影人的材料与影像活动的装置。孙楷第先生认为,“方士、巫之所以能售奸者,正缘汉世人间尚无影戏耳”。而后东汉班固《汉书》、桓谭《新论》,晋代干宝《搜神记》等都对此有所记录,但均没有对影像的技术进行解密,说明这种技术只为少数人掌握。《隋史》中记唐县有宋子贤善作妖术,“每夜楼上有光明能变作佛形,自称弥勒出世。又悬大镜于堂上,纸素上尽为蛇为兽及人形”。说明影像的操作已很成熟,只是仍然保持着神秘性。而到唐代情况就不同了。段成式《酉阳杂俎》记:“宝历中有王山人,取人本命日,五更张灯相人影,知休咎。”有些揭秘的意思了。到了宋初的《太平御览》,对设帐招魂的记录是这样的:“李夫人既死,帝思之,命工人作夫人形状,置于轻纱幕中,宛然如生,帝大悦!”点明了影人招魂只是一种“障眼法”,并非幻术。这说明唐宋时期对影像的认识有突飞猛进的进步,弄影招魂的秘密在这时已被揭开了。而纸人的操纵技术跟木偶极其相似。因此推想在唐代应该有弄影的技术。这时,影人的利用一方面仍然在幻术记录之中,另一方面只是作为民间的一种消遣方式。唐代雍裕之有一首填空体诗《两头纤纤》:“两头纤纤八字眉,半白半黑灯影帷。腷腷膊膊晓禽飞,磊磊落落秋果垂。”表现的就是皮影的造型。唐末的韦庄有一首诗《涂次逢李氏兄弟感旧》,诗曰:“御沟西面朱门宅,记得当时好弟兄。晓傍柳阴骑竹马,夜偎灯影弄先生。巡街趁蝶衣裳破,上屋探雏手脚轻。今日相逢俱老大,忧家忧国尽公卿。”此诗是韦庄回忆年少时在长安(今西安)度过的岁月，诗中之“先生”为纸之代称，“弄先生”，即为玩弄纸影，诗中表现唐代儿童玩纸影的娱乐活动。康保成先生对此诗也非常重视。他推断，儿童弄影已经娴熟，那么大人的弄影水平不应该低于儿童。虽然这一阶段影戏没有粉墨登场，但是在影人的操纵上是没有难度的。

但是在以往关注影戏的属性时，我们往往忽略了影戏自身历时性的特点，共时性的观照使我们理所当然地认为，偶戏与影戏的资料应该是相当的。但从上文分析来看，影戏发展相对滞后，唐代偶戏商业化娱乐化而影戏还处于技术被揭秘和掌握的时期，应该是影戏萌芽的时期。相关的文字记录或恐有其他表述的方法。

二、从戏剧角度考察影戏

现代意义上的戏剧需要四个基本要素：演员、剧本、观众和使戏剧得以实现的剧场。而对影戏来说，最难以实现的恰恰是剧场。中国演艺场所，经历了一个以观众为主体到演员为主体的环境设置的变更。《诗经》中说：“坎其击鼓，宛丘之下。”“宛丘”即是原始的观演地，大约是块环状的高地，而中间的凹地即为演出场所。汉代的演出仍是特权阶级的一种享受。富豪之家，在家厅殿堂之中观艺，在庭院之中看“百戏”，而更大的场地是在广场。表演者就自然地势露天表演。这样表演必须应付四面的观众，而演出者须用大幅度的肢体语言才能让观众观赏，这样的时空条件根本无法表演影戏。

隋唐时期表演场所建筑化，即对演出场所作了界定。唐代的城市公众游艺场所有“戏场”、“歌场”、“变场”等。“歌场”

即表演歌舞的场所,“戏场”即演出百戏杂技歌舞的场所,“变场”即讲说变文的场所。这些场所在寺庙附近。宋初钱易的《南部新书》中记:“长安戏场多集于慈恩。小者在青龙,其次荐福、永寿。尼讲盛于保唐,名德聚之安国。”这里说的“青龙”、“荐福”、“永寿”等,都是寺院名,为当时的著名“戏场”。在诸类演出场所的场地,可能又以露台和广场居多。像“长安的东、西两市进行的‘斗声乐’比赛,就选择宽阔的天门街(朱雀大街)”,而在敦煌的壁画中,我们多见许多设在寺庙大殿前面供表演歌舞用的露台,四周围有栏杆,这应该就是戏场的表演台。隋唐时期还有“看棚”与“舞台”的设施,是相对独立的赏剧空间,有一定的观剧设施,还有演员的演出空间。演出空间的框定,使表演者三面对着观众,表演者可以凭借后部的空间进行掩蔽性的操作。对于影戏来说,室外演出场所还是不能解决影戏需要的照明要求:影戏必须在幽暗的环境,借助烛照才能表演,如宋时影棚在灯火阑珊处,正是用光的要求。对于演出的场地资料记载未明,但是我们推想应该有室内的表演场所。在以上所述之场地中,“变场”是最近似于表演影戏场所的。“变场”是进行“俗讲”的场所。俗讲是一种法会,它是指运用转读(诵经)、梵呗(赞呗)、倡导等手法进行佛经的通俗演讲,有一定的程式。俗讲的场景又应该与讲经相似。从敦煌壁画的讲经图可见,讲经的场面有些类似于授课,佛坐正中,众徒环坐于前,可在室内,可在室外。俗讲时会用图像来配合讲唱,放置图像,可能会有相应的几案与装置。这样,一个相对固定的室内空间就形成了。而宋代的勾栏,则已经能完全进行影戏的表演了。

除却场地,还有剧本的要求。傀儡戏与一般戏曲不同,需要有一个特殊的功能指向。正如驱除邪煞是偶戏的看家功夫,影戏的功能可能是礼佛教化。这一特殊使命,首先,反映在影戏与宣卷讲经的紧密关联上:影戏的剧本,从前称为经卷;艺人表演称“宣卷”;在看影戏称“听影”,听话本而称“看官”;在行文的格式上,明清影卷与宝卷(属经卷)有着程式上的同构。其次,在民间传说中,观音还是影戏的祖师爷。孙楷第先生认为中国影戏出于俗讲,这是可信的。佛教俗讲,不仅提供了影戏的剧本,明确了影戏的精神指针,而且提供了影戏表演的技术可能性——即光影的运用。

佛教是特别讲究光、影、形三者的意义的。玄奘译《摄大乘论释五卷》中有:“本质为缘影像果生亦复如是。又如光影由弄影者。映蔽其光,起种种影。”佛影、佛光,蕴意极深。而借助某种装置的透光效果,亦有含义。《一切经音义》卷二十二中有“频婆帐”:“频婆,此云身影质,谓此帐上庄严,具中能现一切外质之影也,或曰频婆。”《华严经》中有“帝释宝网”、摩耶夫人之“光明网”,这些都是能透光的装置。影戏之设帐点灯弄影,极像对此宗教场景的模拟。影像的活动效果,则更令人遐想。隋唐时有一种光影流转的装置法轮灯。此灯由西域传入。敦煌壁画中所示,法轮灯为树形,树生枝丫,枝头上悬灯。整个灯轮可能还会旋转,从而产生深浅不一的光斑。炀帝有一首观灯诗:“法轮天上转,梵声天上来。灯树千光照,花焰七枝开。”说的就是这种情况。唐代灯影极盛,灯外有纸护灯,称影灯。影灯与法轮的合成,更加形成光影与光纹流动的效果。崔掖的《上元夜》组诗中有“神灯佛火百轮张,刻像图形七宝装。影里如闻金口说,空中似散玉毫光”之句,表现出灯火摇曳映射出佛祖之像投射于外的神奇之像。灯影(上元)之会,在隋唐定为国家节日,灯影之盛,不只西安,而且洛阳、成都等地均如是,可以说影人活动的光学原理已经是世人皆知。

三、从社会背景的角度考察

以上对影戏演出的各个要素进行分解与分析，我们得出结论：在唐代，影戏形成的各个要素已经成熟，但是催发影戏诞生的直接原因却没有产生。当时的情况可谓是有影无戏。如只为娱乐计，唐代傀儡极盛，似不必再借助其他道具传言，除非此道具有不得不使用之理由。笔者认为，这与佛教在唐末五代民间化的趋势有紧密联系。

唐代的寺庙有兼具宗教与集会娱乐之用。唐代俗讲僧们为吸引听众，在内容与形式上都作了改革：利用图卷即“变相”、加上世俗的故事即“变文”进行演说。敦煌石窟中发现的变文，就是唐至宋初“俗讲”的话本，其中的代表作有《伍子胥变文》、《李陵变文》、《王昭君变文》、《孟姜女变文》等，已经带有讲述故事的成分。俗讲者也有民间艺人。《全唐诗》载唐末吉师老《看蜀女转昭君变》诗：“檀口解知千载事，清词堪叹九秋文。翠眉颦处楚边月，画卷开时塞外云”，说明当时已有妇女用变文、变相合起来清唱王昭君的故事了。这期间图像的使用可能会进行革新，但是却无资料记录。

俗讲毕竟还是一种法会，其娱乐性的因素不可能太多。在唐代众多俗讲僧中，列为第一的法师文溆，时人评为“公为听众谈说，假托经论，所言无非淫秽鄙亵之事”，而“不逞之徒，转相鼓扇扶树。愚夫冶妇，乐闻其说，听者阗咽寺舍，瞻礼崇奉，呼为和尚教坊”。可见是毁誉参半。唐末五代，佛教历会昌法难及战乱，一片狼藉。宋代对佛教采取扶持与限制的政策。宋初禁止俗讲，这样寺院就不能讲唱。这种讲唱故事的形式，便被迫向着民间转移，演出主体发生了根本的变化。吴自牧《梦粱录》卷二十“讲经史”中说：“谈经者谓演说佛书，说参请者谓宾主参禅悟道事，又有说诨经者。”民间艺人在演说佛书时受到身份的限制，既不违背对神佛的敬畏之情，又要有一定的娱乐性和形象性，这样就促使艺人采用更为俚俗的方式，对影戏的各个基本要素进行了整合，才出现了真正意义上的影戏。高承《事物纪原》中记：“宋仁宗时，市人有能讲三国者，或采说加以缘饰，作影人，始为魏蜀吴三分战争之像焉。”影戏以演经讲佛为始，开始可能没有角色之分，而发展到说史诸类，并有角色之分，当起于宋时。

考察至此，似乎还有必要对影戏之“戏”作一分析。《东京梦华录》等文献中对傀儡与影戏并提，说明“戏”并不是一种艺术门类的总称。“戏”汉时指角力、竞技等百戏，之后“戏”字透露出戏剧的意味，唐代的参军戏就有人物情节，影戏即带有此含义，因此它的出现只能在演唱内容相对完整之后。另外，影戏由弄影与唱词两组人马通力合作而成，影戏之初，当有磨合之期，现冀东陕西一带尚有弄影与说唱者分工的形式，可能即是当时模式的一种反映。

古代女子佩饰渊源谈

王　静

佩饰是以其审美功能和实用功能而存在于人们的生活中，但一进入等级制度分明的文明社会，分等级、定尊卑，则成为它最主要的功能，“冠弁衣裳，黼黻文章，雕琢刻镂，皆存等差”。如韘，天子、诸侯用象骨，士则用棘。当今则不必拘泥这些。

古时常见的佩饰有玉、珠、刀、帨等。不过，如服装分男女一样，佩饰上有着明显的性别区分。本文主要讲项饰、臂饰、挂饰等佩饰的渊源。

1. 项饰：项圈、金石护身符、长命锁等

项饰，有着谦虚的品格，不争一方之雄，甘愿做支撑头部的“次要”工作，由于这样谦和的说法，使服饰说法中的项饰说法，被大多数着衣者所采用。如不少“白领”就是以颈项部来论说其服饰特征的。

分布于浙江、江苏一带的良渚文化（距今约 5260 年至 4200 年）出土的玉颈饰很多，1982 年上海青浦福泉山出土的玉项链，由 72 颗玉管、玉珠、玉坠串成，其侧面两颗玉珠上琢有变体兽面纹，最下面的一颗玉坠形如小钟。1978 年江苏武进寺墩出土的

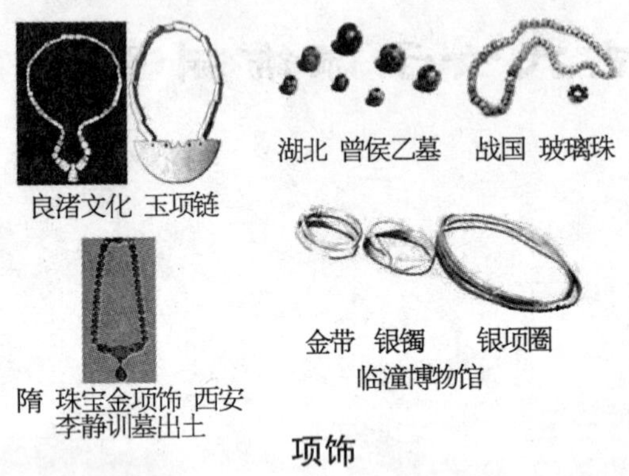
良渚文化 玉项链

湖北 曾侯乙墓 战国 玻璃珠

金带 银镯 银项圈
临潼博物馆

隋 珠宝金项饰 西安
李静训墓出土

项饰

项链,由玉牛鼻孔珠、大中小玉珠、玉管、玉锥形坠等18件串成。1983年浙江余杭瑶山出土的一件由39颗玉管串成的项链,由内外两串相连。1984年上海市青浦福泉山出土的颈饰,由47颗大小形状不同的玉珠、两件玉管、六件锥形器串成。1986年浙江余杭反山出土两件玉颈饰,其中一件由12颗玉管与一件小玉璜组成,另一件由26颗玉管与一件小玉坠组成。1987年浙江余杭瑶山出土三件玉串饰,第一件用39颗玉管分里外两圈串联,下与玉璜相接;第二件用170颗大小玉珠串成;第三件由14颗断面呈凹形的半管与两颗整管串接而成。这些玉颈饰,有的取形的重复调和,有的取圆形与管形的对比,反映了完美的设计构思。安徽潜山薛家岗遗址出土69枚圆形中空,内装小陶丸,外刺花纹的陶珠,制成串饰,动摇时能够发声。

《项饰》一图中"良渚文化玉项链",1987年出土于浙江余杭区安溪镇下溪湾村良渚文化瑶山遗址,因其出土位于死者颈部,故知为人体的项饰。该件项饰由32节玉管串联而成,每节玉管两面对钻纵向贯通的小圆孔,便于穿绳系带,各管的长短及孔的直径略有差异,高3.5厘米,射径1.3厘米、孔径0.6厘米,现收藏于余杭区文管会。项饰的每节玉管玉质相同,都是白玉,略带浅黄斑;玉管皆为圆柱体,以中间的一圈凹槽匀分为两节,每节施刻相背的两组兽面纹,兽面以重圈为眼,外饰椭圆形眼睑,以一条凸横档为鼻,并以卷云纹勾勒出鼻翼。所以兽面都以浅浮雕的方式突出于器表,通体细刻卷云纹,纹饰细部又略有差异。

这件项饰玉质精良,纹饰琢刻极为精细,玉管的造型近于同一,在以玉器称著于世的良渚文化中亦为仅见,堪称当时项饰之极品,自然也不是一般的平民百姓所能奢望的。

2. 臂饰

臂饰指套在腕间或臂上的饰物,主要指瑗(yuàn)、臂环、镯一类饰物。它们可能与原始人佩戴狩猎工具环形石斧的习惯有关。古代圆形器孔径大于边的为瑗,原名应叫做瑗。镯字从金,是掌握了金属冶炼术之后的名称。前面已经讲到瑗有石、牙、陶、玉种种质料,出土物以玉瑗最多。在北京、河南、陕西、山东、甘肃、青海、四川、云南、江苏、浙江,以及广东等地新石器遗址均有发现。出土时,有套在人骨双手或右手腕部的,可见瑗也作为臂饰。瑗的造型,多作扁形圆环状,器身呈方形断面或长方形、梯形断面,这种造型戴在手臂上并不舒服,故后来发展为管形圆环状,器身断面呈圆形、椭圆形或半圆形,戴在手臂上就舒服了。在江浙一带出土距今4000年前良渚文化的玉瑗,多数内壁光滑而平直,外壁呈圆弧形、孔大而边小,出土报告称之为镯。这些臂饰制作得非常精美,有的把器身拉长成筒状,有的在外壁雕琢纹饰,把表面做成绞丝状,有的在外壁表面雕琢出四组兽面纹,过去有人把这种类型的臂环称作"蚩尤环",说是黄帝战败蚩尤,把蚩尤人首像琢在镯子上作为纪念。新石器时代的臂饰,还有一种由两个半圆形拼合,两端各有一个或两个钻透的小孔可以系结,以便根据手腕粗细去调整镯子的大

秦汉 嵌绿松石铜镯

金素钏 苏州盘门东吴门桥出土

古代镯子

元 龙首金镯 苏州盘门东吴门桥

元金钏 无锡市博物馆藏

宋 金镶玉跳脱

清 金嵌珠镯

明 金臂钏江西

古代金钏

臂饰

小。也有把镯子锯出一个小裂口,使之在佩戴时具有一些伸缩性的,则是出于实用方便的考虑。在仰韶文化和龙山文化中,陶臂钏大量出现,山东兖州王因墓地出土的人骨,有的双臂佩戴10余对陶臂钏。

臂钏即臂环,古代称臂环为钏。《正字通·金部》上说:“古男女同用,今惟女饰有之”,《南史·王玄象传》中也讲“女臂有玉钏”,由此可以看出,臂钏在早期是男女都佩戴的饰物,以后才成为女性特有的一种装饰品。刘家河商墓中出土的铜器分析属于商代中期,该墓出土的金器地方色彩十分鲜明,极有可能是商朝周边少数民族制造的饰品;这些器物与北京、河北、辽宁等地夏家店下层文化墓葬中出土的金或铜质饰件形制相同,说明商代贵金属工艺的发生和发展与夏家店文化有密切的联系。这些器物形体完整,而且集中了发饰、耳饰、臂饰等系列饰物于一体,是研究中国早期金制品与装饰观念的珍贵实物。

镯:戴于手腕。中国古代手镯称为“跳脱”,《唐诗纪事》中有个故事,唐文宗有一天考他的宰臣:古诗里有“轻衫衬跳脱”句,你们有谁知道“跳脱”是什么东西?宰臣都答不上来。文宗告诉他们说:“跳脱即今之腕钏也。”梁代陶弘景在《真诰》中也记述了仙女萼绿华赠羊权金、玉跳脱的故事。跳脱的名字在明清以后就渐渐被镯、钏取代了。

钏(chuàn):来源于镯,几个手镯合并在一起,被名为“钏”,后来,通常将金银条锤扁,盘绕成螺圈状。臂钏的具体形制,两千多年间变化不大。钏又叫“跳脱”。据说此词是外来语。钏有臂钏和腕钏。臂钏又形象地称作“缠臂金”。

早期臂钏实物多出现于北方地区,通常将金银条锤扁,盘绕成螺圈状。所盘圈数多少不等,少则三圈,多则五圈八圈,并有花、素之分:镂刻有花纹的,称“花钏”,素而无纹的,称“素钏”。无论从什么角度观察,所见都为数道圆环,宛如佩戴着几个手镯。“钏”字的造形从“金”、从“川”,其中的“川”字即由象形而来。

《臂饰》一图中右下角的古代金钏,开有豁口,中间宽、两边窄,使用时可根据手腕的粗细调节豁口的大小。此技术显示了古代中国人的聪明才智。

戒指:即指环,戒指的产生有特定的背景。《诗·邶风·静女》毛亨传曰:“后妃群妾以礼御于君所,女史书其日月,授之以环,以进退之。生子月辰则以金环退之。当御者以银环进之,著于左手,既御著于右手。”戒指有“戒止”之意。近人徐珂《清稗类钞·服饰类》载,有了这些说法,可以想象古代的男人是肯定不愿戴戒指的,以至于辛亥革命前后戒指流行时,有人呼吁说:“戒指是前朝宫中记号,现今大老官、大少爷、大小姐均怀了孕了。”(1911年10月2号上海《民立报》“东西南北”栏目)

以戒指为定亲的信物,是古时中亚胡族和西欧的风俗。《晋书·西戎传》载:“大宛俗,娶妇以金同心指环为聘。”南北朝时,此风俗传到中原。

3. 挂饰

挂饰是用绳子穿系其上的穿孔，挂于身上的装饰品，包括圆形带孔的璧、瑗、环及由圆形器分解而来的璜。圆形带孔器瑗、璧、环，三者的区别，据《尔雅·释器》："肉倍好谓之璧，好倍肉谓之瑗，肉好者一谓之环。"文中的"肉"指玉质部分，"好"指孔部。意思就是边宽孔小者为璧，孔大于边者为瑗，边与孔径相等的为环（现代概念大孔细边为环，与古代不同）。璧到东周时期成为祭天的礼器（苍璧祭天，黄琮礼地）、象征身份地位的"六瑞"（《周礼·大宗伯》"子执谷璧、男执蒲璧"）和诸侯聘享馈赠的礼物。原始社会的璧多素面无纹。瑗在甲骨文写作〓、〓、〓，即上面是人眼睛，下面是衣字中间有一个圆瑗器饰，造字的含义是一种佩饰。新石器时代的瑗，有石瑗、牙瑗、陶瑗、玉瑗等。考古发现的瑗，如山东诸城呈子遗址 M20 墓和 M59 墓都有两个石瑗位于人架前胸，当属佩饰。在其他新石器文化遗址，另有一些石瑗、玉瑗套于人架手臂上，则属于臂饰。此外，浙江余杭反山和瑶山良渚文化遗址出土的镂花与浮雕及阴线纹玉璜，也是一种挂饰，新石器时代挂饰制作之精巧，实在令人惊叹。

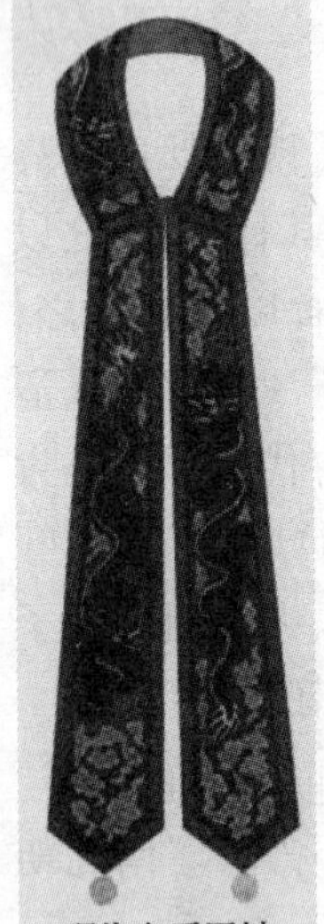
明代皇后霞帔

明代妇女在腰带上往往挂上一根以丝带编成的"宫绦"，宫绦的具体形象及使用方法在本图中反映得比较明确，一般在中间打几个环结，然后下垂至地，有的还在中间串上一块玉佩，借以压裙幅，使其不致散开影响美观，作用与宋代的玉环绶相似。本图为玉挂佩。

襜（chān）：《尔雅正义》云"衣蔽前谓之襜"，襜是遮至膝前的短衣，即围裙。宋范仲淹

《斗茶歌》:“终朝采掇未盈襜,唯求精粹不敢贪。”

帨(shuì)巾:也叫缡(lí),是未婚女孩子的佩巾。周制昏礼中,由母亲将其系在即将出嫁的女儿身上,称为“结缡”——《诗经·豳风·东山》有:“亲结其缡,九十其仪。”那三千年前的士卒,那三千年前的新婚场景,我这后世人每每读之,总有一股无言酸涩涌上心头。

《仪礼·士昏礼》:“母施衿结帨,曰:‘勉之敬之,夙夜毋违宫事。’”先秦昏礼没有后世婚礼那些名目繁杂的刁难新婿的“下婿礼”,整个仪程气氛宁静而庄重。未来的夫君静静地候在门厅那个叫“著”的地方,昏暗的光线中,看不清他的面容,只能看见他穿着齐整的玄端礼服,还有红玉充耳在夜色中闪烁着幽幽的光芒……母亲细致地给自己系上帨巾,训导完礼辞,欲言又止。年轻的出阁女子,该是怎样一种难以言表的心情……

林维民在《“帨”非“敝膝”考》中指出,女子婚前婚后均佩帨,只不过佩戴的方法不同。在结婚之前,帨巾是女孩子的贴身亵物,可以赠送于男子作定情之物。如《召南·野有死麕》曰:“舒而脱脱兮,无感我帨兮,无使尨也吠。”诗中男子想取女子身上的帨巾作定情之物,但女子却矜持地劝告男子不要去动它。

綦(qí)巾:一般是绿色的围裙。虽然都是女子的佩巾,但缡是指女子初嫁,而綦巾则暗示寡妇再嫁。《诗经·郑风·出其东门》曰:“缟衣綦巾,聊乐我员。”这位妇女居丧期间出游,并且不愿全身素缟,而以绿色佩巾装饰自己,暗示自己不耐守寡的生活。寡妇再嫁,本是天经地义,但在夫权主义者看来却不是件体面的事,因此,很多人在解释这首诗时,将之说成是奔淫之诗。

披帛:通常是长条状的巾子,搭在肩上,缠绕在手背间,一般都是薄薄的纱罗裁成,上面有印花,或者是金银线织就的图案。据专家们考证,披帛不是中土固有的服饰,可能是来源于西亚,更详细点,是来源于波斯,而波斯人披帛的习惯,则可能是受到希腊文化的影响。随着佛教东传,南北朝时期佛教题材的壁画中,已经出现了身披披帛的女供养人。唐代开元以后,长长短短、宽宽窄窄的披帛开始出现在每一个追逐时尚的女性肩上。这样说来,一条条披帛,竟然也是国际化的成果了。然而,披帛在东晋时尚未出现,敦煌莫高窟288窟北魏壁画女供养人及285窟西魏女供养人却已有帔帛。中古时鲜卑、契丹、回纥、吐蕃服装均无帔帛。《大唐西域记》卷二说印度有"横腰络腋,横巾右袒"的服式,莫高窟隋唐时期的菩萨塑像中常能见到,似现代"沙丽",一端搭于肩上,任其下阔部分散拂于腰际者,与帔帛形式也不相同。不过,从波斯萨珊王朝银瓶人物画上所见的女装却有帔巾,与唐代帔帛形式略同。又新疆丹丹乌里克出土的早期木版佛画也有帔帛,可知帔帛是通过丝绸之路传入中国的西亚文化,与中国当时服装发展的内因相结合而流行开来的一种"时世妆"的形式。

霞帔(pèi):"霞帔"为我国古代妇女的帔服。出现在南北朝时期,隋唐时期盛行。到宋代将它列入礼服行列之中。明代时发展成了霞帔——由于其形美如彩霞,故得名"霞帔",霞帔亦称"霞披"、"披帛"。明代服用此式较为普遍。它的形状宛如一条长长的彩色挂带,每条霞帔宽三寸二分,长五尺七寸,服用时绕过脖颈,披挂在胸前,下端垂有金或玉石的坠子。宋代以后定为妇女的正式礼服,随品级高低有不同的装饰。《格致镜原》引《名义考》中称:"今命妇衣外以织文一幅,前后如其衣长,中分而前两开之,在肩背之间,谓之霞帔。"明代霞帔就是这种形式。清代命妇礼服,承袭明朝制度,以凤冠、霞帔为之。清代霞帔演变为阔如背心,霞帔下施彩色流苏,是诰命夫人专用的服饰。中间缀以补子,补子所绣,一般都根据其丈夫或儿子的品级而定,唯独武官的母、妻不用兽纹而用鸟纹。

环珮(pèi):明代后女子由于裙幅的不断增多,用来镇压裙幅的腰间悬珮显得更加重要。玉在我们的文化中常常象征坚贞不渝和冰清玉洁。《卫风·木瓜》曰:"投我以木瓜,报之以琼琚。"《王风·丘中有麻》曰:"彼留之子,贻我珮玖。"琼琚珮玖,故常作爱情的信物。

随着生活质量的提高,审美情趣的提升,手工饰品越来越流行了,现代女性的手腕上、领项间不再是清一色的机械货,而是佩戴讲究工艺、手工制作出来的饰品了。于是精美的手工饰品不仅成了佩戴之物,也成了时尚女子的藏品。我们通过一些古代女子使用的手工精美的饰品,从中可发现古今审美演变、传承中的一些规律,以及当今饰品时尚的内在动因。

·国 学 新 论·

中华和谐文化三论

吴　光

本文通过对中国传统文化中儒、墨、道、佛诸家关于和谐思想的简要论述，具体探讨了中华和谐文化传统的思想资源及其现代意义，并就和谐文化发展战略略陈管见。

一、论中华和谐文化的思想资源

在中华文明的思想宝库中，有着非常丰富的“和谐”思想资源。无论是儒家还是道家、墨家以及后起的佛教、道教，都提倡人与自然的和谐，人与人的和谐以及全社会、全世界的和谐，从而形成了有别于法家专制主义、西方征服主义与斗争哲学传统的和谐文化传统。

儒家的和谐思想包括三个层次：第一层次是讲人与自然、人与宇宙万物的整体性和谐。其典型的范畴与命题即北宋大儒张载所概括的“天人合一”、“民胞物与”思想，以及程颢《识仁篇》概括的“仁者浑然与物同体”的“万物一体”思想。《周易·

乾卦·文言》引孔子之言曰:“大人者,与天地合其德,与日月合其明,与四时合其序,与鬼神合其吉凶。先天而天弗违,后天而奉天时。”这就是典型的“整体和谐”思想。后起的孟子所谓“万物皆备于我”、“尽心知性则知天”的思想,《中庸》所谓“能尽人之性,则能尽物之性……则可以赞天地之化育,则可以与天地参”的思想,都是与孔子思想一脉相承的。第二层次是讲人与社会、人与人的群体和谐。《尚书·尧典》所谓“百姓昭明,协和万邦”的思想,宣扬的是邦国之间、族群之间的和谐局面,而《礼记·礼运》中描述的“天下为公,选贤与能,讲信修睦”、“人不独亲其亲,不独子其子。使老有所终,壮有所用,幼有所长,鳏寡孤独废疾者皆有所养”的“大同”社会理想,实质上是提倡保持“多元和谐”的“大和”社会理想。第三层次是讲人际关系的道德和谐。儒家一向把“和”与“中”作为保持人际关系和谐相处的崇高道德观念。记载周代礼制的儒家经典《周礼·地官·大司徒》就有“六德”之说,将“和”与“知、仁、圣、义、忠”并列为“六德”之目。《论语》中记孔子讲“君子和而不同,小人同而不和”(《子路》),记有子讲“礼之用,和为贵”(《学而》),这都是以“和”为德之证。概言之,儒家的和谐思想,是整体和谐、群体和谐与道德和谐的辩证和谐观,是以承认“不同”为前提而以“太和”为最高境界的多元和谐观。

古代的墨家虽然有“尚同”、“明鬼”、“天志”等与和谐文化相矛盾的思想主张,但其基本主张是追求社会和谐与人际关系和谐的。在墨家的“尚贤”、“兼爱”、“非攻”、“节用”、“节葬”、“非乐”、“非命”等基本主张里,有着丰富的民本思想与和谐思想。在墨家看来,天下大治的标准是:人与人相亲相爱,国与国和平共处,家庭和睦,社会安定,君臣父子各守道德名分——这样的社会理想,正是一幅和谐社会蓝图,与儒家“小康”社会理想殊途同归。因此，我们可以将墨家的和谐思想概括为以“兼爱”为中心的和谐观。墨家认为，如果人们都能做到“相爱”，“视人之国若视其国，视人之家若视其家，视人之身若视其身”，就能达到“诸侯相爱则不野战，家主相爱则不相篡，人与人相爱则不相贼，君臣相爱则惠忠，父子相爱则慈孝，兄弟相爱则和调”的理想境界，所以，“兼相爱、交相利”之法是“圣王之法，天下之治道也，不可不务为也”。这是一幅天下国家、社会人际关系普遍和谐的社会景象。

古代道家的和谐思想，并不亚于儒家。如果说儒家的和谐价值观是一种积极有为的“仁爱和谐观”的话，那么道家的和谐价值观可以说是一种崇尚自然无为、主张“和气生物”的“自然和谐观”。这个“自然和谐观”的典型话语，就是道家原始经典《老子》中的三句话。其一曰：“人法地，地法天，天法道，道法自然。”（第二十五章）这是说人道的法则效法天地运行之道，天地之道的法则是自然而然的，所以人道也是自然而然的。其二曰：“道生一，一生二，二生三，三生万物。万物负阴而抱阳，中气以为和。”（第四十二章）这是道家的宇宙生成论。“道”是世界本原。“一”指“宇宙”（天地），宇宙由道而生；“二”指阴阳二气，二气生于天地；“三”指阴阴二气相互作用产生的“和气”，和气化生万物。其三曰：“含德之厚者，比于赤子……终日号而不嗄，和之至也。知和曰常，知常曰明。”（第五十五章）这是说，德行深厚的人就像小孩那样天真自然，整天哭叫而声音不哑，是达到了至和境界。了解“和”的境界才算懂得根本之道，懂得根本之道才算得上聪明。《庄子·天道》篇提出“与人和者，谓之人乐；与天和者，谓之天乐”的思想，《天运》篇提出所谓“至乐”的标准是人事要“顺之以天理，应之以自然，然后调理四时，太和万物”，《天下》篇称“古之人”的完美人格在于“配神明，醇天地,育万物,和天下,泽及百姓”,等等,都说明道家的和谐观是崇尚自然的“自然和谐观”。

佛教在本质上是一种陶冶心性、倡导平等和谐的和平主义宗教,尤其是中国化的佛教,更是吸收了儒家仁爱和谐与道家自然和谐的思想资源,形成了一套既治心又救世的和平和谐理论。在传统佛教的规仪中有所谓“六和敬”,即教徒生活的六大准则,其内容为:身和同住,语和无诤,意和同悦,戒和同修,利和同均,见和同解。这个“六和敬”,既可以视为教内保持和谐境界的清规戒律,也可以视为佛教徒处世接物的人生态度,而其核心的价值观念是“和”。2006 年 4 月,在南天佛国普陀山举行的首届“世界佛教论坛”发表的《普陀山宣言》,提出了当代佛教的“新六和”理念,即“人心和善、家庭和乐、人际和顺、社会和睦、文明和谐、世界和平”。这个“新六和”理念,正是当代佛教价值观的生动表述,其核心观念同样是“和”。

综上所述,在中华传统文化中蕴涵着丰富的和谐文化思想资源,我们应当深入发掘,以服务于建设和谐社会、和谐世界的时代要求。

二、论弘扬和谐文化的现代意义

中华和谐文化传统在中华文明发展史上,起了十分重要的积极作用。它有利于统治阶级赢得民心、稳定社会、巩固政权,有利于发展经济、繁荣文化,有利于促进多民族的文化交融、维系多民族的团结和国家的统一。毋庸置疑,在中国实现社会主义现代化和建设和谐世界的伟大实践中,努力弘扬和谐文化传统、深入发掘和充实和谐思想资源,具有极其重要的现实意义和深远的历史意义。我们可以从三大方面去解读弘扬和谐文化、树立和谐价值观的现代意义。

第一,弘扬和谐文化、树立和谐价值观,是促进社会和谐、实现国家长治久安的需要。中国人民自20世纪80年代以来,在中国共产党的实事求是思想路线以及邓小平建设中国特色社会主义理论的指引下,实现了以经济建设为中心的战略转型,开启了以改革开放为特色的社会主义现代化建设新时代。进入21世纪以来,中国人民在"三个代表"重要思想和"以人为本,求真务实"的科学发展观指引下,迈入了和平崛起于世界民族之林,全面建设小康社会的新时期。但在大好形势和光明前景的面前,我们必须保持清醒的头脑。应当看到祥和气象下的阴霾,和谐社会中的不和谐因素。例如,农民收入低负担重、城乡差别扩大的问题,城市失业率偏高、下岗职工生活困难的问题,环境严重污染危害人民健康、贻害子孙的问题,少数党政干部贪污腐败、滥用职权或麻木不仁的问题,如此等等,都隐藏着不和谐、不安定的因素,需要认真对待、妥善解决。老子说"六亲不和,焉有孝慈;邦家昏乱,焉有贞臣"(《老子》第十八章),是颇有些辩证思维的。正是因为有许多不和谐因素存在,我们才更需要大力弘扬和谐文化,教育干部、群众树立和谐价值观,以促进社会和谐、实现国家长治久安的宏伟目标。

第二,弘扬和谐文化、树立和谐价值观,是台海两岸人民实现"一国两制、和平统一、互利双赢"的需要。自1949年中华人民共和国建立以来,海峡两岸的人民至今仍处于分治状态,但这丝毫改变不了台湾是中国神圣领土的一部分、台湾人民是中华民族的骨肉同胞这一基本事实。近二十年来,两岸人民经济文化的交往日益密切,同胞情谊日益加深,希望祖国早日和平统一的愿望也日益强烈。但少数台独分子挑拨族群关系和两岸关系、制造国家分裂的活动也变本加厉,国际上也有一股反华势力支持台独分裂势力,企图推行其"两个中国"、"一中一台"的分裂阴谋,因此,我们在发展两岸关系、促进祖国统一大业的进程中必须坚决揭露、打击台独分裂阴谋。我们的战略重点是应当坚持"一国两制,和平统一"的方针,坚持"寄希望于台湾人民"的方针,坚持两岸人民"平等协商、互利双赢"的原则。而中华和谐文化是海峡两岸人民共同拥有的精神财富,我们通过对和谐文化传统的弘扬与传承,能使两岸人民理性了解"和为贵"、"和而不同"的大道理,明白两岸"和则两利,分则两伤"的利害关系。我们相信,中华和谐文化传统及其价值观,将在推进祖国和平统一事业中日益显示其思想的威力。

第三,弘扬和谐文化、普及和谐价值观,也是扩大国际合作、维护世界和平的需要。自20世纪80年代中国改革开放以来,中国在经济、社会、文化等各个领域取得了长足的进步,尤其是在经济增长速度上在全世界都处于领先地位。从一定意义上说,中国不仅成了亚洲经济增长的火车头,而且成了全球经济增长的发动机,这大大增强了中国的综合国力,也扩大了中国在国际事务中的影响力和发言权。对此,世界大多数国家是持肯定、欢迎态度的,但国际上的右翼反华势力或西方文明中心主义者趁机大肆散布"中国威胁论",企图遏制、分裂中国。国内外也有一些缺乏多元文化观的"国粹主义"者被中国的发展冲昏头脑,在那里鼓吹"中国世纪论"或"中国文化世纪论",认为21世纪将是西方文化全面衰落、中国文化(或东方文化)"占统治地位的世纪"。这种"中国世纪论"表面上似乎鼓舞人心,但在实践上是非常有害的,因为其思维方式还停留在冷战时期一方压倒另一方、一方统治另一方的斗争哲学模式上,很易授人以柄,被利用为"文明冲突论"和"中国威胁论"张目的理论依据,也是与中华和谐文化传统及当前建设和谐社会、和谐世界的战略思维格格不入的。这也更加凸显出在全球化的时代潮流中弘扬和谐文化、普及和谐价值观的重要意义。因此,我们在建设和谐世界新秩序中,既要摈弃西方文明中心论,也要拒绝东方文明中心论,应该坚持多元文化兼容并蓄、交流互补、共存并进的文化和谐主义。

三、论多元和谐文化观

如上所述,中华和谐文化传统有着丰富的思想资源,弘扬和谐文化对于中国与世界的和平发展具有极其重要的现实意义和深远的历史意义。那么在当前,如何深入发掘、充实与弘扬和谐文化传统以服务于建设和谐社会、和谐世界的实践呢?笔者认为,当务之急是要提出一项与时俱进、适合全球化时代需要的文化发展战略,并从理论与实践的结合上摆正和处理好几个关系。

在文化发展战略上,我们应当承认,过去的"百花齐放,百家争鸣"战略方针在繁荣文艺事业方面曾经起了积极的历史作用,但由于"左"倾思潮和斗争哲学的干扰,"双百"方针并没有得到彻底的贯彻。在经历"文革"之后拨乱反正、解放思想、实事求是的思想启蒙与二十多年改革开放、建设中国特色社会主义的伟大实践以后,中国的社会面貌与人们的思想观念都发生了极大变化,因而,在阶级斗争年代里提出的"双百"方针已经不能完全满足新时代文化发展的战略需要,很有必要提出一个与时俱进的新文化战略。我认为,这个新文化战略的根本点,就在于坚持"一元主导,多元和谐;会通古今,兼融中西"的多元和谐文化观。所谓“一元主导，多元和谐”，就是确立马克思主义为指导思想的社会主义文化的主导地位，同时承认中国传统文化与包括现代西方文化在内的各种外来文化的多元性存在，吸取多元文化的精华，发挥其对主流文化的辅助补充作用，以为社会主义现代化建设服务；所谓“会通古今，兼融中西”，就是深入发掘、融会贯通古今中外一切优秀文化的有益知识及其人文精神，达到多元文化的和谐共处与兼融互摄，以创建富有时代精神的社会主义新文化，为建设和谐社会、和谐世界提供高品位的文化服务。

在弘扬中华和谐文化传统以服务于建设和谐社会的实践中，我们也要看到传统和谐文化的理论局限，例如，竞争精神的不足、功利意识的淡薄、法治传统的缺乏、制度建设的忽略，等等，因此我们在继承与弘扬中华和谐文化传统时，必须学习、借鉴和融摄其他异质文化的积极因素，所谓“他山之石，可以攻玉”，就是这个道理。为克服传统和谐文化的理论局限，充实和谐文化的思想宝库，很有必要从理论与实践的结合上摆正和处理好以下几个关系：

一是主流文化与非主流文化的关系。其实无论是哪个国家、何种社会，在一个时期中总是有一种主流文化思想起主导作用的。例如在中国长期的封建社会里，起主导作用的是儒家文化，其核心价值观是所谓“三纲五常”，在现代欧美资本主义国家，其主流文化是以自由主义为核心的基督教文化。然而在另一方面，无论是哪个国家、何种社会，其文化形态与思想观念又都并非一枝独秀、一家独霸，而是多元并存、互有消长的，即便是号称“罢黜百家，独尊儒术”的汉武帝以后的中国封建社会，也并非只此一家，别无分店，而是始焉“外儒内法”、继焉“援道入儒”，魏晋六朝以后，便是儒、佛、道三教并立、互相融摄、各展所长了。因此,我们在建设和谐社会、处理多元文化关系时,应当树立“一元主导,多元和谐”的多元和谐文化观,而摈弃各种文化独断主义和文化专制主义的说教。

二是竞争与和谐的关系。竞争与和谐,是一个辩证关系,也都是社会发展所必须。竞争如同发动机,是社会发展的动力所在,有竞争才有活力,有竞争才有发展;和谐如同润滑剂,是保持社会机器正常运转的调节器。一个社会,如果只有竞争而无和谐,则社会各单元之间的关系就会由于过度紧张而崩溃,就像一部发动机由于没有润滑剂就可能烧毁一样。但如果压制或排斥竞争,那么这个社会就会没有活力,就必定缺乏创新和进步。所以竞争与和谐对社会发展而言是不可或缺的。因此,我们必须大胆引进社会竞争机制,而辅之以社会和谐的协商机制,以使社会主义和谐社会建立在富有活力的良性竞争制度之上。

三是少数与多数的关系。专制社会的政治关系是“朕即国家”、“以兆民万姓奉一人”,实际上是多数服从少数、少数服从一人的关系,而民主社会的政治关系则是少数服从多数、多数尊重少数的关系。少数服从多数是贯彻民主原则,多数尊重少数则是贯彻人权原则。我们要建设的和谐社会当然是人民当家做主的民主社会,理应奉行少数服从多数、多数尊重少数的原则,但在中华文化传统中,往往是有民主思想而缺乏实现民主的手段与制度,即便有了民主制度却又缺乏坚持民主的意识与习惯。因此,要真正建设一个具有现代文明的和谐社会,就必须从民主的思想启蒙和民主的制度建设上下功夫。而要贯彻少数服从多数的民主原则,就应当推行有竞争性的、自下而上的民主选举制度和民主监督制度,要体现多数尊重少数、特别是尊重弱势群体的人权原则,就有必要建立自上而下与自下而上相结合的政治协商制度和民意听证制度。

四是道义与功利的关系。古代墨家是比较兼顾道义与功利的,其"兼爱互利"之说就是明证。古代儒家本来也是义利兼顾的,如《周易》就有"以义和利"之说,孔子也有"富而后教"之论,但后世某些儒家(主要是鼓吹"存天理,灭人欲"的宋明理学家)过分夸大了孔子的"君子喻于义,小人喻于利"、孟子的"仁义而已,何必曰利"、董仲舒的"正其谊不谋其利,明其道不计其功"几句话,于是造成了儒家"重义轻利"的偏向。对这一偏向,许多儒家思想家都作了批评与修正,如南宋浙东学派代表叶适就提出了"崇义养利"之说。现代中国在改革开放之前,也存在相当的"重义轻利"倾向,而推行市场经济以后,则又产生了见利忘义、"一切向钱看"的倾向。我们在建设和谐社会的过程中,应当同时避免"重义轻利"或"见利忘义"的倾向,应当正确处理义利关系,做到正义谋利、义利兼顾。

五是道德与法制的关系。近年曾出现过"以德治国"与"依法治国"的讨论,有人反对"以德治国"的提法,认为现代社会是"法治"社会,而不是"德治"社会;有人则担心提倡"德治",就有可能冲淡"法治"观念及建立法制的实践。这其实是片面之见。实际上,"德治"与"法治"并非水火不容,而是相辅相成的。德与法的关系,是一种体用关系,是"以德为本,以法为用"的关系。"法"是最基本社会公德的规范化、秩序化,是人人必须遵守的社会制度与行为准则;"德"既是个体的道德自觉与价值观念,也是社会群体的核心价值观。"法"源于德而规范公共之德,"德"遵循法而高于现行之法,并指导着"立法"的方向,所以德为本,法为用。但讲"德本法用",并不意味着德治比法治更重要。就其在现代社会中的重要地位而言,两者同等重要,不可偏废。正如孟子所说:"徒善不足以为政,徒法不能以自行。"

(《孟子·离娄上》)在和谐社会建设中,我们既应该重视道德教育的说服力,也应该重视法律制度的建立与健全。

当然,建设和谐社会、和谐世界是一项伟大的战略任务,需要处理的各种关系是复杂多变的,远远不止上述五条。但我认为,这五个关系是具有普遍意义的,如果能够正确地处理好这些关系,那么我们就能为实现社会主义现代化、建设和谐社会与和谐世界的远大目标提供具有战略意义的软实力。

关于人文的省思

戴琏璋

一、人文思维与科学思维

近代中国学术思想变迁，有两个关键性时刻：一在 1905 年（清光绪三十一年），朝廷下令废除科举制度，并将各地书院改为大、中、小学堂。这是教育体制上的一大改革，西式的知识分科教育取代了传统的人文经典教育。另外一个关键时刻，是 1919 年（民国 8 年）五四运动，由救亡、启蒙的诉求而揭举民主、科学的大纛。这是文化理念上的一大转变，人们急切地向西方延揽"德先生"、"赛先生"，而迫使孔、孟、老、庄以及释迦纷纷退位。

五四新文化运动，掀起了一种价值重估、思想革新的风潮，可惜对传统文化的批判失之于偏激，对西方文明的吸收又失去了准头。所谓科学方法盛行一时，再加上西方哲学界的逻辑实证论兴起，于是唯科学主义的势力无人能挡。

唯科学主义对人文领域产生重大的冲击，最明显的情况是它使艺文、宗教以及道德哲学等等的研究局限在科学思维范围内,作一些外部知识的探讨,如文字训诂、概念诠释、文献考据等,不再循人文思维去彰显关于情感、意志以及心性、天道方面的义理。人们严守科学方法论,传统所重视的感发兴起、自觉体证等心智活动,都被视为主观臆断、不科学而遭到否弃。

一般而言,所谓科学思维,指人们观察事物而形成知识的心智活动。在这里要运用概念,遵循逻辑,通过分析归纳而作出推论,经由实验而辨别正误。具体成果通常分为自然科学、社会科学两大类。人文思维,则是指人们感应事物而呈现性情的心智活动。在这里会有所感,有所觉,有所悟,反映于生活,经由实践而彰显其价值。落实在艺术、文学、宗教、道德哲学等领域中,标志着人文学之所以为人文学的特殊体性。

中国传统文化里,"人文"一词的含义,可以拿《周易·贲卦·彖传》的说法为基准:刚柔交错,天文也。文明以止,人文也。观乎天文,以察时变;观乎人文,以化成天下。(1)

"贲卦"的结构是离下艮上。离,象征火,又有文明的意思;艮,象征山,又有止、落实的意思。《彖传》作者用文明描述人的德性,取美善、明达之意。(2)"文明以止,人文也",是说:美善明达的德性适当地呈现乃是"人文"。依儒家传统,人们纯真的性情、虚静的心灵,都是美善的,明达的。这样的心智感应于事物,表达于语言,就成为诗。所以《诗·大序》说:"诗者志之所之也。在心为志,发言为诗。"(3)根据《论语》记述,孔子有"兴于诗,立于礼,成于乐"(4)的说法。人的真性情在诗歌中感发兴起,就会有关怀与爱,待人接物因而尊重对方,节制自己的言行,于是心安理得,自适自悦,所以"兴于诗",乃可以"立于礼"而"成于乐",这是有所感、有所觉、有所悟,一以贯之的心路历程。

孔子看到河川的流水，感慨地说："逝者如斯夫，不舍昼夜。"(5)孟子对此有所解读："原泉混混，不舍昼夜。盈科而后进，放乎四海，有本者如是，是之取尔。苟为无本，七八月之间雨集，沟浍皆盈，其涸也可立而待也。故声闻过情，君子耻之。"(6)后来朱熹写了一首《观书有感》的诗："半亩方塘一鉴开，天光云影共徘徊。问渠那得清如许，为有源头活水来。"(7)孔子、孟子与朱子，对于水的感应显然都属于人文思维。他们的所感、所觉、所悟都值得我们仔细玩味。所谓"逝者如斯夫，不舍昼夜"，不能算是精准的科学陈述。如果科学地说，似乎应该是："这河水，昼夜不停地流着，时速是50公里。"但是孔子原来的说法实具有丰富的人文意涵。试想，"逝者"指流水，你也可以联想到光阴、生命，甚至是整个宇宙的大化流行，它是这样地"不舍昼夜"。这不是呼应古诗"维天之命，於穆不已"了吗？诗人由此想到"文王之德之纯"；(8)你也可以想到"天行健，君子以自强不息"。(9)在这里我们可以响应逻辑实证论者的说法，有意义的陈述，未必要局限于逻辑分析的科学语言，在人文领域中，如《诗》的比、兴，《易》的象征，以及玄学、佛学的辩证诡辞，都不是逻辑分析语言，却都可以有效地表达某种层面的意义。至于逻辑实证论者所重视的实证问题，一般来说，人文领域不取实验的方式，而是取实践的方式。通过实践来证实道理，一样是很真切而明确的，不能视为主观臆断。如上引文中孟子的"声闻过情，君子耻之"，朱子的"源头活水"，都可以在实际生活的践履中深造自得，变化气质，而有所证实。

人文思维与科学思维，其实都是人类理性的表现，参照康德的说法，前者为实践理性，后者为思辨理性。两者虽然面向不同，却关系密切，不可分割。重人文而轻科学，导致迂阔而不切实际；重科学而轻人文，则导致冷峻而不近人情。过去我们已经为这两重缺失付出惨痛代价,今天对此不能不有所警觉。

人文领域中真有成就的杰出人物,在人文思维与科学思维的运作方面,都能取得平衡而有协调互济的效益。例如朱熹(元晦,1130—1200),他在学术上的成就,涉猎之广、影响之大,世人公认难以企及。他熟读百家诸子,兼通佛、老,旁及天文、地志、律历、兵书。在这样广阔的知识天地中游走,当然要运用科学思维,他那些著作中,处处可见其科学思维的严谨性。作为宋代理学的集大成者,朱子不只是知识渊博而已。他在人文思维方面的所感、所觉、所悟,特别值得注意,因为这正是成就一位大儒的关键。他在五岁时,就对宇宙问题感到好奇,追问"天地是如何,外面是何物?"八九岁,读到《孟子》"圣人与我同类",发现成圣有望,激动得"喜不可言"。十五六岁读《中庸》"人一能之,己百之;人十能之,己千之"这一章,就会悚然警厉奋发。三十一岁受教于李侗,而从《中庸》"致中和"这里入手作学问。三十七岁,参究"中和"问题而有心得,表达在给张栻的书信中:本体方面悟到"天命流行,生生不已之机";工夫方面认定在良心这里要"致察而操存之"。到四十岁时,又有进一步的觉悟,否定了以前的"中和旧说",提出"中和新说":本体方面是"心统性情";工夫方面则是"敬贯动静","先涵养,后察识"。从此奠定了自己的学问规模。

另一位典范人物是王守仁(阳明,1472—1529),年谱记载他十一岁时曾问塾师:"何为第一等事?"老师告诉他:"惟读书登第耳。"阳明怀疑地说:"登第恐未为第一等事,或读书学圣贤耳。"此后他的学问,史家说有三变,悟道前三变是:泛滥词章,出入佛老,龙场悟道。悟道后也有三变:默坐澄心,致良知,圆熟化境。其中关键,当然是龙场悟道。龙场在贵州,阳明三十五岁时抗疏触怒了宦官,被贬谪到龙场做驿丞。三十七岁到任,居夷处困,备极艰辛,日夜端居澄默,以求静一。一日夜半忽然大悟格物致知之旨:“圣人之道,吾性自足。向之求理于事物者,误也。”(10) 此后他在讲学、任官、军务倥偬以及佞幸谗害之中,逐渐体悟知行合一及致良知的工夫,最后达到化境:“时时知是知非。时时无是无非,开口即得本心,更无假借凑泊,如赤日当空而万象毕照。”(11) 阳明致良知教,影响深远,复活了儒家生命的学问。而另一方面不可忽视的是他在事功上也业绩彪炳,难能可贵。他与朱子一样,一生辉煌的成就都是人文思维与科学思维协调互济所交织出来的。真切的人文思维,不但提升他们的学问智慧,也助成了科学思维的严谨性;明确的科学思维,不但扩充他们的知识能力,也助成了人文思维的有效性。

人文思维与科学思维,在实际生活中分工而共济,我们要怎样在两者之间求得完善的平衡互动呢?除了参考前人的经验之外,每一个人恐怕都得真诚地面对自己以寻求答案。

二、传统文化中人文思维的类型

人文思维必以心为主体,表现为有所感、有所觉而有所悟。中国传统文化里的人文思维,依其所感发的情志、所觉察的义理以及所体悟的境界,大致可区分为儒、道、佛三个类型。

儒家类型,以仁心为主体,呈现为归本于善的心智活动,于是有所感,有所觉,进而有所悟。先看下列两首诗:

蓼蓼者莪,匪莪伊蒿。哀哀父母,生我劬劳。

蓼蓼者莪,匪莪伊蔚。哀哀父母,生我劳瘁。

瓶之罄矣,维罍之耻。鲜民之生,不如死之久矣。

无父何怙?无母何恃?出则衔恤,入则靡至。

父兮生我,母兮鞠我。拊我畜我,长我育我,顾我复我,出入腹我。欲报之德,昊天罔极。

南山烈烈,飘风发发。民莫不穀,我独何害?南山律律,飘风弗弗。民莫不穀,我独不卒!

(《诗经·小雅·蓼莪》)[12]

慈母手中线,游子身上衣。临行密密缝,意恐迟迟归。谁言寸草心,报得三春晖。

(孟郊《游子吟》)[13]

这两首诗,都写子女感念父母的亲情。类似的作品很多,各位总会有感动其中的经验。它所触动你的,是出于天性的亲亲之情。孟子就在这里讲"人之所不学而能"、"所不虑而知"的"良能"、"良知"。[14]儒家就在这里印证仁爱之心。仁心不会自我封限,它会不断地推扩,所以"老吾老"会进而"及人之老";"幼吾幼"会进而"及人之幼"[15]。由"亲亲"而可以"仁民";由"仁民"而可以"爱物"。[16]儒者因此有个体关怀、群体关怀以及终极关怀。

德之不修,学之不讲,闻义不能徙,不善不能改,是吾忧也。[17]

这是孔子的个体关怀,是仁心对自我品德的一种反省觉察。孔门弟子都是通过这种反省而上契于师长的,曾子每日三省就是很好的例子。[18]他们必须在真诚的个体关怀中才能提出切要的问题,请益于夫子,而开展自己的人文思维。

世衰道微，邪说暴行有作，臣弑其君者有之，子弑其父者有之。孔子惧，作《春秋》。[19]

这是孔子的群体关怀，是仁心对社会正义的一种检视警觉。孟子对于所处的时代也有所忧惧：

圣王不作，诸侯放恣，处士横议，杨朱、墨翟之言盈天下。天下之言，不归杨，则归墨。杨氏为我，是无君也；墨氏兼爱，是无父也。无父无君，是禽兽也。……吾为此惧，闲先圣之道，距杨墨，放淫辞，邪说者不得作。[20]

不忍于社会沉沦、人心迷失，挺身而出，为所当为，是儒者仁心不容自已的一个重要面向。这是儒者终极关怀所获致的体验，是仁心与万物相感通而至物我一体的证悟。从先秦到宋明，儒者多有这类心得。如王阳明即明白指出：人心之仁本来就与天地万物为一体。

所谓关怀，实际上是一种情与理的互动。情之美善与理之清明有对应关系。情是喜怒哀乐，理就作用于“发而皆中节”；情是恻隐、羞恶，理就作用于当恻隐即恻隐，当羞恶即羞恶；情是忧、惧——不安、不忍，理就展现为为善去恶。在这样的互动中，理因情而具体落实，归向清明；情因理而扩充提升，归向美善。情、理俱进，即在实践中开展。如情如理的实践，即情即理，即理即情；同时也即知即行，即行即知。于是会有一种证悟：这情，没有任何条件或目的，它自然而然，出于天性；这理，也不可造作或依傍，它当然而定然，来自天命。因此，孟子说：“尽其心者，知其性也。知其性，则知天矣。”[21] 所谓知天，是体证个体生命即天道之落实流行,人天合一,万物同体,整个宇宙呈现为生机洋溢、“於穆不已”的大化流行。

道家类型的人文思维,以道心[22]为主体,呈现为归本于真的心智活动。这里也有所感,有所觉,有所悟。看看下列两首诗:

结庐在人境,而无车马喧。问君何能尔,心远地自偏。采菊东篱下,悠然见南山。山气日夕佳,飞鸟相与还。此中有真意,欲辨已忘言。

(陶潜《饮酒》)[23]

众鸟高飞尽,孤云独去闲;相看两不厌,只有敬亭山。

(李白《独坐敬亭山》)[24]

这两首诗,表达一种悠然闲适的情味,也烘托出一种无为自在的生命情调。无为自在,谈何容易。“有”“无”是辩证关系,老、庄运用很多辩证的诡辞来提示其玄理。例如:“上德不德”,[25]“大巧若拙”,[26]“无为而无不为”[27]等等。诡辞指引玄理,玄理开显智慧,使人常保心灵的虚明,因应无穷的是非,而烛照物、我的终极价值,彼此自在自适,一体逍遥于和谐境界,体证天地之大美。庄子把这种彻悟境界的体验者称为既“与天为徒”,又“与人为徒”的“真人”。[28]

佛家类型的人文思维,以如来藏自性清净心为主体,呈现为归本于寂的心智活动。这里也有所感,有所觉,有所悟。看看下列两首诗:

中岁颇好道,晚家南山陲。兴来每独往,胜事空自知。

行到水穷处,坐看云起时。偶然值林叟,谈笑无还期。

(王维《终南别业》)[29]

何处轻舟破远烟,晚来横泊寺门前。可能趁此南风便,送我江头摘水仙。

(雪山法果《山居诗》)[30]

这两首诗,表达一种参悟生命究竟的心情。所谓"水穷处",所谓"江头",如果让你想到"诸行无常,诸法无我",那么"云起时"与"水仙"就意味着"缘起性空"以及"涅槃寂静"。当然这里有漫长曲折的修为体证过程。空理导引我们从生死苦海中超脱,智慧引渡我们到常、乐、我、净的涅槃境界。涅槃为寂灭之意,但这时的心智却是寂而常照的。依天台宗,一心能发三智,以一切智观空谛,观照诸法的普遍之理;以道种智观假谛,观照诸法所显现的特殊相状;以一切种智观中谛,对诸法的普遍之理与特殊相状作双重否定,同时亦双重肯定。一心三观,则诸法空、假、中三谛相即,圆融无碍。于是"观生死即涅槃"、"观烦恼即菩提",[31]乃有事事无碍的了悟。

上述三种类型的人文思维,有一种共同模式:它们都经由所感、所觉、所悟而开展,这里的感、觉、悟,彼此互动,回环俱进,当然都属于主体心智的活动。这主体心智,儒、道、佛三家虽有不同的体证,但都认定是人人所同具,先天而内在的。这三种类型的人文思维,还有一共同的精神方向,经由所感、所觉、所悟,而走向彰显自我、实现自我直至完成自我的大道。在这里,自我的真实存在,本身就是目的,有其庄严性,不可被扭曲,也不能被设计,必然是主体心智在实感、自觉、了悟中逐步彰显,逐步实现,逐步完成。

儒、道、佛三家不同的主体心智，可视为人们天赋德性的不同面向，形态不同，其为天赋则一，须是真纯则一。就天命不已、德性无限而言，人们天赋的真性，也可以不局限于儒、道、佛所已体现的，人们只要确实能反身而诚，真有所感，有所觉，有所悟，即可自由无限地展现人文思维。换言之，真切的人文思维，必然是开放的、具有创造性的。

三、当今人文领域的返本开新

上一节，我们依据儒、道、佛三家思想，把传统文化中的人文思维分为三个类型。目的在据此了解人文思维开展的模式与方向，作为今后人文领域思想发展的参考。当今社会背离人文、生命物化的现象处处可见。科技长足发展，改善了人们的生活，同时也激发了贪欲。我们追求民主自由，竟也纵容了狡猾诡辩之徒玩法舞弊，伤害了社会正义。人文思维与科学思维失衡是长久以来的事，面对今日种种困境，人文领域如何返本开新，是一迫切问题。

个人认为，当今人文领域的返本开新，有三个层面不容忽视，即个人生活人文化、人文教育生活化以及人文学术生命化。

孟子说："人之所以异于禽兽者几希。"(32) 就是这点"几希"，决定了人的生活不能只停留在饮食男女，满足感官的层面，还要求真，求美，求善，求得心灵的安详和乐。于是有艺文、道德、宗教等等人文活动。这些活动，对每一个人来说，都是成其为人的分内事。所以你不能只是旁观者，必须是参与者。当然这不是说人人须以艺文、道德或宗教作为专业。参与也者，是说让相关的人文活动确实进入生活之中，真切地有所感，有所觉,有所悟,而体会其中的真、美与善。

孔门设教,“兴于诗,立于礼,成于乐”,[33]就是要使弟子们的生活人文化。读诗,要有兴、观、群、怨的共鸣,进而变化气质,温厚待人;学礼,要有诚于中形于外的修为,落实在视、听、言、动之中,自律自立。在兴于诗,立于礼的人文生活中,生命归本于真实自我,悠游于和乐之境,这就是“成于乐”。例如曾点之言志:当孔子问到曾点时,他弹瑟正好有一间歇,“铿”的一声,把瑟搁下,先声明与前面三位所讲的不同,然后说:“莫春者,春服既成。冠者五六人,童子六七人,浴乎沂,风乎舞雩,咏而归。”[34]曾点的洒脱,豁达,获得夫子赞许。对比于在他之前发言的子路、冉有、公西华三人,可以看出他们心之所向显然不同。前三位关注于外务,曾点则以自我生活为优先;前三位计较事功,曾点则悠然自得,无所计较。我们必须承认:曾点所凸显的,是活出真实自我的重要性。

受到唯科学论的影响,今天我们的人文教育偏重于知识传授,而在人文思维的引导方面效果不彰。学生上课所得,多为文字训诂、文献考据或史料排比等外部知识;研究工作也着重于科学思维所及的层面,难以触发有所感、有所觉、有所悟的心智活动。这将使人文教育停滞在“知及之,仁不能守之”的层面,知与行分裂,知不能真切,行也不能真诚。

人文教育应该密切配合学生实际生活,而以导引他们深造自得为设计原则。突破单向灌输的局限,师生间要有活泼的互动。明代大儒王阳明最懂得这个道理,他在地方主政,总以书院讲学为首务。他所制订的《教约》,要求教师每天都安排与学生沟通的时间,藉此进行个别辅导。在功课上,诗歌教学必要求学生吟唱,讲究声气、节调,藉以“泄其跳号呼啸于咏歌,宣其幽抑结滞于音节”,使他们“精神宣畅,心气平和”。礼仪学习也必落实于日常言行,讲究心虑、容止,期能变化气质:“毋忽而惰,毋沮而作,毋径而野”,涵养成一种优雅有为的生活态度,“从容而不失之迂缓,修谨而不失之拘局”。至于一般教学不可免的典籍研读,则讲究“口诵心惟”,贵在“精熟”,务必使子弟们在此“沈潜反复而存其心,抑扬讽诵以宣其志”。阳明这些主张,蕴涵一种以学生为主体的教育理念。在这理念下,所有的教学活动都不违于一个基本旨趣:“顺导其志意,调理其性情,潜消其鄙吝,默化其粗顽。”学生在活泼清明的情境中“聪明日开”、“入于中和而不知其故”。(35) 阳明这种理念,并非出于空想,他自己在教学生涯中即是如此身体力行的。他与学生论学,向来不拘形式,往往就在遨游之时、宴饮之余随机进行。《年谱》记载,他四十二岁在安徽滁州任职,常与门人游憩于当地山水佳胜处,月夜则环潭而坐,人数可达数百位。他们“歌声振山谷”,诸生“随地请正,踊跃歌舞”。试想这是多么生动有趣的情境。阳明五十六岁时,奉命入广西平乱,启行前夕,客人散去,他正要入内休息,发现钱德洪、王畿两位大弟子站在庭下,说是关于为学宗旨他俩意见不同,要请老师开导。于是阳明便与他们移席天泉桥上,深谈本体、工夫的义理,指示他们各自的为学方向,并且提出“四句宗旨”:“无善无恶是心之体,有善有恶是意之动,知善知恶是良知,为善去恶是格物。”作为他致良知教的思想准则。阳明自称这是“彻上彻下语”,而他竟然等到弟子疑虑难解时才提出来说明。(36) 以学生为主体的教学活动,顺应受教者需求,在自然的情境中随机指点最为有效,最能使他们开放心灵窗口,向外看得清楚,向内看得明白,体察自我的本来面目,执定心志,完成自我的完美实现。正常的人文教育,当有这样的功能。

个人生活人文化、人文教育生活化,都与人文学术的研习息息相关。后者如果流于偏枯而自我封闭，前者的成果也必失去深度与高度。个人提出人文学术生命化的意见，是受到罗汝芳与汤显祖师生互动故事的启发。罗汝芳（号近溪，1515—1588），是明代王阳明门下泰州学派第三代传人。汤显祖（号若士，1550—1616），则是明代著名的剧作家，他在青少年时代跟随罗氏读过书，出仕之后也蒙老师关注，而适时给予指点(37)，因此他对于罗氏心学有真切体会。罗近溪主张“天机人事原不可二”，只要生命“源头清洁”，一切人事，包括嗜欲都属于天机。而所谓源头清洁，主要是指纯真的心性，没有“用智”的计较，没有“自私”的企图，完全归本于“天理之自然”，所以他鼓励人们：“解缆放船，顺风张棹，则巨浸汪洋纵横任我，岂不一大快事也哉！”(38)汤氏对于师门教诲确有心得。这心得表现在剧作上，以对《牡丹亭》女主角杜丽娘那种至情的描写最有代表性。汤氏在《牡丹亭题词》中说：“如丽娘者，乃可谓之有情人耳。情不知所起，一往而深，生者可以死，死可以生。生而不可与死，死而不可复生者，皆非情之至也。”(39)通过汤显祖生动奇妙的描述，丽娘的至情感动了千万观众，直到今天，仍让人感叹不已。汤氏的造诣，毫无疑问是得益于老师罗近溪的指引。近溪继承阳明学派，义理落实在生命中验证，而自有所得。“源头清洁”，“天机人事原不可二”，“解缆放船，顺风张棹”等等，都是他出于人文思维的睿识。所以他的学问是自己确有所感，有所觉，有所悟，“深造而自得之”的一种生命的学问，或可称为生命哲学。他把儒学生命化，使这传承两千年的学问重新复活，启动了弟子们的人文思维，寻找到一条自我实现的途径。在近溪门下，汤显祖是一位才华出众的弟子。罗氏的生命哲学，重点在于率性以成圣成贤。汤氏自己体验的结果，竟开出一套生命美学，重点在于任情以生天生地。这天地，是在剧场中开演的艺术天地。人物游走于“姹紫嫣红”与“断井颓垣”之间，出入于冷暖人间与梦幻幽冥之地，经历曲折离奇，可以为情而死，又可因情而生，真情使生命升华，至情则使乾坤开泰。近溪、显祖师生两人的辉煌成就，为人文学术生命化提供了鲜活的范例。

综上所述，个人生活人文化、人文教育生活化、人文学术生命化，是当今人文领域返本开新必须关注的三个层面，而一以贯之支撑着这三个层面的，则是活泼昭明的主体心之所感、所觉与所悟。

注释：

(1) 魏·王弼注，唐·孔颖达疏：《周易注疏》(台北：艺文印书馆，1955年)，卷3，第14页。按：今本无“刚柔交错”四字，高亨：《周易大传今注》(济南：齐鲁书社，1979年)，据郭京本补，兹从之。

(2) 参考《同人》、《大有》、《明夷》、《革》诸卦(《象传》)。

(3) 汉·郑玄笺，唐·孔颖达疏：《毛诗注疏》(台北：艺文印书馆，1955年)，卷1，第5页。

(4)《论语·泰伯》，宋·朱熹：《四书章句集注》(台北：鹅湖出版社，1984年)，第104—105页。

(5)《论语·子罕》，同注7，第113页。

(6)《孟子·离娄下》，同注7，第293页。

(7) 陈俊民校编：《朱子文集》(台北：德富文教基金会，2000年)，卷2，第73页。

(8)《诗经·周颂·维天之命》，《毛诗注疏》，卷19之1，同注6，第12页。

(9)《周易·乾卦·象传》，《周易注疏》，卷1，同注4，第8页。

(10) 明·王守仁：《王阳明全集·年谱》(上海古籍出版社，1992年)，第1228页。

(11) 清·黄宗羲：《明儒学案·姚江学案》，《黄宗羲全集》(杭州：浙江古籍出版社,1985 年),第 7 册,第 201 页。

(12) 汉 · 郑玄笺,唐 · 孔颖达疏:《毛诗注疏》,卷 13 之 1,同注 6,第 4—6 页。

(13) 清 · 章燮注疏:《唐诗三百首注疏》(台北:兰台书局,1969 年),卷上,第 18 页。

(14)《孟子 · 尽心上》,同注 7,第 353 页。

(15)《孟子 · 梁惠王上》,同注 7,第 209 页。

(16) 同注 7,第 363 页。

(17)《论语 · 述而》,同注 7,第 93 页。

(18)《论语 · 学而》,同注 7,第 48 页。

(19)《孟子 · 滕文公下》,同注 7,第 272 页。

(20) 同前注。

(21) 同注 7,第 349 页。

(22)《庄子》称为"常心"(《德充符》)、"灵台"(《达生》、《庚桑楚》)。清 · 郭庆藩:《庄子集释》(台北:华正书局,1991 年),第 192、662—793 页。

(23) 逯钦立校注:《陶渊明集》(台北:里仁书局,1981 年),第 89 页。

(24)《李太白全集》(台北:河洛图书出版社,1975 年),第 523 页。

(25)《老子 · 三十八章》,同注 30,第 93 页。

(26)《老子 · 四十五章》,同注 30,页 123。《庄子 · 胠箧》,同注 27,第 353 页。

(27)《老子 · 四十八章》,同注 30,页 128。《庄子 · 知北游》,同注 27,页 731。参拙作:《玄思与诡辞——魏晋玄学契会先秦道家的关键》,台湾师大《国文学报》第 42 期,第 31—54 页。

(28)《庄子 · 大宗师》,同注 27,第 234 页。

(29) 清 · 赵殿成:《王右丞集注》(台北:中华书局,1970 年),卷 3,第 4 页。

(30) 明 · 雪山法杲:《雪山草》,《禅门逸书续编》(台北:汉声出版社,1987 年),册 3,第 89 页。

(31) 隋 · 智 颢:《法华玄义》,《大正藏》(台北:新文丰公司,1983

年),33 册,第 790 页。

(32)《孟子 · 离娄下》,同注 7,第 293 页。

(33)《论语 · 泰伯》,同注 7,第 104 页。

(34)《论语 · 先进》,同注 7,第 130 页。

(35) 明 · 王阳明:《训蒙大意示教读刘伯颂等》,《教约》,同注 13,第 87—89 页。

(36)《王阳明全集》,同注 13,第 1236、1306 页。

(37) 参考拙著:《汤显祖与罗汝芳》,《中国文哲研究通讯》,16 卷,4 期,第 245—259 页。

(38) 明 · 罗近溪:《盱坛直诠》(台北:广文书局,1960 年),卷上,页 48、67。清 · 黄宗羲:《明儒学案 · 泰州学案三》,第 8 册,同注 14,第 49、8 页。

(39) 徐朔方笺校:《汤显祖全集》(北京:北京古籍出版社,1999 年),第 2 册,第 1153 页。

马一浮、章太炎的国学观之比较研究

龚鹏程

一、章太炎所说之国学

章太炎先生为国学大师,世无异辞;章先生本人也颇以此自许。1906 年他在日本,便发起国学振起会,并对鲁迅、钱玄同等人讲说之,而且在自家门口堂皇地写上:章氏国学讲习会。1913 年,他在北京遭袁世凯软禁时,亦以讲国学自遣。讲堂门口贴上告示说:"余主讲国学会……专以开通智识、昌大国性为宗。"傅斯年、顾颉刚等人都跑去听,后有吴承仕整理的讲录《菿汉微言》行世。1922 年居上海,又作国学系列讲座,分治国学之方法、国学之派别、经学之派别、哲学之派别、文学之派别等八讲次,后来曹聚仁整理成《国学概论》,张冥飞也有一个《章太炎先生国学讲演集》的记录。《申报》经办此次讲会,有广告谓:"念国学之根柢最深者,无如章太炎先生。爰特敦请先生莅会,主讲国学。"可见当时人心目中国学家之代表,就是他。晚年章先生还在苏州成立国学讲习会,一直讲到病逝为止。近人昌明国学,很少人像他如此长期一贯努力,他自称"独欲任持国学",确乎弗愧其所言。

但是太炎先生所讲的国学,内涵究竟为何?

他曾有与钟正楙书云:"仆国学以《说文》《尔雅》为根极。"(1909,见《章太炎书信集》)因此看来是以小学为主的,许多人的印象也是如此。章氏门人多研治小学;他在日本开始讲国学时,也以讲《说文解字》段玉裁注为主。1907 年他与刘师培函谓:"鄙意提倡国学,在朴说而不在华辞。"(同上)可见其微旨。

但我以为欲由此见章氏国学之奥,其蔽有二:一、章氏小学,实与清儒不同,亦非今所谓语言文字之学,其后学专意于语文训诂之间,失之远矣。考章氏《国故论衡》第一篇《小学略说》即云:"小学者,国故之本,王教之端,上以推校先典,下以宜民便俗。岂专引笔画篆、缴绕文字而已?苟失其原,巧伪斯甚!"小学为什么是王教之端呢?又如何可以宜民便俗呢?这不是只钻在笔画语音上的人所能懂的,斯乃孔老夫子之云"正名"也。其详,当看我的《文化符号学》,此不具述。总之是由小学看章太炎的人,大抵不能懂他的小学。二、由小学看章氏国学,亦难以知其大体,不能见其整体规模。太炎是复杂的人,小学为其根基,固然不错,但其文学经学并不能只由小学这一路去推求。且就算兼综了太炎先生的经史文学,恐怕也仍未尽窥其所谓国学之底蕴。

且太炎虽讲国学,但对于什么才是国学中最高之理,他恰好就不是个本土国粹派。黄侃序其《国故论衡》说:"夫见古人之大体者,不专于邹鲁;识形名之取舍者,无间于儒墨。"指的是太炎先生并不专宗儒家。此一立场,与一般人之想象或预期其实颇有距离。许多人以为既讲国学,尤其是从经学、小学来讲国学,大概就是儒家或以儒家为主的,太炎先生正好不是如此。早年推崇诸子过于孔子,末年虽重新推尊孔子,但他说孔子之所以高于诸子,实际上却是说孔子合于佛法。此中曲折,要弄明白,当然就很费劲了。

二、章太炎的佛家宗旨

首先,佛学到底能不能算是国学,于今观之,或不能无疑。不过,在清末民初,可能恰有一种社会风气,知识人颇以论佛学为时尚,且亦将之视为国学或国故中的重要部分。梁启超、胡适论国学,就都曾把它列入范围。

胡适《一个最低限度的国学书目》里,曾开列了《四十二章经》、《佛遗教经》、《大方广佛华严经》、《妙法莲华经》、《般若波罗蜜多心经》、《金刚般若波罗蜜多经》、《阿弥陀经》、《坛经》、《弘明集》等廿一种佛书,外加一本梁启超的《大乘起信论考证》。讲国学,且是最低限度必读书目,佛经居然开列如此之多,不能不说是怪事。向他要书单的清华大学学生首先就质疑:"做留学生的,如没读过《大方广圆觉了义经》……当代的教育家,不见得会非议他们,以为未满足国学最低的限度。"胡适答辩,则说将这些列入,乃是要留学生知道这些都是应该知道的书云云。

胡适的回答固有其道理,但也还是令人不解,因为佛书比例太高了。相对来说,道经就一本也没有。且既列了《大乘起信论》,又把梁先生的考证也算最低限度书目,便显得跟其他领域轻重失调。因此这个书目大抵只能说是显现了胡先生个人的兴趣,或民国初年知识界对佛学十分重视之气氛。

梁启超的《国学入门书目及其读法》并没有列佛书,看起来似与胡先生不同,但他在《治国学的两条大路》一文中却明白说过:“我们国学的第二源泉就是佛教。”第一个,当然是儒家。可是梁先生说佛为儒之外一大源泉,佛家“所讲的宇宙精微,的确还在儒家之上”,推崇亦可谓甚至矣!

依胡先生、梁先生这样的看法,佛学自然是国学领域中该仔细研究的部分了。

由此进而观察章太炎的情况,则更有趣。太炎先生《国故论衡》上卷小学十篇、中卷文学七篇、下卷诸子学九篇,连史学都没谈,佛教问题当然更未厕列其间。章先生另有一本《国学略说》则是分小学、经学、史学、诸子、文学五部分,佛学亦未专门讨论。既如此,在章氏观念中,佛学不属于国学领域啰?是又不然。

章先生在具体阐述国学内涵时,屡以佛理说之,情况就如他作《齐物论释》时那样。同时他还与梁启超一样推崇佛学高于儒学。《国学略说·诸子略说》云:

> 《中庸》之言,比于婆罗门教,所谓参天地、赞化育者,是其极致。乃入摩醯首罗天王一流也。儒释不同之处在此。……若全依释氏,必至超出世间,与中土素重世间法者违反,是故明心见性之儒,谓之为禅,未尝不可。惟此所谓禅,乃四禅八定,佛家与外道共有之禅,不肯打破意根者也。昔欧阳永叔谓孔子罕言性,性非圣人所重,此言甚是。儒者若但求修己治人,不务谈天说性,则譬之食肉不食马肝,亦未为不知味也。

这一段话,可视为他论儒佛关系的总纲,重点一是区分儒佛,儒只重世间、佛超越世间,因此佛境界高于儒。其次,儒者有一种只重在修己治人,这样也很好,与从佛者可以各行其是;另一种则受佛教影响,喜欢谈天说理,或讲明心见性,但此种其实仍不及佛。所以他说王阳明、邹东廓、欧阳南野、聂双江、王塘南等皆明心见性,日事宴坐,见解都很高。王塘南云一念不动,念念相续,更是被他认为就是佛家讲的阿赖耶识。可是"释家欲转阿赖耶识以成涅槃,而王学不然,故仅至四禅四空地"。

其宗趣如此,故儒家中最高者为孔子、颜回,孟荀以下大都只在世间,未超出人格。这两句话,须再作些解释:

章氏之学,本原在经学、小学,这是一般人之印象。但经学可能只是他自诂经精舍学来之一套知识,对这套知识研练虽精,对它却不见得具有价值上的认同感。因此他说:"《春秋》言治乱虽繁,识治之原,上不如老聃、韩非,下犹不逮仲长统。"(《国故论衡·原经》)又说:"《尚书》不过片断史料而已";《易》则只能用来清谈,若施之于人事,必导至《礼记·经解》所云:"易之失贼",为什么?"施之人事,必用机械之心;用机械之心太过,即不自觉为贼也。盖作《易》者本有忧患,故曰其辞危。危者使平、易者使倾,若之何其不贼也?"《仪礼》安上治民、《周礼》治太平,看起来好像较有价值,但这种价值仍然是有限的。由经学发展下来的儒家,成就因而也是有限的:"儒者之书,《大学》是至德以为道本、《儒行》是敏德以为行本、《孝经》是孝德以知逆恶。此三书实儒家之总持。""儒者之业,本不过大司徒之言,专以修己治人为务。"(均见《国学略说·诸子部》)修己治人,这不是很好吗?是,章先生也说这很好,不过并不是顶好。

因为修己治人都属于人间事,依章先生说,这就叫未超出人格。整个儒家体系中,自周公以下就都未能超出这个格局,只有孔子、颜回例外:

孔子平居教人，多修己治人之言。及自道所得，则不限于此。……盖有超出人格之外者矣。“子绝四：毋意、毋必、毋固、毋我”，毋意者，意非意识之意，乃佛法之意根也。……欲除我见，必先断意根。毋必者，必即审慎思量之审。毋固者，固即意根之念念执著。无恒审思量，无念念执著，斯无我见矣。然则绝四即是超出三界之说。六朝人好以佛老孔比量，谓老孔远不如佛，玄奘亦云，皆非知言之论也。

孔门弟子，独颜子闻克己之说。克己者，破我执之谓。……颜子之事不甚着，独庄子所称“心斋坐忘”能传其意。……然老子亦见到此，故云：“上德不德，是以有德；下德不失德，是以无德”，德者，得也。有所得非也，有所见亦非也。……皆超出人格。……佛法立人我二执，觉自己有主宰，即为人我执。信佛而执著佛、信圣人而执著圣人，即为法我执。推而至于信道而执著于道，亦法我执也。绝四之说，人我法俱尽。“如有所立卓尔，虽欲从之，末由也已”者，亦除法我执也矣。此等自得之语，孔颜之后，无第三人能道。

孔颜之外，依他看，老庄也尝道及此境。不过那不是儒家，暂不说。就儒家言之，孔颜之后，子思甚高，可以超出人格，但超出而不能断灭，故只入于佛法之所谓天趣。天，在中国人看来是最高了，但以佛法衡之，佛境界又更在天上。基督教所说的上帝，只居佛法的欲界天；子思所说的“上天之载，无声无臭”，则相当佛教说的色界天，与印度婆罗门崇拜梵天王相似。到孟子，又比子思更高。不说天，只说我，以我为最高，万物皆备于我。此说若一转而入佛法，就可成为三界皆由心造之说。

可惜孟子只如印度之数论,立神我义,以为一切万物皆由我流出。这就容易形成我慢,比不上孔颜了。但他不论天,由色界天入无色界天,又比子思高了一层。他们都是超出人格的,然主要用心毕竟仍在修己治人,故又与婆罗门及数论不同。荀子则反对思、孟,专务人事,有人趣而无天趣,故论政优于孟子。

此后儒家就分两派,一派修己治人,一派明心见性。前者不超出人格,后者超出。前者如曾子、荀子、王通、范仲淹、胡安定、叶水心、陈止斋、吕东莱、顾亭林、颜习斋、戴震等。后者如李翱、周敦颐等,宋明理学家大抵归于此派。

但明心见性之儒,并不是由孔子、颜回那里直接学到这样一条思路的,乃是由佛教那儿"阴袭"或"改头换面"而来。其中程明道、陈白沙都近于四禅八定功夫。对阳明,先生亦不甚推崇,谓彼拖沓,不如心斋直截了当;王塘南、胡正甫则所见高于阳明。"正甫谓天地万物皆由心造,独契释氏旨趣。前此理学家谓天地万物与我同体,语涉含混,不知天地万物与我孰为宾主,孟子万物皆备于我之说亦然,皆不及正甫之明白了当。"至于刘蕺山讲诚意,先生更不以为然,说:"诚其意根者,即堕入数论之神我。意根愈诚,则我见愈深也。……诚之为言,无异佛所称无明,信我至于极端,则执一切为实有,无无明则无物,故曰不诚无物。"因此总括起来看,明心见性之儒,亦可称为禅,只不过乃是佛与外道共有之禅,尚未打破意根。

三、章氏国学之商兑

太炎先生论儒佛关系大抵如此。从究极处说,佛与孔老都到达了超世无我之境界,但因社会条件与需要不同,中国人平常只讲世间法,宋明有讲明心见性者,见地亦不甚高。

如此说,乃以孔老合佛也,亦以佛说论判诸儒境界。诸儒论心论性,便指其袭禅或竟是禅。如此崇佛抑儒,虽不废孔学,谓儒者修己治人,符合中国之需,且不食马肝未为不知味,未必人人均要去说心性云云,但在理趣上确是宗佛而非宗经证圣的了。马一浮尝云:"佛氏判儒家为人天乘,老庄为自然外道"(《复性书院讲录》卷一《读书法》),太炎先生差不多就是这个态度。

论儒家如此,论道家亦然。云老庄之善者,在于能契佛法,以老子说"涤除玄览"、庄子说"心斋坐忘"为证,而对此后道家道教之徒殊为不屑,作风颇类其师杨仁山。仁山作《孟子发隐》、《道德经发隐》、《南华经发隐》等,讲孔老佛一源,大体亦是如此。

对于杨仁山、章太炎这样的说法,我并不赞成。其问题一是价值选择及文化认同上的。太炎先生讲国学,系以"昌大国性"为念,不同于一般纯知识之讲说,故能动人。然而佛法玄谈,太炎先生自己也说非目前用世所急,否则流弊即是清谈,非惟祸及国家,抑且有伤风俗,有决江救涸之嫌。既如此,一定要合孔老于佛,什么用意呢?昌明国故,而令人知国故之最高者仅合佛法之一端,其余不过尔尔,又如何昌大国性呢?

其次,是如此说在知识上入不入理的问题。例如把孔子之"毋意"解释为断意根,把老子的"上德不德,下德不失德"解释为无得亦无不得,都可说是附会。《诸子略说》中还说庄子有近于佛家轮回之说;儒家云无极、道家云无始,则近于佛教之说无尽缘起等,也都是附会。附会最严重的,则是以唯识学去解释儒家之说性。认为佛说阿赖耶识本无善恶,故告子说性无善无不善;意根执著阿赖耶为我,乃生根本四烦恼:我见我痴我爱我慢,故孟子亦有见于我爱而说恻隐之心、说性善;荀子有见于我慢,所以说性恶;扬雄见我爱我慢交相用,故说善恶混等等,不但对荀孟性论颇多误解,牵引唯识,大谈阿赖耶,亦殊无必要。

太炎先生努力以儒合佛,并用佛义来解孔解庄,除了附会之外,还显示了另一个大问题。那就是他花了许多心血,想超越宋明以来儒者辟佛与阴袭佛学各偏一端之格局,走出一条新的综合之路,把佛教纳入国学中,并强调儒佛本源不殊,只是方法因地制宜故有不同而已。这条新路向,不能说不具特识,其苦心孤诣是极值得佩服的。不过,如此做法却恰好颠倒了一个真正的学术问题。

什么是真正的学术问题?那就是:儒佛在本源上可能正是相异的。特别是从太炎先生精熟的唯识学来看,唯识与儒家乃是根本的不同,不容混为一谈。可惜杨仁山、章太炎他们那一辈人,格于时代气氛,又受真常心系理论之影响,未发现这一点,或虽发现,例如太炎先生已由唯识学看到了孟子性善说与唯识迥异,但他未由此继续深入去看,太快就将孟子归摄于佛法之下,判其为我执、神我,而以告子之论性合于佛法。于是这个问题就滑过去了,一直要到熊十力《新唯识论》出,这个问题才被彰显出来。熊先生与支那内学院为此大开笔仗,儒家"性觉"、佛家"性寂"之不同才得阐明。也就是说,太炎先生虽看到了儒佛不同这个问题,但他对佛学较为推崇的价值观及附会以求合的解释方法,却令他未能真正去处理它,以致在《国故论衡·辩性》中纵横博辩以说无生宗旨的那些宏论,在历经儒佛大辩难以后,回过头来看,感觉格外可惜。惜其但为先生染于佛法之性论,而非国学史上论性诸说之平议也。深染佛法,于先生固无伤,然儒佛同乎异乎,先生终不能明也!

章太炎先生于1911年有信给吴承仕,说:"仆辈生于今日,独欲持任国学,比于守府而已。"守府,就是保守库房的人,犹如老子为周之守藏史。孔子,在太炎先生看,也属于这种人,功在保存。故《訄书·订孔》说:"孔氏,古之良史也。"拿司马迁父子和刘歆去比拟。他本治古文经学。此派经师,将六经视为史书,谓孔子有保存删述之功,不赞成把孔子尊为创制立法的圣人,故说孔子为古之良史。关联到自己身处的时代,他也会觉得自己对国学,情境相仿。都是在一个礼崩乐坏的社会中,删述以存古。

这种心情与认知,使得太炎先生讲国学偏于文献、知识的。六经本系史料,存古并不是因古道仍堪适用,只因它是自家的东西,故存之足以令人对这个家保持文化认同及传承之统绪罢了。1906 年他到日本时发表的《东京留学生欢迎会演说辞》,说要唤起民众,首在感情,其途径有二,一"用宗教发起信心",二"用国粹激动种性",即是此理。

只不过,今人要看得懂那些古代先人手泽,首先就得要有训诂小学功夫,因此他讲国学从文字声韵的小学功夫开始,以此为门径。据此言之,章先生的国学,既是知识的,也是感性的,以国族主义唤起人们对国学的保存钻研之情,以及对国族的历史记忆。

由于对国学之认同,只因它是历史性的知识,并基于民族感情,故章先生在人生哲理上是另有归趋的。此一归趋,即是佛学。这在前文分析章先生之国学与佛学关系时已然说过了。

四、马一浮的六艺之学

相较之下,马一浮论国学就与章先生大相径庭了。章君如今归葬杭州西湖"花港观鱼"之畔,恰与蒋庄马一浮先生纪念馆衡宇相望,二氏平生宏阐国学,俱称宗师,而取径互异,适可并参。

马先生讲国学,时代较晚,1938 年避兵江西泰和时,才为浙大师生讲国学讲座,刊为《泰和宜山会语》,次年又在四川乐山开办复性书院。其所谓国学,范围颇与胡适之、梁任公、章太炎不同。《泰和会语》楷定国学名义时便明确说:"时贤所讲,或分为小学、经学、诸子学、史学等类,大致依四部立名。然四部……犹今图书馆之图书分类法一耳。……依时贤所举,各有专门,真是皓首不能究其义,毕世不能竟其业。"这时贤,指的便是章太炎。因对章的国学范围不满,故马先生只以"六艺之学"来界定国学。说六艺之学而不说是经学,也就是为了要避免人家又把经和史、子、集各部割裂开来看。依马先生之见,六艺是总摄一切固有学术的,因此不能把经跟其他各部平列分类。

但国学只讲六艺,范围会不会又太窄了呢?马先生认为不会,因六艺可以总摄一切学术,六艺之教是可以贯通到一切学问里去的。例如文学艺术可归入诗乐范围,凡教人温柔敦厚、广博易良者皆属于诗教乐教;政法经济统于书礼,凡教人疏通知远、恭俭庄敬者皆属书教礼教。他讲国学而一定要讲六艺,是总摄地说,是"统之有宗,会之有元"地说,为国学立本。故反对平列地、分解地说。但六艺之学又并不只是六本书或只是经学本身,而是由六艺通贯到诸子四部的。

故马先生《通治群经必读诸书举要》之分类,仍然是:群经(四书、孝经、诗、书、礼、乐、易、春秋、小学、群经总义);诸子(儒、诸子异家);史;诗文总集(见《复性书院讲录》卷一)。这不是跟章太炎一样吗?不,注意,这不是胡适、梁启超、章太炎所说的那种“国学书目”，而只是通治群经的必读书目。但要通治群经，也就是要能知六艺之学，就必须通贯四部。

这岂不又太宽了吗？马先生亦以为不然，他说：“本书院意在养成通儒，并非造成学究。时人名学，动言专家。欲务赅通，又成凌杂，此皆不知类之过。”（同上）他反对专家，所以治经者不能只读经，成为专业经生。而一般所谓淹贯四部、博通九流者，他亦以为未必能通，只是凌杂。如何才能通？四部九流均总摄于六艺，才能令人“知类通达”，六艺者，六类也。

五、马一浮学术之特点

此为马一浮论国学之大本，其与章氏不同，甚为显然。其次则反对六经皆史，反对从史学角度看六艺。《泰和会语·论六艺赅摄一切学术》云：

> 《学记》：……君之所不臣于其臣者二：当其为尸则弗臣也，当其为师则弗臣也。……此明官师有别，师之所诏，并非官之所守也。……吾乡章实斋作《文史通义》，创为六经皆史之说，以为六经皆先王政典，守在王官，古无私家著述之例。……以吏为师，秦之弊法，章氏必为回护，以为三代之遗，是诚何心？……曾谓三王之治世而有统制思想之事耶？

章氏认为六经是先王之政典，学出于王官。马一浮不以为然，云官与师不同，官守是书吏抱持档案，师却非王辖下的官，是“以道得民”的人，为诸侯之师保。而且三王不同礼、五帝不同乐,政典历代不同,故与其说保存政典,不如留意孔子如何删定,求其用心。他在《通治群经必读书目举要》中,劈头就说:“六艺皆孔氏之遗书。”又在论如何读《春秋》时说:“学者且直熟玩公、穀、胡传,须使义精仁熟,乃有以得圣人之用心。”便是此意。对于史学性质较浓的《左传》,并不强调。

这是驳“吾乡章实斋”。可是马一浮生于成都,六岁才返绍兴,居上虞,其乡人既可以是章实斋,亦可以是章太炎。

按:顾颉刚《浪口村随笔》卷五《王守仁五经皆史》谓:“近数十年间,康长素、皮鹿门等,拥戴孔子为教主,过神其说。章太炎、刘申叔重伸章龚(自珍)之论以折之。六经皆史之说遂又腾播一时学者之口。”可见太炎正是实斋六经皆史说在民初最重要的提倡者。

太炎先生自己说经,首先去除其神圣性,云“经之训常,乃后起之义”,接着就用章学诚的说法:“周代诗书礼乐皆官书。《春秋》,史官所掌;《易》藏太卜,亦官书”,然后又说:“史部本与六经同类”,“纬与经本应分类,史与经本不应分,此乃治经之枢纽,不可不知者也”,“史部入经,乃古文家之主张;纬书入经,乃今文家之主张也”。

经史不分,一方面是把史拉入经,一方面也是把经夷为史。六经原只是史料,孔子为古之良史云云,皆与实斋六经皆史说恰如桴鼓之应,而马先生辄不以为然。

再者,章先生论国学国故国粹,深意在于强化集体记忆与民族认同,所以重其史学意义。他早在《訄书》中就有《尊史》之说,尔后更是感觉到在时代的大变动下,唯有强化民族共同拥有的历史,才能使个体因与这个历史相结合而不致在变动的世界中迷失。章先生不太讲抽象的民族精神,也不发扬什么具体的古代观念或伦理道德,可是,通过对国学国故的拥有,人也就拥有了历史以及感情,如此即能"昌大国性",与其他国族并立于世界上而无悔无惧。马先生讲国学,则在这个方向及归趋上也与章先生不同。

章先生讲经时,首先消解了经的常道意义;讲国学与历史,凸显的也是民族的独特性,家史国族史,正是人不能与他人共享的东西。马先生虽然也常有此类言语,例如:"一旦打开自己宝藏,运出自己家珍,方知其道不可胜用也"(《读书法》),"今人以吾国固有学术名为国学,意思是别于外国学术之谓"(《楷定国学名义》)等等,但其宗趣颇为异样。《论西来学术亦统于六艺》云:

> 六艺不惟统摄中土一切学术,亦可统摄现在西来一切学术。……故今日欲弘六艺之道,并不是狭义的保存国粹,单独的发挥自己民族精神而止,是要使此种文化普遍的及于全人类,革新全人类习气上的流失,而复其本性之善、全其性德之真。

马先生认为六艺之道是永恒而普遍的价值与规范,不仅中国人该知道,外国人也必循守此道:

> 今人舍弃自己无上之家珍,而拾人之土苴余绪以为宝,自居于下劣,而奉西洋人为神圣,岂非至愚而可哀?……须知今日所名为头等国者,在文化上实是疑问。须是进于六艺之教,而后始为有道之邦也,不独望吾国人兴起,亦望全人类兴起,相与坐进此道。

此说,在批判西方现代文明及向西方开立中国古代圣人之道这

味药方方面,类似辜鸿铭。辜氏《春秋大义》导言第一段便说:

> 现在的大战,引起了全世界的注意。我想这场战争定会使有思想的人转而注意文化的大问题。……我们要承认:现代的欧洲文化在制服自然方面已取得成效,是其他文化没有做到的。但是在这个世界上,还有一种比自然界物质力量更可怕的力量,即藏在人心里的情欲。……这情欲,如果不能得到适当的调理和节制,那就不要说文化,便是人类之生存也将不可能了。

谓现代欧洲文明只重治物不重治心,故有大战这样的后果,因此向西人推荐孔子,大谈《春秋》。马一浮批评西方现代文明"在文化上实是疑问",认为当时弃国故而骛西学者"至愚而可哀",相信未来世界必然仍应走且将走圣人所示的六艺之途。均与辜氏相似。

二先生治学原本就有一个极有趣的相似点:皆精通西学。辜先生不用说了,西学根底大胜其中学。马一浮则19岁就在上海创办《二十世纪翻译杂志》,大力绍介西方文化。21岁留美,并游欧洲,习德文日文,曾以英文译《日耳曼之社会主义》、《露西亚之虚无主义史》、《法国革命党史》及俄国托尔斯泰《艺术论》、西班牙名著《堂吉诃德传》等,以日文翻译意大利人的《政治罪恶论》等,马克思的《资本论》也由他引进中国。其西学之精,自不在话下。因此二君此等言论,并不能视为昧于世界大势者的民族自大心理表现。他们对西方现代文明的不满,如今看来,恰好是当代学界展开"现代性批判"之先驱。而这一部分,便是章太炎所少有的。

但马先生与辜先生也有不同。辜氏采取的是避敌之锋、蹈敌之虚的论述策略,谓欧洲治物而不治心。马先生却采取了以子之矛攻子之盾的方法。

欧洲在启蒙运动以后,形成了普遍理性的观念,整个形上学及神学世界之瓦解,被解释为理性"除魅"的结果。在理性不断发展之下,科学理性也构造了工业化新世界,于是整体人类的历史,亦将是此一理性不断发展之历史。发展,成为进步的同义词,推动着一个普遍的历史目的论。在此论述底下,欧洲现代文明乃因此成为东方也必须接受的。欧洲除魅、现代化、工业化、科学化之进程,遂也是世界各民族均应经历的。相对于这样的论述,反对者大多采取章太炎这样的文化相对立场,强调国族文化之特殊性,以资抵抗。马先生反是。他采取的,是与普遍论一样的论式。说人既都是人,人心就都是一样的。人心既同,此理便同,中国古代圣人所说的六艺之教,自为西方所必循之路。

在这个与西方现代文明论述相同的论式中,马先生与之不同的,是西方以理性为其内核,马先生以心为之内核,说六艺只是一心之表显。这个心,可以说是仁,可以说是仁和义,也可以说是知仁勇,或仁义礼智,或五常六德。不管是东方西方,人都应该革除习气之流失,恢复本然的仁心善性。因此复性之道,不只中国要讲,西方也该讲,因为这才是人道之正途(详见《论六艺统摄于一心》)。

由六艺讲到心,说六艺统摄于一心,这又与章太炎不同了。

章先生论经学,严古今之别、汉宋之分。宋学剔出,只在《诸子略说》中讲讲,谈经学只就汉学说。汉学中又剔出今文,故曰:"清人治经,以汉学为名,其实汉学有古文今文之别,信今文则非,守古文即是。"(《经学略说》)这是清人观念中的经学,亦是老子所说"为学日益"之"学"。马一浮所讲的,则是"经术义理之学”(《复性书院讲录·卷一·开讲示诸生》),谓“六艺之教,总为德教;六艺之道,总为性道”(《卷三·孝经大义二》)。此种经术,用老子的语言说,乃是“为道日损”,故可总摄于一心。以汉宋来分,章先生是汉学,马先生则是讲经学的宋明理学家。

宋明理学家,依章先生看,乃阴袭佛教或由禅宗改头换面而来,黄侃序《国故论衡》云:“宋世高材,独欲修补儒术,周氏始作,犹近巫师,为彼土苴,非足珍腆。二程廓尔,取资禅录。”即指其事,评价并不甚高。但章黄亦因此而于宋明理学无所得,而有所述,多见疏误。

如章先生谓张载《正蒙》近于回教,又近于景教;云朱延平默坐澄心体认天理为佛法之止观;又称梨洲服膺阳明而不以蕺山为然,盖有乡土之见等等,俱皆可商。相较之下,马先生途辙迥异。《复性书院讲录》载书院学规,以朱子《白鹿洞学规》、刘蕺山《证人社约》为模范。以四事教生徒,一曰主敬为涵养之要,二曰穷理为致知之要,三曰博文为立事之要,四曰笃行为进德之要。明显是由诸子主敬穷理、格物致知转来,但不依程朱的语言说,而溯求于《论语》、《孟子》及六经。与宋明理学家相比,经学意味重了许多,与讲经学的汉学家相比,却又谈心说性,说理之气息甚深。

六、马一浮援佛论儒之风格

由这个“经学”与“经术义理之学”的区分,我们可以再进而观察马先生、章先生与佛教的关系有何不同。

马先生精研佛学,在教界及居士界皆有盛名。曾亲送李叔同赴灵隐寺受戒、为《印光法师文钞》作序,1924年且组织般若会于杭州,其他《楞严开蒙小引》、《重修祥峰禅师塔铭》等相关佛教著述甚多。在《泰和宜山会语》、《尔雅台答问》、《复性书院讲录》中更是随处可见他引用佛书、佛法、佛家名相术语来作表述,情况比章先生更甚。章先生只在论诸子学或讲玄理哲学时才用佛家义理以助说明,马先生则随处都是。自来经学家固然无人似此风格,就是宋明理学家也没有人像他这样大量资借佛说的。同时代的熊十力略近于此。但熊先生对佛教的资借,大抵根于唯识学,马先生则是泛滥经藏,不拘一宗。若论采摭佛义之广,佛理与他经术义理之学的关系之密,确乎罕见其匹。

不过,我认为马先生对佛法佛学仅是资借,归宗却在儒不在佛。这一点恰好也与章先生相反。章先生看起来像是只资借佛法供作说明,实则所宗在佛不在儒,推尊孔颜老庄,亦只因他们合乎佛法而已。

试看《复性书院讲录》便知:某些时候,马先生是完全不涉及佛法的,例如《论语大义》的春秋教上中下,《洪范约义》也很少。因此我们可以说那些佛家名义及义理均是先生有意识地引用。什么情况下他会引用,又为何要引用呢?他说:

> 1. 儒者说经,往往不及义学家之精密。以其于教相,或欠分明,如郑氏《六艺论》、《孝经序》则俨然其判教规模。故谓儒者治经,亦须兼明义学,较易通悟也。
>
> 2. 六离合释,是义家释经常用之名词。一名之中,有能有所,亦是一种析义之方法,使人易喻。(卷三《孝经大义二》)
>
> 3. 五孝之义,当假佛氏依、正二报释之。佛氏以众生随其染净业报所感,而受此五阴之身,名为正报。此身所

居世界国土,净秽苦乐不同,亦随业转,名为依报。依正不二,即身土不二。此义谛实。以儒家言之,即谓祸福无不自求之者。(卷三《孝经大义三》)

4. 将释此文,约义分四科:一、总显君德;二、别示德相;三、明德用;四、叹德化。(卷四《孔子闲居释义》)

5. 凡说经义,需会遮表二经。遮是遣非荡执,如言不常、不断、不一、不异等。表乃显德正名,如中正、化义、圣贤等。二氏意存破相,多用遮诠。六经唯是显性,多用表诠。设卦观象,皆表诠也。……又易言无方、无体、无思、无为,亦是遮诠。(卷六《观象卮言七》)

第一则,总说了他之所以利用佛学来说经的原因。第二则,可以示例说明他如何借佛家分析名相的方法来释义。第三则,却是用佛家义来辅助说明,以佛义喻说。第四则,用的是佛教经时的一种办法,移用于解儒经上。第五则,以佛家释义时遮表的诠说方式来解说。

马一浮深于西学,因此他说经特别重视分析性,逻辑感很强,可是他并不强调这是西学,只说是参考佛学而来的。可是像他讲国学,先楷定国学名义,楷定时又对自己这一行为再作一界定,仍可看出与西方哲学的关系。其他人讲国学,均不及他严谨。只是这种严谨可能属于学养上的,并非他有意识地运用;有意识地运用,则在佛学。佛家因明分析之术,本来就较吾国言语浑沦者精细,因此马一浮这种做法,颇有方法学上的意义,一方面讲经之义理,一方面教人如何读经、如何释经。

梁启超《佛家经录在中国目录学之位置》曾说佛家经录所用方法远胜于我国一般目录学,分类极复杂而周备。为什么佛家说经、编目都如此精密呢?梁先生说:"良由经论本身本为科学组织的著述,我国学者亦以科学的方法研究之,故条理愈剖而愈精。”所谓科学,在梁先生那一辈人的理解中,就是指它较具分析性、逻辑性、系统性。印度之思维本具有这方面的特色,且曾影响过我国六朝隋唐之经学义疏,则马一浮解经,参用其法,不是十分合理吗?

梁启超所说的科判,基本上是分出章节段落,如道安讲经均分三部分:一、序分;二、正宗分;三、流通分。马一浮释《孔子闲居》分四科,释《洪范》分三科,即采用其法,也就是上文所引第四则。第二则说的五离合释,也是一种释经法,但不是就结构说,而是分析名相。其他运用佛家义学较重要者,还有判教之法:

> 判教之定,实同义学。不明统类,则疑于专己。……判教之名,实始于佛氏之义学。(卷二《群经大义总说·判教与分科之别》)

佛教天台宗判四教,华严宗判五教。马一浮所谓六艺之学,亦是判教,判为六教,如温柔敦厚为诗之教,属词比事为春秋教等。又,四悉檀:

> 孔门问仁者最多,孔子一一随机答之,咸具四种悉檀,此是诗教妙义。四悉檀者,出天台教义,悉言遍,檀言施,华梵兼举也。一、世界悉檀。世界为隔别分限之义。人之根器,各有所限,随宜分别,次第为说,名世界悉檀。二、为人悉檀,即谓因材施教,专为此一类机说,各其得入,名为人悉檀。三、对治悉檀,谓应病与药,对治其人病痛而说。四、第一义悉檀,即称理而说也。(卷二《论语大义一》)

> 论政亦具四悉檀，如既庶矣，富之；既富矣，教之。……世界悉檀也。……答叶公问政曰：近者悦，远者来。……为人悉檀也。……君君臣臣父父子子，对治悉檀也。答子张问政曰：居之无倦，行之以忠。……第一义悉檀也。……又一一悉檀，皆归第一义悉檀，学者当知。（《论语大义二》）

悉檀，依陈寅恪《大乘义章书后》一文考证，乃梵语音译，意指成就。乃佛陀化导，成就众生之四种方式。天台南岳及智者两位望文生义，误解为遍施，谓佛以四法遍施众生，使之契理（收入《金明馆丛稿二编》）。其实悉檀到底是遍施还是成就，无关宏旨。天台将它发展成解释经义、消解经论异说的通则，并未违背原意。马一浮所用四悉檀说，亦径采天台，用以说明孔子教人的不同言说各各属于什么性质。

以上各种引用佛义的状况，都明显是从分析、诠说方法上去资借佛学。另外则是以佛说借喻，如前引文以佛家正报依报来解喻儒者所说的孝，便是一例。这种情况在马先生讲录中极常见，如“佛说《华严》，声闻在座，如聋如哑，五百退席。此便是无感觉，便可谓之不仁”（《论语大义一》）；“圣人显示性德，普摄群机，故说《孝经》以为总持，犹佛氏之有陀罗尼门”（《孝经大义二》）；“若依义学定标宗趣，则德本为宗，教生为趣。行孝为宗，立身为趣。又可德教为宗，顺天下为趣”（同上）；“五等之称，亦略如佛氏之五位。士当资粮位、卿大夫当加行、见道二位、诸侯当修习位、天子即究竟位、庶人当十信”（《孝经大义三）》；“致唯证量，行则有境，境智不二也。行主心行而言，非指事相之着，境非缘物不起，故名为无，犹佛氏所谓无缘慈，同体大悲也”（《孔子闲居释义》）；“佛言菩萨视众生如一子地,即诗:恺恺君子,民之父母之谓也”(《洪范约义六》)……简直不胜枚举,佛家各宗,如天台、华严、禅、净土,咸所资取。

七、马氏国学的宗儒旨趣

这就显然不是阴袭,乃明用;也不必改头换面,更不必排击佛法,态度与宋明理学家殊为不同。然而,我要特别指出:这些方法、名相、典故、说理方式之借用,其实都不涉及价值判断,或者说基本上是以佛合儒的,佛家之善,在于它符合六艺之道。故他往往会说儒含佛理或禅家知道且能通于儒理。

以为儒家所说能包含佛理,如《论语大义七》:“《涅槃》之常乐我净四德,亦如乾之元亨利贞也。”“易教实摄佛氏圆顿教义。……生灭即变易义;言不生不灭者,即不易义;若不变随缘,随缘不变,即简易义也。川上一语,可抵大乘经论数部。”《观象卮言四》:“二氏之学,实能于费中见隐,故当为易教所摄。……大抵老庄皆深于易而不能无失,洁静精微,则佛氏圆顿之教实有之,非其必出于易之书也。”这些,都是讲佛家虽未必能读儒书,但会得的理,正与儒者相符。

这是拉佛入儒者六艺之教中,为六艺所摄。还有一种,是以儒理去解释佛说,以见彼此若合符契。如“洪范言福极,犹佛氏言佛土净秽也”;“保合大和,乃利贞。禅家于大彻后,每曰善自保任,盖长养滋身,尤要潜行密用。故圣人分上,仍是日新其德,岂曰无事?洞山禅以无为无事人犹是金锁难是也”(《洪范约义十》)等都是。

这些言论,钩合儒佛,颇见其同。但马先生在许多地方仍

不免要对儒佛之异作些分判,此类分判,便愈见先生宗趣在儒而不在佛了:

1. 禅病既除,儒宗乃显。(卷二《题识》)

2. 圣人以天地万物为一身。明身无可外,则无老氏之失;明身非是幻,则无佛氏之失。(《孝经大义序说》)

3. 佛有四圣六凡,儒家只明二道,但简贤智之过实无异。为二氏预计,释氏弹偏斥小,叹大褒圆,知以大拣小,以圆拣偏,未知圆大之中亦有过者,此孔子所以叹中庸之德也。(卷三《孝经大义三》)

4.《论语》颜渊问仁章,《灯录》波罗提答异见王问性一段公案;与《洪范》五事对勘,便见释氏疏处,不及儒者之密。(卷五《洪范约义三》)

5. 佛氏立种性差别,儒家谓之气类。种性字不妥,不若气类字用得恰当。(卷六《观象卮言三》)

6. 治经,乃穷理尽性至命之学。儒者不明性命之理,决不能通六艺。而二氏之徒,乃盛谈性命。末流滋失。于是治经者乃相戒不谈性命。弃金担麻、买椟还珠,庄子所谓倒置之民也。(《观象卮言五》)

主张治经应谈性命,不能因佛家谈了所以就不谈。谈时又要明白:在说义方法上,佛家较精细,但义理却是儒家较周密。佛家所见虽高,但非中庸之道。而且佛家以世界为无明妄起,所谓万法唯识;认为我身是幻,所谓诸法无我。马一浮也均不赞成。

马一浮云六艺摄于一心,又云"一心具众理,即事即理,即理即心"。这种心学立场,乃综合程朱与陆王二说,故心兼性情理气。其理论构造及其与程朱陆王之关系,当另文处理,此不具论。兹所欲言者，为此一心学立场与佛家说万法一心实颇相似。马一浮对此，亦详乎言之，曰："佛氏亦言：当知法界性，一切唯心造。心生法生，心灭法灭，万行不离一心，一心不违万行。"（《学规》）三界唯心，此心"以佛义言之，则曰真如，曰佛性，曰法身，曰一真法界，曰如来藏心，曰圆觉，并是显此一理"（《洪范约义六》）。

但这只是说三界唯心，却不是万法唯识。马一浮反对唯识宗的讲法，认为唯识宗不能真正了解心，他们所讲的心，只是识，故能造作种种虚妄，那个心不是真心，万法也均是虚妄，故与儒家不同："彼以色为心所现影，二俱是妄。此以器为道之流形，唯是一真。……张载《正蒙》所简，正此义也。……故贤首判相宗为始教。……今言唯心唯物者，详其分齐，彼所言心者皆是器摄，以唯是识心虚妄计度，又较佛氏相宗之为言粗也。"（《观象卮言八》）这是说相宗以世界为识心所变现，故说是空；儒家以世界乃道体之流行，一心之发用，故说为真实心。相宗以识说心，依他看，只说着妄心，未说及真心。常真心系所说如来藏、佛性、真如才指真心。因此判相宗为始教，并用《大乘起信论》一心开二门之架构，讲："妄心即当人心，真心即当道心，然非有二心也，只是一心迷悟之别，因立此二名耳。"（《观象卮言二》）

相较之下，章太炎说心，便以相宗唯识为主，故《国故论衡·辨性下》云："太上有唯识论，其次有唯物论。"又说："人心者，如大海，两白虹婴之，我见我痴是也。两白蛟婴之，我爱我慢是也"，唯有断了意根，才能无我。这乃是转识成智之路，"心者，兼阿修罗耶与意识，性者为末那"（《明见篇》），并不是马一浮所说的真常心。不过，真常心如来藏这个讲法，章太炎仍是承认的，他也引《大乘起信论》说："心真如相，示大乘体，心生灭

相,示大乘自体相用。”(《明见》)但他的理论是这样的:

> 人有八识,其宗曰如来藏。以如来藏无所对,奄乎不自知,视若胡越,则炫有万物。物各有其分职,是之谓阿罗耶。阿罗耶者,藏万有,既分以起末那。末那者,此言意根。意根常执阿罗耶以为我。二者若束芦,相偕以立。……意根断,则阿罗耶不自执以我,复如来藏之本。(《辨性上》)

如来藏在八识之外,为其宗或本,但它不起作用,只是奄忽不自知的。既如此,则断意根的力量从何而来?从前摄论宗有一支就立第九识,名阿摩罗识,或真如觉性,靠这种觉性,才能转阿赖耶识得法身。章先生说的如来藏,很像第九识,在八识之外,但它并不代表觉性。它也与《成唯识论》不同。成论以阿赖耶为染净同依,舍阿赖耶时唯舍染分,不舍净分,故不另立如来藏。章先生此处殆是混用真常心系与唯识系之说法,所以析理未莹。而且不论如何,如来藏心在章先生理论体系中是没什么地位的,章先生所强调的是断性、断烦恼,以证无生。马先生则以心性为真为常,以心为六艺之原,二者迥异,观者不可不察。

“讲会”与儒学教育

郑晓江

儒学是一种入世之学，是培育人格、提升世人之精神品质之学，也是实做圣贤之学。在中华民族伟大复兴的当代，如何适当与适度地恢复儒学教育，使这一优秀的文化传统真正能够起到教化社会、提升青年学子之道德人格及境界的作用是一个重大的问题。本文以笔者组织的一次研究生教学活动中恢复儒学讲会传统的实践为例，说明儒学的讲会在弘扬中国优秀的文化传统、为青年学子寻找精神家园等方面有着重大的理论意义，在提升青年学子的精神品质方面也有着重要的实践价值。

一、对当前教育的反省

当前中国的教育中，一些学校有一种产业化发展的追求，这带来了教育本质的扭曲与道德理想主义的沉沦，以及科技型、功利型、文凭主导型的教育大行其道。当然，现今中国的国民教育系统也建立了一整套的思想政治课、品德修养课的体系，但因为缺少超越性的信仰层面来支撑它，在教学上则往往沦为政治的、道德的知识灌输而非知行合一之健全人格、道德境界的养成，所以，其成效较低。此外，现今许多学校往往沦为了教育行政主管部门的下属单位，许多学校领导、各类老师从事教育往往不是把培养"受教育者"视为工作的核心向度，而是把教育活动当作满足上级教育行政主管部门要求的一种"教育行政工作"，一些教育工作者从事教育的内在动力可悲地定格在提升自己的"行政级别"、不断地谋取更高官职的基础上，或者得到经济上、物质上更多的实惠，这必然忽视受教育者精神品格的培养。

试举二例：之一，2007 年江西师范大学道德与人生研究所的老师与学生去某幼儿园调查生命教育的有关问题，该园的园长说："其实，我们幼儿园的生命教育主要是安全教育。因为安全是我们最重要的工作，如果安全出了问题，那么有再大的业绩也是白搭。我们采取了许多的方法来保护幼儿，而很少让孩子去学会自己保护自己，例如：幼儿园的水泥地面要放上安全垫，以防孩子摔伤；桌子或者其他有安全隐患的地方我们都要考虑到，其实就是营造一种温室环境。有一次上级来评估时，专家发现园中有一块地方没有安全垫，他们就说不行，要赶紧补上。其实这是把孩子放在一个保温箱里，希望他们生活在一个没有危险的环境中。我也知道，这样对于孩子来说，就失去了锻炼自己的机会，孩子的自身保护能力反而削弱了，但是我们也没有办法。"什么叫"没有办法"？因为出了问题的话，其头上的"乌纱帽"可能不保。也就是说，为了对付上级的检查，或者所谓"安全问责制"，便违背教育规律，把幼儿人为地关进"温室"中，使其不接触到任何一点生活中的"风浪"，这对幼儿的成长是好还是不好呢？显然是不利的，教师们也知道这一点，可就是不去改变，反而还要反向地去做。为何许多小孩子在生活中极端缺乏"抗压力"，经不住风吹雨打，经受不了困难挫折的磨难？也许问题的根源还要追溯到这些扭曲了的幼儿教育的方式。

之二，我们再去某县一个乡村小学调查生命教育的问题，该校的刘校长说："我作为一个领导，既要做好教书育人这方面的工作，又要管好学校的安全工作。安全工作对农村小学来说，非常重要，如果出了安全问题，既要丢掉自己的'乌纱帽'，同时还有可能丢掉自己的饭碗。学校如果出现比较重大的安全事故，领导老师都要受到处分。现在老师的职业成了高风险的职业，有这样一种说法：'学生的命是金子，要重视；老师的命是狗屎，不如学生；校长的命连狗屎都不如。'"因此，这所学校下课时，老师们都戴着红袖套，站在学校操场四周，虎视眈眈地盯着学生，不准学生们有肢体碰撞的活动；体育课也取消所有的激烈一点的运动；春游则全部喊停，等等。这一切是为受教育者着想吗？可见，多年来我们的素质教育仍停留在口号阶段，学校教育被"裁缩"为智育，学生成了中考、高考科目的"学习机器"。我们许多的学校要么是为上级做教育，要么是为经济利益做教育，就是没有为受教育者本人来做教育，这是最大的悲哀啊！不解决这一问题，我们的教育，无论是幼儿教育，还是小学、中学，乃至大学教育都会出现重大的问题，这是需要我们深思及尽快地加以解决的。

另外，我们还可以从"教师"一方来反思现代中国的教育问题。现今中国的学校里大多只有"教员"而无"老师"；只有"经师"没有"人师"。许多教师都只是一名"教书匠"，是知识的传授者，相当于古代之"经师"，而无法成为"人师"——以"道"的追求来培育学生的人格与道德境界。所以,许多学生在学校中受教育,往往只是在知识的接受方面有进展,而其人文生命与道德生命却没有成长,甚至萎缩。具体地说表现在一组让我们胆战心惊的数字上:北京大学儿童青少年卫生研究所于2006年5月17日公布的《中学生自杀现象调查分析报告》说明:中学生五个人中就有一个人曾经考虑过自杀,占样本总数的20.4%,而为自杀作过计划的占6.5%。(自杀意念:在过去12个月内,曾经考虑过自杀;自杀计划:在过去12个月内,曾经为自杀作过计划。)也就是说,一个拥有2000名学生的中学,就可能有约500人考虑过自杀;有约130人为自杀作过计划,这样一组数据确实让人震惊。另据北京联合大学信息学院02级学生程小龙在《大学生"轻生"现象的调查及其原因剖析》一文中透露:通过调查发现将近1/3的在校大学生曾有过自杀念头。如此多的青少年有自杀的想法与企图,我们的教育还不应该警醒与深刻地反省吗?

一般而言,知识的问题可以在课堂上通过科学的讲授来解决;但学生们的生命成长却需要靠老师与学生在情感交流、人格融会、精神文化的潜移默化中才能完成。这就要求老师必须是"经师"与"人师"的合一,但恰恰是在这一块,我们现行的教育系统出了大问题。老师几乎丧失了成为学生"人师"的素质与能力,与学生缺乏生命层面的沟通、交流、感召,使学生只关注生活问题而置生命存在于不顾,于是,便出现了如此之多"不想活"了的学生。这可能是我们教育的最大悲哀与危机。有一位当过多年农村中学校长的王老师指出:"现在很可怕的是许多教师不热爱自己的岗位,有些教师甚至自嘲教书是——卖身(声)、吸粉、站台——只付出声音(身体)不付出感情,教书成为匠人,对学生缺乏爱心。"

教育的本质是让人们能够更好地适应社会生活,教育是面向最广大民众的事业,教育绝非钻牛角尖,更不是为衬托少数天才而设。由此出发,教育应该至少要做到四点:一是对学生的知识传授,这是教育的最基本面向;二是对学生的能力培养,比如爱的能力、学习的能力、人际交往的能力、演说的能力、应变能力、动手能力,等等;三是学生素质的提升,所谓素质就是人的品德、智力、体力、审美等方面的品质及其表现出来的能力的系统整合;四是学生健全人格的养成。这一点最为重要,这里包括学生们的人生目标、理想的确立,以及道德情操的培育等。如今的教育往往只考查了学生们知识接受方面的程度,至于能力、素质、人格三个更为重要的方面关注得很少。教育的目的本来是“培育人”,让人成其为“人”;但各种学校、社会的考试(如中考和高考)制度的设置使“培育人”变成了“选拔人”,更进一步则蜕变为选拔“考试人才”。也就是说,“成人教育”变成了“成才教育”,“成才教育”又演变成了“考试教育”。这就使得学习本身沦为手段,考试反而成了目的。于是,学校中的学习直接异化为考试,学生们习惯的是会考试的内容就学,不考的就不学!这让教育的真正目的——学生们德智体美劳的全面发展落空了。教育的理念本来是关注人的成长,人的成长不仅包括知识成长,更包括心理成长和精神成长,但现在统统异化成了与考试相关的知识成长。更让人惊骇的是,在某些学校,学生已经沦为学校的“财源”和老师获得奖金的“工具”,本应该是具有主体性的人(学生)竟然成了现代教育制度下的手段和工具,岂不可悲可叹!

以上教育中出现的种种严重问题,需要我们深刻地反省并寻找到解决的途径与方法。

二、对传统儒家“讲会”的考察

笔者曾经苦苦思索，如何才能弥补以上教育出现的严重缺陷呢？怎样从传统的儒学教育中寻找到可以复兴的文化资源，贯之于教化现代青年学子的工作之中呢？最后，我与同事们寻找到了具有悠久历史传统的“讲会”方式。

在中国历史上，“讲会”最早应该是佛教中众僧讲经并进行经义讨论的一种专门的聚会活动，后来儒者的经典讲解及研讨也采取了讲会的形式。不过，讲会从内容而言可分为许多的类型，其中最重要的有二：一是所谓“乡会”。明代大儒邹东廓写道：“禾邑之南乡，山环水抱，风气完固，世族相望，淳庞未斩。乃嘉靖戊申仲春十日，柱史南屏李君，大同合乡吴、龙、尹、张、贺、段、洪、周十四姓之彦，胥约于葛泉，以迪德规过，兴利除害，取法前哲，斟酌时义。有会誓、有会规、有会条，期以濯摩礼义，同升于古道。每月一会，每姓直一月，至于秋，凡八举矣。少长咸奋，强弱得所，税赋以时，而盗贼屏息，公庭无讼牍焉。”（董平编校整理《邹守益集》（上）《乡会祝言》，凤凰出版社 2007 年 3 月版，第 102 页。）可见，“乡会”是农村不同姓氏相邻村落的乡民自发地组成的一种聚会，且立有“会誓”、“会规”、“会条”，间隔一定的时间（如一个月）聚会一次，各姓轮流做东来组织，宗旨是“迪德规过，兴利除害，取法前哲，斟酌时义”，而目的则是“濯摩礼义，同升于古道”，效果上是希望实现“少长咸奋，强弱得所，税赋以时，而盗贼屏息，公庭无讼牍”。简单地说，这一类“乡会”是通过乡民们的聚会讲论，从品德与礼制的角度，培养全体与会乡民的德行，使人与人相亲相爱，家庭家族内部和睦相处,整个社会和谐有序。

儒家讲会的另一重要的形式,可称之为“聚会”,即学者共聚某个特定之地,以辨别、讲明儒家基本经典的方式来讨论相关问题,最著名的当数朱陆“鹅湖之集”。南宋淳熙二年(1175),时号“东南三贤”之一的史学家吕祖谦希望朱学与陆学“会归于一”,特邀朱熹与陆九龄、陆九渊共赴铅山鹅湖寺集会讨论,参与者有百余人之多。据《陆九渊集》记载,“鹅湖之集”双方辩论了十余个问题,陆家二兄弟“莫不悉破其说”(《陆九渊集》,中华书局 1980 年版,第 312 页)。陆氏门人朱亨道回忆说:会讲中双方最大的分歧在“为学之方”上。也就是说,朱子之意要求人们在对古圣贤书的“泛观博览”之后,逐渐提升自我之道德境界;而二陆子则认为人们应该首先去“发明本心”,而后再去博览群书。所以朱子指陆学“太简”,而陆子则认朱学“支离”。

这种学术论辩的聚会,实为儒学内部的两个学派(朱子的理学与陆子的心学),通过相聚讨论来弥合双方的分歧,而且是老师与弟子及社会各界贤士们的相聚。虽然“鹅湖之集”并没有使理学与心学“会归于一”,但双方都觉得很有益处,朱熹写道:“前月末送伯恭至鹅湖,陆子寿兄弟来会,讲论之间深觉有益……”(《答王子合》,《朱熹集》卷四十九,郭齐、尹波点校,四川教育出版社 1997 年版,2354 页)吕祖谦亦云:“某留建宁凡两月余,复同朱元晦至鹅湖,与二陆及刘子澄诸公相聚切磋,甚觉有益。”鹅湖之集,讨论虽不够充分,争辩中不免有些意气,但无论是朱吕方还是二陆方,均受益匪浅则是公认的。

明代以后,儒学之“讲会”已蔚为大观,遍及城乡,影响巨大。陈寒明先生指出:“阳明本就十分重视讲学,其弟子在乃师殁后多热衷讲学,传扬心学。如《明儒学案·南中王门一》说:

‘阳明殁后，(钱)绪山、(王)龙溪所在讲学，于是泾县有水西会、宁国有同善会、江阴有君山会、贵池有光岳会、太平有九龙会、广德有复初会、江北有南谯精舍、新安有程氏世庙会、泰州复有心斋讲堂，几乎比屋可封矣。’绪山、龙溪被视为阳明嫡传，他们为藉推扬师说不遗余力，尤其是龙溪，‘终先生之身，无一日不讲学、不会友，反复淳切，感乎鼓舞，期于必信而后已。而凡嫌似之迹，或冒而居之不辞。故语讲会之所，则有水西、洪都、白鹿、怀玉、南都、滁阳、宛陵，几遍江南之地。而会之人，皆当时同志，几尽一世之英’。‘所至接引无倦色，故自西都及吴楚闽粤，皆有讲会，江浙为尤盛。会常数百人，公为宗盟。公年八十犹不废出游。’王学学者的讲学活动不仅在各地广泛展开，而且更盛行于两京”(参见郑晓江主编《石莲洞会语·序》，中央文献出版社 2008 年 10 月版，第 2 页)。

“讲会”中的讲学与一般学校的学习有何差异呢？一般而言，儒家的讲会不是一般的知识传授，而主要是“讲诸己”，是讨论“身心性命之学”，是“求道”之“自得”而非“求知”之“游谈”；是“躬行”而非“空谈”。也就是说，历史上儒家的讲会，主要在德行的培养而不是传授某种专门的知识，这不正好可以弥补当前教育之不足吗？所以，今之世的教育有功利化、实用化之弊，而要超越世俗之“求知”去“求道”，必须要有一种新的方式方法，其中之一应该就是中国传统中曾经有过的讲辨义理的模式——“讲会”比较合适。笔者为了在现代大学教育中重新恢复“讲会”，特立其宗旨为：“相与讲明，兼取众善，深通义理，以修其身。”孔子有语云：“古之学者为己，今之学者为人。”大儒柳宗元尝曰：“今之世，为人师者众笑之，举世不师，故道益离。”朱子亦有言道：“师之所以教，弟子之所以学，则皆忘本逐末，怀利去义。”三位大哲所忧所虑之弊端，诚当世为甚矣！为扭转这种颓废的学风,笔者曾在2006年9月23日至24日举办了“桂山讲会”,由江西师范大学伦理学专业硕士生导师、研究生和南昌大学中国哲学专业的硕士生导师、研究生二十余人做了一次“剑邑文化之旅”的讲会活动;2007年3月30日至4月1日举办了“鹅湖讲会”;2007年10月29日至30日于吉水县举办了“石莲洞讲会”;2007年12月21日在宜丰县普利禅寺举行了“洞山讲会”。这些讲会的基本形式是:外请二三位老师,好友(老师)五六人,再携学生十七八,于古贤哲讲学修学之地去明义理、养心性,相聚讨论,“润物细无声”;诸生则济济一堂,学圣希贤,商量之,问辩之,甚或责难之。然后,师、友、生共悠游山水之间,访古贤哲之故地,体察当今之国计民生,吟诗作文,陶冶情性,“风乎舞雩,咏而归”。

儒家的“讲会”具有悠久的历史及广泛的社会基础,有其独特之求道的内容和悠游山水之间的形式,在今日恢复儒家讲会的传统既是克服当前教育弊端之必须,对培育青年学子的道德人格与思想境界也是十分迫切的。

三、对恢复“讲会”传统的思考

本人先后组织了四次规模不等的讲会活动,出版了两本《会语》。总体来看,取得了相当好的效果。试以参加学生的一些体会为证:

硕士生黄艳红写道:“以前曾有过学习培训和外出开会的经历,感觉就是徐春林老师所说的‘各说各话,自说自话,绝不对话’。而这次的鹅湖之行却带给我以震撼:原来学问还可以以这种方式进行!原来学问还有‘求学’与‘求道’之区别,还有

‘闻见之知’与‘德性之知’的区别！我是第一次如此近距离地感受先贤先哲们讲会精神的延续。”（见徐春林主编《鹅湖会语》，中央文献出版社2007年12月版，第205页）冯辉硕士在赴鹅湖之前思想中还有点困惑，而随着讲会的逐步展开，他豁然开朗了：“鹅湖书院坐落在现在相对闭塞的村落中，傍山而建。周遭景色迷人，院内古风典雅。面积不大，却能看出当年是为求学讲学而设，实用且彰显文化。穿院落参观，最吸引我的是书院里高挂的写生‘朱陆之辩’的一幅画。当年朱子和陆子因为‘道问学’还是‘尊德性’，在这里进行了一场著名的辩论。……初到书院，站在朱子画前，我心头还在怀疑——不知郑教授治学会是如何？今天我们重开讲会，真的能承接巨儒衣钵，有声有色，还是借一方宝地，仍然是一味灌输？然而，我确实被感动了，从郑教授读出那讲堂的一副对联开始——‘鱼跃鸢飞斯道由来活泼泼，锦明水止此心本是常惺惺’。原来在‘道’的面前，学生可以把老师当成‘友’的；原来‘求道’的时候，朋友也可能变成‘对手’的；原来‘道’的由来并不只是严肃的说教，而是生动鲜活；原来惺惺相惜的，可不是因为顺从或观点一致。当日下午，李博士和张教授关于文本阅读与求道关系的论辩，一时间达到了白热化。……我开始懂得‘鹅湖讲会’的真正意义所在了。这不是一场会议，也不是一次授课。如果让我来说，我们一行人聚在一起，是为了完成一次‘求道之心’的碰撞。”（见徐春林主编《鹅湖会语》，中央文献出版社2007年12月版，第226—228页）

可见，老师们通过讲会明辨了一些重要的学术问题，而弟子们也接受了一场心灵的洗礼。应该说，讲会产生的效果是相当不错的。从更为深层的意义来总结几次“讲会”的实践，并展望将来儒学教育之开展，可获得如下几点认识：

第一,既然是试图恢复儒家之“讲会”传统,当然是要以儒家学说之讲解讨论为核心,而且一定要强调儒家经典阅读和理解的第一性,从解儒家经典之字、词、句入手,让参与者深入并全面地体悟儒家学说的深邃意义。此外,虽说是以复儒家讲会为号召,但毕竟现代社会与古代已完全不同,现代人具有更大的开放性与更为广博的视野,对应于此,笔者在设计讲会时,把其外延扩充了,加入了道与释的内容,让学子们能在儒释道并举的背景下,去体会学问之道与为人之理。

第二,讲会最重要的目的是期望参与者能从听讲及各种活动中悟透国学精义,获得心灵上的涵养和人生境界的提升。虽然讲会不可避免地要从讲授“闻见之知”入手,但最终是希望参与者达到“德性之知”的高度;所以,讲会中老师讲的内容与在课堂上的讲课要有本质区别,也就是说,讲会的内容应该是触动学子的心灵之学、生命之学,是培育其德性与境界之学。

第三,在讲会的过程中一定要安排艺文及游览的活动。在这一次鹅湖讲会中,精彩之处不仅仅是在鹅湖书院中的讲授与论辩,更在于全体到会听众同在辛弃疾墓前吟咏诗词的活动,以及讲会之余暇对铅山古街道等处的游玩。在辛弃疾墓前透显出的一种庄严而肃穆的氛围中,学生与老师共同朗诵大词人的作品,从知识性的中国古典诗词的学习中提升出来,达到了深沉之心灵感触的效果,笔者称之为“人生受用”。也就是说,“讲会”式的教育不是通常的那种传授一种知识并考核学生是否接受掌握的教育,而是一种获得“德性之知”并贯之于生命过程的教育,它重在人生受用,而不是背诵记忆。因此,要争取做到让学子们有一点心灵触动,改变一点人生行为,增加一点生活快乐,染着一点生命亮色,提升一点生命境界。在大词人墓前齐声吟诵古典诗词,无形中让学生们的心灵受到感染,精神得到了升华。所以,参加这次活动的研究生们都说:我们得到了心灵上、精神品质上的提升,而且实难用言词来表达。

第四,现代教育要真正全面地恢复中国历史上"讲会"的传统,实有其难处在,关键还在如何引发争辩。虽然这次鹅湖讲会上,出现了激烈的争论,但广泛性还不够,主要是在几位老师之间进行,学生们的参与度很低,大多仅仅是当听众而已。现在总结起来,其原因主要是:参与的学生大多儒释道学问的功底浅,知之甚少,有体会有理解的就更少;所以大多数的学生只能听讲,而无法参加讨论,这是讲会中的美中不足。这说明,应该在现代教育中大力恢复讲会的传统,让学生们对中国传统学术与文化知之多、知之广,也知之深,唯其如此,才能使讲会能够达到较高的水平,亦即不仅有"讲经"的过程,还要有真正的"辨识"与"辩论",只有到那时,才可以说恢复了真正意义上的儒家"讲会"传统,并让莘莘学子都能受益。

撷取道家教育的人文之花

张　弛

纵观中国古代教育的人文传统，我们不难发现，除了以孔孟为代表的儒家教育之外，还有非常重要的一大渊源，那便是以老庄为代表的道家教育。儒家尚人为，道家尚自然；儒家尚理性，道家尚直觉；儒家尚实用，道家尚思辨；儒家尚启发，道家尚辩证……这些明显的差异，恰恰构成了互补的条件，使这两大教育流派的人文传统互相影响、互相渗透，形成两条并行的文化巨流，在漫长的历史岁月中，缓缓地流淌在华夏这片广袤的土地上，滋润着两岸的生灵。

如果说以儒家为代表的人文精神执著于现实，那么以老庄为代表的道家人文精神则是超越现实。面对现实的、人为的、繁琐的和局限的世界，道家倾向于理想的、自然的、简易的和无限的世界。这就决定了超越的本质，即超越现实，走向理想；超越人为，走向自然；超越繁琐，走向简易；超越有限，走向无限。这种精神的超越性，包含着对自然及理想的无限向往和对现实及传统叛逆的二重性，成了中国传统思想文化得以维系和发展的一种不可缺少的思想原动力。作为中国传统人文精神不可分割的重要一脉，它与儒家的人文精神互为表里，构成了中国民族精神的整体基础，其影响极为深远。

在教育思想上，相对于儒家刻意追求理想人格的人才培养模式，道家更看重人的个性发展和给予人的发展以充分的空间。从人才培养的目的来看，道家既不同于儒家追求的“舍生取义”的君子，也不同于墨家注重的“兼爱”并利天下的兼士，更不同于法家崇尚的具勇敢进取精神的法士，道家所主张的理想人格是自然无为的“善人”，超凡脱俗的“真人”。老子认为人性是自然的，人具有“素朴”的本性，人性的本然状态如同婴儿一般无知无欲。他把道德原则归结为“法自然”，凸显了人的自然本质。庄子也认为人与天地万物为一，人性即自然。正是在这种自然人性观的基础上，老庄提出了有关人格品德修养方法及人格的社会意义等一系列具道家特色的教育内容，建构了道家的教育思想、原则与方法。

道家教育的人文传统主要具有以下五个方面的基本特征。

一、自然无为的生活准则与“不言之教”的教育理念

“自然”、“无为”是老子哲学思想体系中最重要的一个观念。老子认为任何事物都应该顺其自然发展，不必以外界的意志去制约。这里的无为，并不是不为，而是不违背自然的法理和自然的本性去硬做、乱做，即不刻意而为，不过度“人为”，顺其自然而不加以人为。

体现在道德教育上，这种自然无为的生活准则发端于对人作为一种社会与文化的存在的全面反省，即对人在社会关系中

的存在和在社会角色的扮演中，本我丧失之可悲性的反思。老子说："大道废，有仁义；智慧出，有大伪；六亲不和，有孝慈；国家昏乱，有忠臣。"(1)他认为，只有那种自然无为的大道被人类社会废弃不用，那些人为的、经过雕饰的所谓"仁义"才会应运而生。也就是说，德治非但不能表明社会上道德流行，而且恰恰说明社会出现了道德危机，德治是道德沦丧的产物。因此，仁义教化只不过是对道德危机徒劳无益的挽救措施。老子否定礼治德化的思想似乎有反道德倾向，其实则不然。他推崇"上德"、"上善"、"善人"、"美言"、"美行"；提倡以"慈"、"俭"为君德；主张"与善仁，言善信"，(2)"民复孝慈"，(3)反对"富贵而骄"(4)和"轻诺"、"寡信"(5)等，由此可以看出老子对道德品质的肯定。只是他认为若明于天道并以之为效法楷模，便自然能够具有各种道德品质。所以，可以说，他与儒家在道德宗旨上并无根本分歧，分歧只在于实现道德的方法问题。他觉得，自然无为的大道实际上蕴含着内化的"仁义"，它胜于有为的、经过雕饰的"仁义"。

体现在政治教育上，这种自然无为的生活准则，就是要求执政者修无为之德，施无为之术，行无为之政，即不要强迫人民去做违反人性的事情，不要总是对人民发号施令，搅扰民心，而是要让人民顺其自然，自我生存，自我化育，让人民在一种宽松自由的政治环境中生息。也就是说，要让人民有最大的自主权，允许个人的人格充分发展。老子站在同情人民的立场上，把春秋末年动荡变化的社会中人民的饥荒、贫困和统治者的租税之繁、禁令之多联系起来，提出"无为而治"的政治思想，闪烁着民主思想的光辉。

体现在教育理念上，老子所谓"不言之教"，是指教育者以身作则，以自己良好的行为为人们树立榜样，通过身教来体现教育要求,使被教育者得到启示,在潜移默化中将教育内容传输给受教育者,并内化为受教育者的自觉行动,达到“行不言之教”的效果。当然,老子的“不言之教”,更是指教育的主体意识。他强调教育过程必须重内轻外,即以教育对象的心为本,把它作为教育的出发点和最终归宿。用“无为”去处事,用“不言”去教导,充分尊重他人的自主意识,尊重受教育者的自然本性,重视其自然的思悟,达到自我人格的完善。也就是说,教育要发挥自我主观内在的潜能,以自主意识克服自己的弱点,达到自我完善的至高境界。这种把教育对象置于自然状态,要求教育同人的自然本性相一致的教育思想,突出了个体在教育中的主体地位,确立了教育的主体意识——发展人的主体能力,塑造人的主体人格,增强人的主体意识。这与当今世界备受推崇的以人的发展为本、重视人的自我发展和完善的主体性教育理念有着内在精神的一致性,具有极强的人文色彩。

二、质朴节俭的生活方式与绝伪弃诈、重在情质的德育观

老子认为,质朴符合自然之道,所以是高尚的品德。要做到质朴,必须能讲真话。老子说:“信言不美,美言不信。”(6)意思是真实的话用不着文饰,需要文饰的不是真话。所以这里的“美”并不是美好之意,而是巧饰之谓,与孔子讲的“巧言”一样,都是质朴的反面。

老子认为素朴是人的本性,他主张人要外表单纯,内心朴实,保持素朴的自然本性,减少私心,降低欲望。他对物欲膨胀、欲海难填而可能导致的严重后果有着清醒的认识。“祸莫

大于不知足,咎莫大于欲得。”[7]针对当时物欲横流的社会环境和诡诈、贪欲横行的社会现实,老子认为人的素朴本性受到了扭曲,因此,他提出要归真返璞,保持赤子之心。倡导人们要“甘其食,美其服,安其居,乐其俗”,[8]不被物质名利所诱惑。这对于贪位慕禄、得寸进尺、利欲熏心的人,是当头一声棒喝;对于轻身而徇名利,贪得而不顾危亡的过分行为,是一种批判;对于贵族的贪婪欲求,是一种谴责;对于一般人来说,这种静心寡欲,知足常乐的思想,是一种引导——一个注重道德修养的人,应当善于支配物质生活,不迷恋于物质利益,不贪图物质生活的享受,而更注重精神生活的充实。心灵的自由,取决于对物质世界的超越。

三、清虚静泰的精神状态与自我体悟、强调“独见”的智慧观

老子强调要客观地观察事物,但其重心在于直观的能力,因此他特别重视心境的清净无私。老子说:“致虚极,守静笃。”致虚,就是将后天的种种欲望、成见、心计等加以消解,做到清净,因为这些东西常常使原本清纯圆满的人心闭塞、骚乱;守静,是致虚的必经途径,通过守静的功夫,洗涤心灵上蒙受的喧嚣与尘埃,恢复心灵的清脱空明,从而拓展性灵的新空间,积聚生命的能量,在深蓄厚养中实现灵魂的升华。心虚无欲达到极点,守持清净做到坚定,那么,人就能够发现生命的本原,看清人生的本来面目,从而不汲汲于超越现实可能性的欲望,置身于最佳的生存空间中去,使生命在能动与主动中和谐而有序地律动。

道家教育思想的最大特点,就是对个性的充分尊重和肯定。道家从保全人的个性出发,不仅反对社会规范对人的束缚,而且反对知识给人带来的副作用——使人囿于知识而远离"大道"(事物的本质规律)。道家认为,学习的目的在于回复自然本性,允许个体按照自己的愿望和本性自由地发展,所以他们要求在学习过程中摆脱经验知识的约束,发挥学习主体的主观能动性,以虚静的心境去直观和把握客观事物的本质,注重自我体悟,强调"独见"。道家认为唯社会的既定规范是从,有害于人的内心。为了不让这些规范压抑人的心灵,因此,道家反对简单的知识传授,强调引导学生自己思考。这种"无为自化"的教育主张,开拓了学习者的心灵空间,是对每个人的尊重,是对人性的极大关怀,同时具有现代意蕴。因为,教育是触及灵魂的过程,是解放受教育者自身的内部力量,它取决于个体的完全自由的内在性的觉醒。

四、柔顺不争的处世态度与重视生命、热爱生命的价值观

老子贵柔,认为为人处世,应以柔弱为主。他所说的"柔弱",并不是软弱、衰弱、懦弱的同义语,而是一种富有顽强生命力的状态。老子这种守柔处弱的人格追求,反映的是一种非常深刻的大智慧,是一种独特的生存之道和取胜之道。老子认为最能体现这种柔弱不争精神的莫过于水:水性至柔,能随物之曲直方圆而流变;但它载巨物,穿陵谷,转大石,决桥梁,滴水穿石,无坚不摧,纵是利剑,亦不能断其身。

老子说:"上善若水,水善利万物而不争,处众人之所恶,故

几于道。居善地,心善渊,与善仁,言善信,正善治,事善能,动善时。夫唯不争,故无尤。"(9) 水柔弱、虚静、均衡,滋养万物却不与万物争高下,甘处人们所厌恶的卑下之地,这就是水的品格。老子主张人格高尚的人,立身处世,应如水居卑下之地那样,从容,谦下;心,应如水蓄积为渊那样,清澈沉静,兼容百流;与人交往,应如水滋养万物那样,慈爱无私,不求回报;说话,应如水那样,汛期而至,不言而信;做事,应如水那样,涤污去秽,平定高下。这样的人,才是真正的强者。他认为,一个人要想顺乎自然地自由生存,就必须崇尚"贵柔"的美德,以柔克刚,柔中有刚,百炼之钢化为绕指之柔,不刚愎自用,不争强好胜,不与人争权夺利,"天下之至柔,驰骋天下之至坚",(10)"柔弱胜刚强"。(11)

在人的生命犹如草芥般任人践踏的战乱环境之下,老子看到生命不但完全不能显现其独特价值,而且连存在都是一种奢望。出于对现世生命的珍惜和无限热爱,他提出了强化生命韧性的重要性,并在人贵论的基础之上,教育大家重视生命、热爱生命,体现了颇具人文意蕴的价值取向。

五、辨异求同的教学方法与双观用反、正言若反的辩证观

道家思想极富思辨性,老子用辩证的方式看待世界,论述了万物自身包含的内在矛盾。他说:"反者,道之动。"(12) 意为向反方向转化与往复循环,是道的运动。在老子的笔下,有无、虚实、变常、阴阳、刚柔、动静、进退、得失、盈虚、强弱、难易、祸福、善恶、利害、美丑、愚智等等,它们既是对立的两面,又是相

反相成的两面。

老子把这种辩证的法则运用于教学,即“用反”的原则。它首先体现为“双观”,就是强调从事物的正反两方面辩证地看问题,如:“祸兮,福之所倚,福兮,祸之所伏。”(13) 老子认为,人们在学习中,往往蔽于物之一面,只从一面看问题,正面就是正面,反面就是反面,故常失之于片面。老子精通辩证法,知道欲达到正面,先要从反面着手;欲达到反面,先要从正面着手。所以,老子常言“用反”,以成事功。其次,“用反”的原则还体现为“正言若反”,即正面的话好像反语一样。一般人即使知道事物有正反两个对立面,但认识不到事物总是向相反的方向转化的特点,故常常割断了事物正反两个方面的联系。老子则不然,他懂得正反之合,合则向高一层转化。因此,老子在教学中,常常以“正言若反”的方式,以期打破受教育者常规的心理定式,起到独特的启发效果。最后,一般人总是事至而为之,难至而谋之,畏大而侮小,畏难而忽易,采取“头痛医头、脚痛医脚”的方法。而老子则相反:对大事,为之于其细;对难事,为之于其易。故他十分强调预见的重要性,十分注重防患于未然。老子认为,客观事物的发展都有一个由小到大、由弱到强、由易到难的过程,并且事物的难和易也是互相转化的,所以教育者应该在研究教育对象心理和行为的基础上,见微知著,把握时机,及时预防,变难为易。这种用认识的对立面的转化来进行启发教育的方式,蕴含着丰富的辩证思想,构成了辨异求同的特色,极大地丰富了古代教学方法论,开创了有别于儒家主流教育传统的新路向,以其深邃的大智慧构建了中国传统教育人文传统的独特景观,并为当代教育提供了许多可资借鉴的宝贵经验。

总之,道家教育思想中蕴含着丰富的人文精华,从道家教育宝库中吸取智慧,继承、弘扬其人文传统,进而作出新的诠释和发展,这对于我们转变教育观念和进行教育改革,将大有裨益。

注释:

(1)《道德经》第十八章。

(2)《道德经》第八章。

(3)《道德经》第十九章。

(4)《道德经》第九章。

(5)《道德经》第六十三章。

(6)《道德经》第八十一章。

(7)《道德经》第四十六章。

(8)《道德经》第八十章。

(9)《道德经》第八章。

(10)《道德经》第四十三章。

(11)《道德经》第三十六章。

(12)《道德经》第四十章。

(13)《道德经》第五十八章。

中国文化的特质

周　涛

从文明起源的方式来追寻中国文化的基因，我们发现中国文化重血亲人伦的伦理型特点。由于社会关系和政治关系都用宗法的亲属关系来规范和调节，中国古代社会是以伦理为本位的。伦理即人伦之理，论及人们之间长幼、代系、辈分的有序关系，《说文解字》云："伦，辈也。从人仑声。一曰道也。"从语音语义上说，"理"也是由"玉"和"里"构成，是对玉石的切割雕琢与"里"这一古代聚居地点选择的指导思想或原则，《说文解字》中"理，治玉也"，意思是根据玉石的自然纹理来进行加工（后引申为治理、道理等）。费孝通以"差序格局"的概念来表征中国以家庭为本位的传统社会："社会关系是逐渐从一个一个人推出去的，是私人关系的增加，社会范围是一根根私人联系所构成的网络。"从己到家，由家到国，由国到天下，是一条通路。每个人都是他社会影响所推出去的圈子的中心。血缘可以在不同方向、不同辈分上延伸而形成一个很大的圈子，就像把一块石头丢在水面上形成的一圈圈推出去的波纹。推出一个亲属血缘圈子，这个圈子富于伸缩性，会因中心势力的变化而大小变化。“这个人和人来往所构成的网络中的纲纪，就是一个差序，也就是伦。”

在“法自然”（以自然为本位）的原则下，人际关系伦理就是根据天生自然而成的人际关系来进行规范治理，将厘定人伦关系作为宗法社会的统治基础。这样，“孝道”便自然成了人们无可怀疑的责任和义务了，“夫孝，天之经也，地之义也，民之行也。天地之经，而民是则之，则天之民，因地之利，以顺天下”（《孝经》）。人们都必须在孝道的名义下服从家长、族长。扩大至社会政治生活中，则是《孝经》所称的“移孝为忠”，臣民对君王的忠诚，下级官吏对上级官吏的顺从，从而形成一种等级贵贱的依附关系（如汉代的门生故吏和魏晋的宾客部曲等），甚至手工业中的师徒关系、教育中的师生关系、佛教道教中的辈分关系等都可看作是“移孝为忠”的宗法关系的变相体现。中国文化在很大程度上正是从以孝为核心的宗法文化绵延而来，因为，在强调重德重教化的文化传统中，“夫孝，德之本也，教之所由生也”（《孝经》）。而“孝”之所以能成为“德行”，就在于“夫孝，始于事亲，中于事君，终于立身”（《孝经》），它能重叠族权与政权，成为维系家庭、社会与政治的重要纽带。

春秋后期以降，虽然“政治领域的宗法关系已经解体，但社会层面的宗法关系仍然存在，宗法社会养育的文明气质和文化精神被复制下来”，家国同构、忠孝同义，这些都是宗法制度长期遗存的结果。在吸收西周理性精神的基础上，以孔子为代表的先秦儒家把传统礼制建立在世间亲情关系的基础上，用理性消弭了外在崇拜对象或神秘境界，用礼乐揖让来涵养人的理性，以理性节制情感，使人安身于习俗人伦的日常生活中，用基于情义的道德尺度来推进人伦秩序，显示一条独具中国特色的伦理型文化的路子。

孔子等先秦儒家这种用理性来赋予传统礼制以新内涵的努力,按李泽厚先生说来,就是“实践理性”,即“把理性引导和贯彻在日常现实世间生活、伦理感情和政治观念中,而不作抽象的玄思”。先秦儒家倡导的这种礼教德治精神深刻地影响了中国文化的走向,在很大程度上,中国人的文化的心理结构就是由以儒学为代表的主流意识形态所锻造的。

无疑,中国半封闭的自然地理环境、以精耕制为主的农业经济格局、长期维系社会秩序的宗法与专制的社会组织结构,它们作为相互制约与影响的元素,孕育了伦理类型的中国文化,这种伦理型文化在中国历史演进中构筑了一个超稳态的价值系统,从中国人的观念意识、社会心理、行为习惯、风俗礼制乃至政治制度等方方面面反映出来。正因为如此,斯宾格勒才把道德灵魂作为中国文化的基本象征符号。由于价值观念在文化中所居的核心层面,余英时先生从价值世界与实际世界的关系问题来比较中西文化,彰显中国文化的特质,可谓切中肯綮。

虽然人与人关系的变化是中国进入文明时代的标志,可中国传统文化却认定人间的秩序和价值有着超人间的来源。“不知不识,顺帝之则”、“天生烝民,有物有则”等观念已显示出“天”或“帝”是所有价值与秩序的终极依据。道家所言的先天地而生的“道”,不仅是价值之源,也是万有之源。民间所谓的“天地君亲师”也肯定了“天”的超越性源头。虽然在子产、孔子以后,“人”的分量加重了(“天道远,人道迩”),孔子以“仁”为最高的道德意识,内在于人,但孔子说过“天生德于予”、“知我者其天乎”之类的话,可见其道德的源头仍在“天”。孟子性善论认为仁义礼智四善端都内在于人性,而此性却也是“天所以与我者”,因而“知其性者则知天”。后来的《中庸》说得更明白:

“天命之谓性,率性之谓道。”

仅从价值具有的超越性源头而言,中国与西方并无不同。但西方自柏拉图以来就有本体与现象二界。柏拉图关于本体的“理念说”即是展示价值源头的超越世界,虽然希腊人的理性并不能充分完成追溯价值之源的任务而有待于希伯来人的“上帝”来填补空缺,并最终由上帝信仰来为西方人的存有提供一切根据(中世纪信仰统摄理性,西方的“自然法”传统由此而来),但西方的超越世界始终是外在于人的,正如上帝与人有着不可逾越的鸿沟,世俗世界与理念世界常会处于冲突状态,乌托邦也不能置换成现实一样,西方的超越世界与现实世界始终是泾渭分明的(基督就有“恺撒之物归恺撒,上帝之物归上帝”一说,西方也有与世俗政治权威并置,甚至凌驾于其上的由基督教会来诠释和代理上帝所启示的“道”的精神权威系统)。

西方人以“打破砂锅问到底”的趋于认知外物的习惯发展起令中国人羡慕的科学传统和法律传统,却也使在中世纪一度整合起来的理性与宗教的关系自近代以后出现断裂,加剧了这二元对立的格局。虽然我们看到,作为万有创造者和所有价值源头的人格化上帝已有被理性取代的趋势,但西方近代文化在人间寻找价值的努力仍遇到不易克服的困难:将“社会契约说”所假定的“自然状态”作为道德源泉,一旦在政治上付诸现实,就造成乌托邦政治的红色恐怖;而功利主义的快乐说因过分注重效用与后果,也有陷入价值无源论的危险,其价值相对论也易给西方世界带来价值上的紊乱。虽然作为制度化的中世纪教会权威已在近代科学的冲击下崩溃了,但作为价值来源的基督教精神却是无法从西方文化各界中抹除的。综观西方历史,我们看到,不仅系统科学的发展来自于外在超越精神的推动(某种程度上说,正是科学家对上帝的信仰激励了他们去探索宇宙秩序的力量),而且推动了西方民主进程的“天赋人权”的观念、“良心的自由”与“容忍”等个人主义观念也来源于上帝信仰这一外在的超越性价值源头,更别说已为韦伯所论证的新教伦理为资本主义发展所提供的价值资源了。

与西方相比,中国文化走的是内在超越之路。虽然中国思想家没有切断人间价值的超越性源头,但他们对这个源头是抱着存而不论的态度的(这也是中国没有发展起民主与科学传统的原因之一)。孔子所谓“天何言哉”让后人感到“夫子之言性与天道不可得而闻”,而庄子更有所谓“得意忘言”、“六合之外,圣人存而不论”的言论,虽然二人理路不同,但有意味的是,二人均体现出强烈的道德关怀,其认识论是附着在伦理学上的。孔子强调的是道德实践主体的自觉意识,其“知者利仁”观点无非明确了发展认知最终是为了促进德性,其“正名说”所要确立的意义架构正是忧患于当时的动荡变局,从“仁爱”出发为厘定社会秩序而设;而道家对宇宙现象整体运作演化超乎人智与语言的觉悟,也有深层的社会忧患,其正言若反、随说随扫的言说方式是在破解知与言所可能构筑的权力神话,避免人沦为受利欲情见所左右的、受外在体制之名所宰割的“器用”状态而最终能“复归于朴”,老子所谓“涤除玄览”即有虚怀若谷、破除自我迷执而获得直觉观照的要义(此点尤为中国美学所发挥)。

中国人强烈的道德情怀使其不在价值世界与现实世界造成分割(“道”具有人间性格),反而将人自身看作是实现价值的本体,孔子的“为仁由己”已揭示了中国人内在超越的方向,《中庸》的“天命之谓性,率性之谓道”,后来禅宗的“明心见性”均同取一径。由于内在超越只能是自己的事,个人的修养就变得非常关键了。中国人相信人心中具有一种价值自觉的能力(无论是“仁”还是“良知”),相信价值之源在于一己之心并外通于他人及天地万物,而修养恰可以激发这种价值自觉的能力,使人不至于与禽兽同列,并能“参与天地”,“赞天地之化育”,“替天行道”,所以非常注重“反身而诚”的道德修养实践。孔子谈到“自天子以至庶人,一是以修身为本”,可见修养也决非统治阶层的专利,而关涉到个人安身立命的问题,其最终目的是要求取自我在人伦秩序和宇宙秩序中的和谐。

当然,由于中国的政治权威确立得太早,作为“道”的价值世界自始便与现实社会政治秩序相关联。与西方存有的政教分离传统颇为不同的是,中国的“道”自始便未形成组织化的独立力量并置或凌驾于政权之上,因而以道自重的中国知识分子在强调“道尊于势”的观念(孟子有道尊于势之论,荀子有圣与王并列之论,《中庸》将德与位并提)下不得不通过内心修养的方式,以内求诸己的路向,为“道”(治平理想)的实现提供内在的保证。孔子将源自古代的“礼”由外在的修饰变为一种内在的道德实践,其目的和效用都与重建社会政治秩序密不可分,曾子所说的“士不可以不弘毅,任重而道远”正说明在权势的压力下,知识分子对道的个体担当不得不走修身之路(《中庸》所谓“修身则道立”)。而道家的修道积德、佛家的“菩提只向心觅,何劳向外求玄”(《坛经·疑问品》)、宋明理学的“存理去欲”诸说,虽在不同的层面上力挺道之尊严,但都以内求于己的道德实践为必由之路。

人的内在超越若通往社会,成就的便是人伦秩序。如前所述,正因为中国文化将人放在伦理政治关系中来考察,个人价值的实现,个体道德境界的提升便寄托在整体关系的良性互动上。因为每个人都处于五伦的关系网络中(政治上君臣关系、家庭中父子夫妇兄弟关系、社会上朋友关系),每种关系都有一套与之相适应的伦理规范和行为准则,因而人们在相互关联和相互制约的社会环境中各自实现其人生价值目标，从而从整体上形成"和而不同"的伦理秩序格局。"推己及人"、"民胞物与"的差序格局由五伦观念推衍而来，其构成的社会关系因与个人中心的远近便显出情感的亲疏，呈现出权利和义务的层序性。与中国宗法社会的差序格局相应，中国人修养途径也是由内而外的，儒家的"内圣外王"，走的就是由个体的格物、致知、诚心、正意，逐步完成由修身到齐家、治国、平天下的路子，将个人价值的实现与社会的治平理想结合起来，《孟子》"知言养气"篇中特别强调了修身与士人出处辞受的关系，其所养"浩然正气"正是其治世的张本。

人的内在超越若通往宇宙，就形成了"天人合一"的自然观，发展出"尽物之性"、"万物并育而不相害"的与自然和谐共处的生态理念。《易传·文言》中说："夫大人者，与天地合其德，与日月合其明，与四时合其序，与鬼神合其吉凶。先天而天弗违，后天而奉天时。"已提出人与自然要相互适应、相互协调的思想。张载在《西铭》中有言："乾称父，坤称母。予兹藐焉，乃混然中处。故天地之塞，吾其体；天地之帅，吾其性。民吾同胞，物吾与也。"他把人与万物看作是天地一气所化生与构成，把人伦的观念贯彻到天地万物中，提出天人合一、性天相通的命题，将德的价值涵义普泛化了。而"人与天地万物为一体"的观念最早由名家慧施提出，庄子曾以"天地与我并生，万物与我为一"说（《庄子·齐物论》）相附和，后经禅宗的宣扬（如慈照禅师云："天地与我同根，万物与我一体。"），最后进入宋明理学的。

当然，人伦效法自然从而使自然伦理化了的结果，让天人之间产生了"血亲"关系，君王即"天子"，这一宗法制的根基在汉代以"天人感应"之说予以重新诠释，使得中国的政统仍有着存续的“天意”,但不能小觑的是,儒家的道德价值同样有“天”作为其超越性的来源,孔子在修订《春秋》时,已在微言大义中,“以敦勉孝弟和一切仁厚敦挚之情为其最大特色”而“有一种反阶级身份的精神”,其“天下有道则现,无道则隐”(《论语·泰伯》)之说,表明了孔子的道德观对政治的超越,而孟子更是说过“君之视臣如手足,则臣视君如腹心;君之视臣如犬马,则臣视君如国人;君之视臣如土芥,则臣视君如寇仇”这样的话。可见,伦理道德既可通过“内圣外王”之路作用于政治,又可以是超政治的,它与“政统”并置,构成“道统”,既为政治提供合法性,保证社会秩序,又约束政治,显示出对现世的批判精神。孟子的“大丈夫”气概即“富贵不能淫,贫贱不能移,威武不能屈”(《孟子·滕文公下》),恰是以道自重的中国知识分子人格的注脚。荀子其说虽与孟子有异,但在借助修身维护“道”之尊严这个关键上,则与孟子是一致的:“志意修则骄富贵,道义重则轻王公;内省而外物轻矣……士君子不为贫穷怠乎道。”(《荀子·修身》)

由于道德价值在文化中居于核心位置,中国的学术也是以道德伦理为发端和归宿的。除了前述的知识论要附着于伦理学外,文艺强调以理制情,文以载道,“发乎情,止乎礼仪”;教育强调“首孝弟,次见闻”(《三字经》),以德育居首,明确大小学之分;政治学成为道德评判,政事被归结为善恶之争、君子与小人之辨;史学“究天人之际,通古今之变”,目的是“寓褒贬,别善恶”;哲学更是与伦理学相混融,主要体现为道德哲学,如梁启超所言“儒家舍人生哲学外无学问,舍人格主义外无人生哲学”。而且,中国学术长期来以儒家经学为主流,有着一以贯之的经学传统,自汉代独尊儒术以来,它一直是历代的官学,一个中国古代知识分子无论他的学习兴趣和研究爱好如何,其主要任务就是学习经书,孔子所谓“不学诗,无以言”、“不学礼,无以立”早已确立了经学对指导人生的意义。

本书作者简介

吴　光,浙江省社会科学院哲学所研究员、浙江省文史研究馆馆员。

邵鸿烈,浙江财经学院教授,浙江省文史研究馆馆员。

卢敦基,浙江省社会科学院科研处处长、研究员。

叶哲明,浙江台州学院教授,浙江省文史研究馆馆员。

张宏敏,浙江工贸职业技术学院讲师、上海师范大学哲学系博士生。

杨振宇,中国美院视觉文化系主任、教授。

吕洪年,浙江大学非物质文化遗产研究中心学术委员会副主任、教授。

楼　培,浙江大学人文学院古代文学博士生。

何茂春,清华大学国际问题研究所教授、经济外交研究中心主任,浙江等省 WTO 事务顾问。

柳和勇,浙江海洋学院海洋文化研究所所长、教授。

王耀成,宁波作家协会副主席,海外宁波人研究会常务副会长。

秦亢宗,浙江大学离休干部。

柴海生,萧山人,地方史志学爱好者。

应守岩,杭州师范大学副教授。

蔡　琴，浙江省博物馆研究员。

郭　梅，杭州师范大学中文系副教授。

龚玉和，浙江大学亚欧规划设计研究院高级策划、客座教授。

单金发，杭州西溪湿地研究会会员。

杨子华，中国水浒研究会理事。

马大成，杭州市马寅初纪念馆馆长。

沈　珉，浙江工商大学副教授。

王　静，浙江省博物馆文博馆员。

戴琏璋，台湾“中研院”中国文哲研究所咨询委员、兼任研究员。

龚鹏程，台湾南华大学、佛光大学创校校长，北京大学中文系教授。

郑晓江，江西师范大学教授，兼江右研究中心主任、所长，中国哲学史学会理事等职。

张　弛，宁波效实中学语文高级教师。

周　涛，浙江艺术学院副教授。